青海省重要矿产资源勘查开发布局与绿色发展研究

QINGHAI SHENG ZHONGYAO KUANGCHAN ZIYUAN KANCHA
KAIFA BUJU YU LÜSE FAZHAN YANJIU

童海奎　魏小林　王振东　石海岩　康　波
马　文　沈　娟　马延景　于小亮　严玲琴　著

中国地质大学出版社
ZHONGGUO DIZHI DAXUE CHUBANSHE

图书在版编目(CIP)数据

青海省重要矿产资源勘查开发布局与绿色发展研究/童海奎等著. —武汉:中国地质大学出版社,2024.9. —ISBN 978-7-5625-6040-1

Ⅰ.F426.1

中国国家版本馆 CIP 数据核字第 20247WZ184 号

| 青海省重要矿产资源勘查开发布局与绿色发展研究 | 童海奎 魏小林 王振东 石海岩 康波
马 文 沈 娟 马延景 于小亮 严玲琴 | 著 |

责任编辑:舒立霞　　　　　选题策划:舒立霞　　　　　责任校对:何澍语

出版发行:中国地质大学出版社(武汉市洪山区鲁磨路388号)　　　　邮编:430074

电　　话:(027)67883511　　　传　　真:(027)67883580　　　E-mail:cbb@cug.edu.cn

经　　销:全国新华书店　　　　　　　　　　　　　　　　　　　　http://cugp.cug.edu.cn

开本:880mm×1230mm　1/16　　　　　　　　　　　字数:396千字　印张:12　插页:2

版次:2024年11月第1版　　　　　　　　　　　　　印次:2024年11月第1次印刷

印刷:湖北睿智印务有限公司

ISBN 978-7-5625-6040-1　　　　　　　　　　　　　　　　　　　　定价:158.00元

如有印装质量问题请与印刷厂联系调换

前 言

矿产资源是人类生存和社会发展的重要物质基础,是不可再生的自然资源。矿产资源规划是国家法定规划,是根据矿产资源禀赋条件、勘查开发利用现状和一定时期内国民经济与社会发展对矿产资源的需要,对地质勘查、矿产资源开发利用和保护等作出的总量、结构、布局和时序安排。矿产资源规划是落实国家矿产资源战略,指导矿产资源勘查、开发利用与保护的纲领性文件,是依法审批和监督管理矿产资源勘查、开采活动的重要依据,是加强和改善宏观调控的基本手段。

为统筹矿产资源勘查开发利用和保护,推动矿业绿色高质量发展,提高矿产资源对青海省经济社会高质量发展的保障能力,依据《中华人民共和国矿产资源法》《中华人民共和国矿产资源法实施细则》《矿产资源规划编制实施办法》《青海省矿产资源管理条例》等法律法规,以及《全国矿产资源规划(2021—2025年)》《青海省国民经济和社会发展第十四个五年规划和二〇三五年远景目标纲要》《青海省"十四五"自然资源保护和利用规划》确定的目标任务,按照《自然资源部关于全面开展矿产资源规划(2021—2025年)编制工作的通知》(自然资发〔2020〕43号)和《自然资源部办公厅关于印发省级矿产资源总体规划编制技术规程的通知》(自然资办发〔2020〕19号)等的要求,根据青海省实际,制定《青海省矿产资源总体规划(2021—2025年)》(以下简称《规划》)。

《规划》共设置了"青海省上一轮矿产资源总体规划实施评价""青海省矿产资源供需形势及保障程度研究""青海省矿产资源勘查开发现状研究""青海省矿产资源勘查布局研究""青海省矿产资源开发利用布局和结构化研究""青海省矿产资源节约与综合利用研究""青海省矿产资源数据库更新、维护""青海省矿产资源勘查开发与保护区化研究"和"青海省矿业绿色与高质量发展研究"等9个专题。《青海省重要矿产资源勘查开发布局与绿色发展研究》是系列专题研究成果的综合集成。

笔者通过系统调查评价分析青海省矿产资源赋存特点和分布规律、矿产资源供需形势及保障程度、矿产资源勘查开发现状与布局、节约集约与综合利用情况、矿业绿色与高质量发展、有关矿政管理政策等,全面评估"十三五"矿产资源规划实施成效和主要目标任务完成情况,针对全省矿产资源开发利用面临的供需矛盾、矿产资源综合利用、提升矿业市场活力、矿业绿色发展等重大关键问题,在高质量发展、机构布局优化、资源开采总量、开发利用结构调整、绿色勘查开采等方面进行全面研究,为《规划》编制及促进矿产资源管理的科学化与规范化、协调资源安全保障及资源配置、加强矿产开发管控、优化矿山布局、提高资源利用效率和保护生态环境等方面提供了强有力的理论和技术支撑。

本书共分7章,是群体智慧的结晶。童海奎提出了总体编撰思路,并编写了著作总提纲。魏小林完成了著作的统稿,确保了内容准确、行文连贯。各章节编写分工如下:前言由童海奎编写;第一章由石海岩、童海奎编写;第二章由马延景、王振东编写;第三章由马文、康波编写;第四章由于小亮、严玲琴编写;第五章由魏小林、于小亮编写;第六章由沈娟编写;第七章由严玲琴编写;魏小林、严玲琴、于小亮对各章节进行了校对、整理。著作中的地图设计由刘国、陈海莉完成,地图编制由马静、吴金玲、谭生玲、赵珅珅完成,地图质检由黄永生、杨柳完成。本书涉及图件均不作为划界依据。

在研究过程中收集、参阅、借鉴了省内外大量有关资料和成果,在此一并致谢!由于资料及研究水平所限,难免会有不妥或疏漏之处,诚请读者批评指正。

著 者
2024年8月

目 录

第一章 现状与形势 …………………………………………………………………………… (1)
　第一节　青海省矿产资源现状 ………………………………………………………………… (1)
　　一、成矿地质条件 ……………………………………………………………………………… (1)
　　二、矿产资源概况与特点 ……………………………………………………………………… (7)
　　三、勘查开发与利用现状 ……………………………………………………………………… (17)
　第二节　"十三五"取得成效 ………………………………………………………………… (23)
　　一、"十三五"规划实施成效 ………………………………………………………………… (24)
　　二、存在的问题 ……………………………………………………………………………… (26)
　第三节　形势与要求 …………………………………………………………………………… (27)
　　一、国家能源资源安全保障对矿产资源提出了新需求 …………………………………… (27)
　　二、高质量发展对矿产资源保障提出了新要求 …………………………………………… (27)
　　三、"四地"建设为矿产资源工作提供了新机遇 ………………………………………… (27)
　　四、生态文明建设对矿产资源工作提出了新挑战 ………………………………………… (27)
　　五、矿产资源管理体制改革为矿产资源管理提供了新遵循 ……………………………… (27)

第二章 供需形势 ……………………………………………………………………………… (28)
　第一节　矿产资源供需概况及预测方法 ……………………………………………………… (28)
　　一、矿产资源需求概况 ……………………………………………………………………… (28)
　　二、矿产资源供需预测方法 ………………………………………………………………… (30)
　第二节　能源矿产资源供需形势分析 ………………………………………………………… (31)
　　一、能源矿产需求分析 ……………………………………………………………………… (31)
　　二、煤炭供需 ………………………………………………………………………………… (33)
　　三、石油供需 ………………………………………………………………………………… (36)
　　四、天然气供需 ……………………………………………………………………………… (37)
　第三节　铁矿资源供需形势分析 ……………………………………………………………… (38)
　　一、铁矿石需求量预测 ……………………………………………………………………… (38)
　　二、铁矿石产量预测 ………………………………………………………………………… (39)
　　三、铁矿石供需形势分析 …………………………………………………………………… (39)
　第四节　主要贵金属及有色金属矿产供需形势分析 ………………………………………… (40)
　　一、金资源供需形势分析 …………………………………………………………………… (40)
　　二、有色金属资源供需形势分析 …………………………………………………………… (42)
　第五节　盐湖矿产供需形势分析 ……………………………………………………………… (45)
　　一、钾盐供需形势分析 ……………………………………………………………………… (45)
　　二、碳酸锂供需形势分析 …………………………………………………………………… (47)
　第六节　砂石资源及水泥用灰岩供需形势分析 ……………………………………………… (48)
　　一、砂石资源供需形势分析 ………………………………………………………………… (48)

   　　二、水泥用灰岩供需形势分析 …………………………………………………………………… (50)
  第七节　供需分析对策建议 …………………………………………………………………………… (51)
   　　一、加强矿产资源开发的宏观调控 ………………………………………………………………… (51)
   　　二、加强矿产资源综合利用和科技创新 …………………………………………………………… (52)
   　　三、加强矿产资源勘查 ……………………………………………………………………………… (52)

第三章　矿业发展布局研究 ………………………………………………………………………………… (54)
  第一节　矿产资源勘查开发保护区域布局 …………………………………………………………… (54)
   　　一、布局原则 ………………………………………………………………………………………… (54)
   　　二、勘查开发保护区域布局 ………………………………………………………………………… (54)
  第二节　能源资源供给保障布局 ……………………………………………………………………… (64)
   　　一、能源资源基地 …………………………………………………………………………………… (65)
   　　二、国家规划矿区 …………………………………………………………………………………… (71)
   　　三、战略性矿产资源保护区 ………………………………………………………………………… (76)
  第三节　矿产资源勘查开发工作布局 ………………………………………………………………… (78)
   　　一、基础地质调查区 ………………………………………………………………………………… (78)
   　　二、矿产资源调查评价区 …………………………………………………………………………… (81)
   　　三、重点勘查区 ……………………………………………………………………………………… (85)
   　　四、重点开采区 ……………………………………………………………………………………… (91)

第四章　矿产资源差别化管理研究 ………………………………………………………………………… (97)
  第一节　矿产资源差别化管理现状分析 ……………………………………………………………… (97)
   　　一、差别化管理现状 ………………………………………………………………………………… (97)
   　　二、必要性和可行性分析 …………………………………………………………………………… (98)
   　　三、差别化管理形势分析 …………………………………………………………………………… (98)
  第二节　主要矿产资源差别化管理研究 ……………………………………………………………… (99)
   　　一、盐湖矿产 ………………………………………………………………………………………… (99)
   　　二、煤炭 ……………………………………………………………………………………………… (101)
   　　三、铁矿 ……………………………………………………………………………………………… (103)
   　　四、金矿 ……………………………………………………………………………………………… (105)
   　　五、铜矿 ……………………………………………………………………………………………… (107)
   　　六、镍矿 ……………………………………………………………………………………………… (109)
   　　七、铅锌矿 …………………………………………………………………………………………… (110)
  第三节　差别化管理方向研究 ………………………………………………………………………… (113)
   　　一、矿产资源勘查方向 ……………………………………………………………………………… (113)
   　　二、矿产资源开发方向 ……………………………………………………………………………… (114)
   　　三、矿产资源保护方向研究 ………………………………………………………………………… (115)

第五章　矿产资源节约与综合利用研究 …………………………………………………………………… (116)
  第一节　矿产资源节约与综合利用现状分析 ………………………………………………………… (116)
   　　一、节约与综合利用现状 …………………………………………………………………………… (116)
   　　二、矿产资源节约与综合利用相关支持政策 ……………………………………………………… (131)
   　　三、矿产资源节约与综合利用影响因素分析 ……………………………………………………… (132)
   　　四、存在的主要问题 ………………………………………………………………………………… (133)

第二节　开发利用规模结构调整和矿山"三率"水平提升 (134)
　　一、开发利用规模结构 (134)
　　二、矿山规模结构调整和资源整合 (139)
　　三、提升矿山"三率"水平的措施 (142)
第三节　先进适用技术和攻关的重点难点项目 (145)
　　一、适宜推广的先进适用技术 (145)
　　二、需要攻关的重点难点项目 (150)
第四节　节约与综合利用对策建议 (155)
　　一、进一步优化调整结构,促进青海省矿业高质量发展 (155)
　　二、加强矿产资源开发利用工艺技术研究,为节约与综合利用矿产资源奠定基础 (155)
　　三、制定差别化激励约束政策,增强矿山企业内生动力 (156)
　　四、全面建设绿色矿山和绿色矿业发展示范区 (156)
　　五、逐步建立矿产资源开发利用调查评估制度,摸清矿产资源开发利用水平 (156)
　　六、开展综合利用政策研究,为开展综合利用提供政策支持 (157)

第六章　绿色发展 (158)
第一节　发展现状 (158)
　　一、绿色勘查进展 (158)
　　二、青海省已建成绿色矿山概况 (159)
　　三、青海省绿色矿山发展示范区建设现状 (159)
　　四、绿色矿业发展形势 (161)
　　五、青海省矿业绿色发展存在的主要问题 (162)
第二节　绿色勘查 (163)
　　一、实施绿色勘查的必要性 (164)
　　二、绿色勘查工作应遵循的原则 (164)
　　三、绿色勘查总体目标任务 (165)
　　四、绿色勘查实施路径研究 (165)
　　五、青海省绿色勘查政策及方向研究 (167)
第三节　绿色矿山建设 (167)
　　一、绿色矿山建设的重要性 (168)
　　二、绿色矿山建设的要求和思路 (168)
　　三、绿色矿山建设总体目标任务 (168)
　　四、绿色矿山建设路径研究 (171)
　　五、绿色矿山建设措施建议 (171)
第四节　矿山生态保护与修复 (172)
　　一、矿山地质环境现状及恢复治理情况 (172)
　　二、生态修复规划布局 (174)
第五节　矿业绿色发展对策建议 (176)
　　一、加强矿产资源管理,严格监督检查制度 (176)
　　二、大力推进科技创新,促进矿业绿色发展 (177)

第七章　对策建议 (178)
　　一、进一步完善青海省矿产资源勘查开采准入条件 (178)

二、进一步加强矿产资源勘查开采事中事后监管 …………………………………………………（178）
三、不断完善矿业权退出机制 ……………………………………………………………………（178）
四、矿山生态保护和绿色矿山建设制度化规范化 ………………………………………………（178）
五、健全盐湖开发利用的长期性和综合性政策 …………………………………………………（178）
六、科技创新与新理论新技术新方法推广 ………………………………………………………（179）
七、财税土地政策支持 ……………………………………………………………………………（179）
八、加强青海省矿产资源总体规划的实施管理 …………………………………………………（179）

主要参考文献 ………………………………………………………………………………………（180）

第一章　现状与形势

本章概要总结了青海省成矿地质条件、矿产资源赋存规律、勘查开发现状,综合评价了"十三五"期间《青海省矿产资源总体规划(2016—2020年)》在勘查、开发利用与保护、矿业绿色发展等方面目标任务执行情况及取得成效,分析了全省矿业发展面临的形势和要求。

第一节　青海省矿产资源现状

青海省位于青藏高原东北部,介于东经89°35′—103°25′、北纬31°40′—39°19′之间,国土面积69.66万km²,居全国各省(自治区、直辖市)第四位(图1-1)。省内平均海拔4 058.40m,分布有四山三盆一原(祁连-阿尔金山脉、昆仑山脉、唐古拉山脉、秦岭山脉、柴达木盆地、青海湖盆地、共和盆地、青南高原)八大地貌单元(青海省自然资源厅,2021a)。青海省地势总体呈西高东低、南北高中部低的态势,西部海拔高峻,向东倾斜,呈梯形下降,是长江、黄河、澜沧江的发源地,素有"中华水塔"之美誉。2020年末全省常住人口607.82万人,全省生产总值3 005.92亿元,矿产资源采选业及其后续加工业总产值达1 575.33亿元,占当年全省工业生产总值(2 395.79亿元)的65.75%(青海省统计局,2021)。"十三五"期间,矿产资源开发及后续加工业产值占全省工业生产总值的平均比例在66.62%,依托优势资源,全省经济形成了以新能源产业、新材料产业、盐湖化工产业、有色金属产业、油气化工、煤化工、设备制造业、钢铁产业、轻工纺织业、生物产业为主体的十大优势产业。其中有八大产业是以矿产资源开发利用为依托的。矿产资源开发利用成为青海省经济社会发展的重要动力,在全省经济社会发展中发挥了举足轻重的作用。

一、成矿地质条件

(一)地质构造简况

青海省处于地球上最高、最年轻、活动性最强的青藏高原东北部,北起祁连山,南至唐古拉山(潘彤等,2022),横跨秦祁昆造山系和西藏-三江造山系,并与华北板块和冈瓦纳板块相邻,整体处于造山带中,经历了多期次、多阶段的构造演化,主要为加里东和海西—印支两大构造阶段,形成了不同类型的沉积建造,发育多期构造-岩浆-变质事件,地质构造十分复杂(徐志刚等,2008)。

青海省位于青藏高原东北部、泛华夏陆块群的中西部、东特提斯的北部,显生宙以来处于劳亚大陆与冈瓦纳大陆之间,记录了古亚洲洋、特提斯洋的演化历程。在中国大陆地质演化和各大陆块群的沧桑巨变中,它是连接塔里木、华北、扬子等几大陆块的重要纽带,位于三大陆块的交会处,分属塔里木陆块

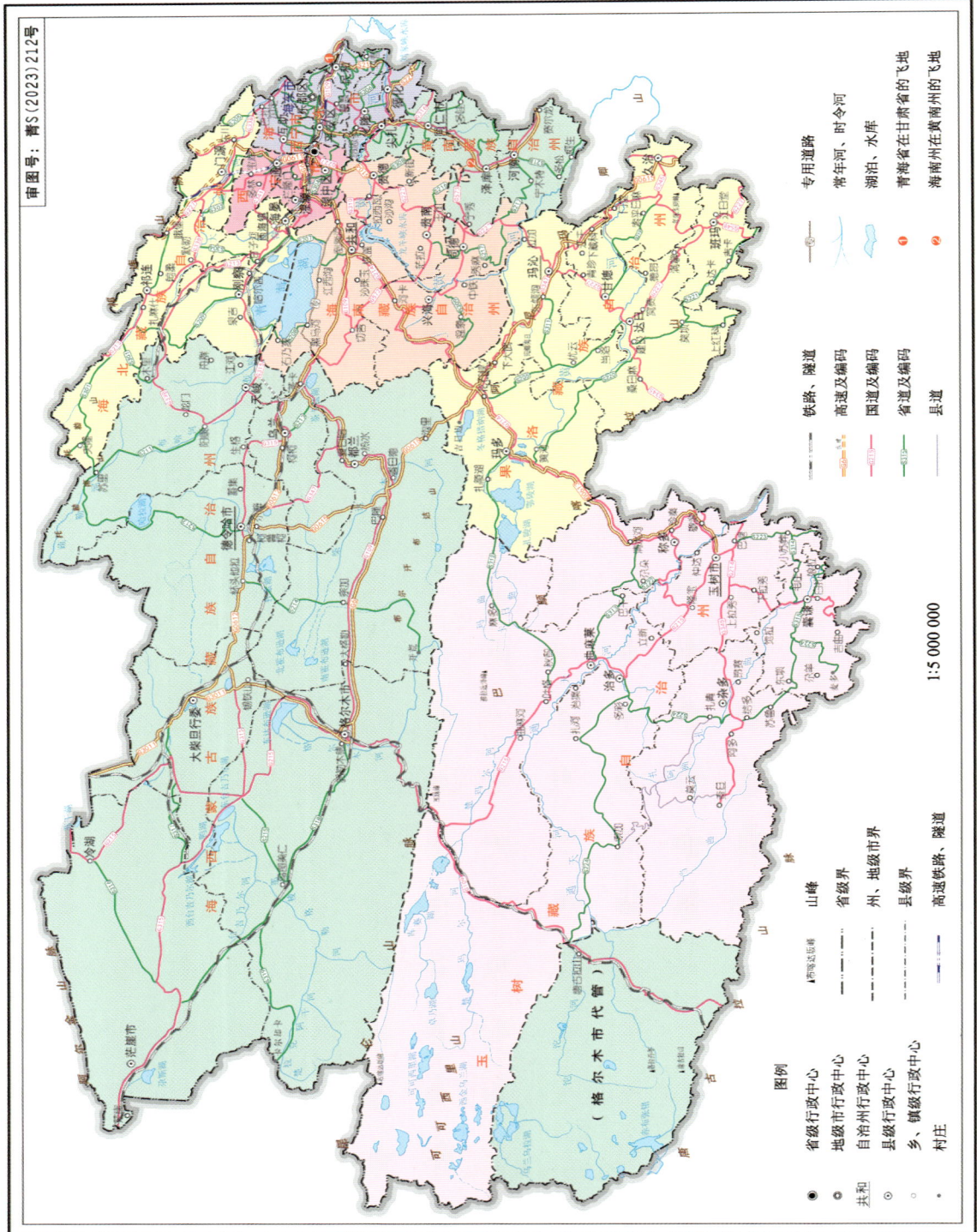

图 1-1 青海省行政区划及交通位置图

区的南缘、扬子陆块区的西北缘、华北陆块区的西南缘。整体来看,青海省地处陆块区之间的造山带,以布青山南缘断裂为界,北部属于秦祁昆造山系,南部属于北羌塘-三江造山系(潘桂棠和肖庆辉,2017)。青海省及邻区地质作用记录表明青海的板块构造体制始于南华纪,大地构造格局成型于三叠纪。统一陆壳也是显生宙以来逐步形成的,主要经历了加里东和海西—印支两大构造阶段,自北而南由13条不同规模的蛇绿混杂岩带及与其配套的弧盆系构成了青海省构造格架。对于青海省的大地构造格局而言,分析不同时期洋陆布局,划分和建立大地构造单元,总结地壳演化的阶段性规律具有更重要的意义。此外,鉴于青海省地壳结构具有多个板块拼合特点,区分不同性质的结合带,确定主构造期与主演化阶段成为建立构造格架的基础。青海省作为中国大陆造山的重要研究窗口,经历了多旋回裂解离散、汇聚碰撞和陆内叠覆等造山过程,特别是燕山期以来遭受了多期陆内造山作用的强烈改造和叠加,地质构造极为复杂。

出露的地层从新太古界到新生界类型齐全,其中以三叠系最为发育,分布面积约占全省地层总面积的1/2;石炭系、二叠系和元古宇亦占重要位置。沉积地层以海相沉积为主,元古宇、下古生界几乎全由海相地层组成;白垩纪及以后基本全为陆相地层;上古生界和中生界二者兼而有之。岩浆活动十分频繁,既有地幔演化的深成镁铁、超镁铁岩和岩浆分异喷发的岩浆岩,又有造山作用过程中陆壳生长的花岗岩及火山岩,具有多时代和多阶段、多源、多成因、分布广、规模大、岩类复杂的特点。从古元古代到新近纪,在各个构造活动阶段都有规模不等、形式不同、成因各异的岩浆活动,具有时空有序、属性明显、构造配置的规律。变质岩出露面积约43.6万km^2,约占全省面积的60%,变质作用类型以区域变质作用为主,次为动力变质作用和接触变质作用,还有高压—超高压变质作用等。区域变质岩分布面积大,热接触变质岩主要发育在侵入体外接触带,动力变质岩则以线状形成于大型韧性剪切带或压扭性断裂带中,尤以东昆仑变质区最为发育。近年来青海省陆续发现了蓝片岩及麻粒岩,尤其是柴北缘高压变质带和北祁连蓝片岩带成为我国高压变质作用研究的经典地区。

(二)成矿区带

青海省如今的构造格局至少经历了前南华纪超大陆形成、南华纪—晚三叠世罗迪尼亚超大陆裂解形成特提斯洋及大陆边缘多岛弧盆系、晚三叠世晚期陆内演化、古近纪青藏高原迅速隆起等不同阶段。不同的演化阶段对应着不同的大地构造格局,超大陆裂解及洋陆演化阶段对应着洋陆格局,陆内造山演化阶段对应着陆内盆山格局,属陆内构造体制。由此可见青海也曾经历过汪洋海景和如今的雄伟高原,同时也经历了多期次、多阶段的构造演化过程,发育多期构造-岩浆-变质-成矿事件,不同的构造演化阶段形成了不同类型的矿床。

《中国区域地质志·青海志》(祁生胜等,2024)依据《青海区域地质调查片区总结与服务产品开发(青海省新一轮地质志修编)》划分方案,从青海成矿规律及成矿特征出发,依据区域成矿的地质构造环境、矿床时空分布规律及区域成矿作用的性质、产物、强度等矿化信息,结合青海省的成矿区带划分方案,将全省划分出一级构造单元3个,以昆中断裂和布青山南缘断裂为界,两条断裂之间为康西瓦-修沟-磨子潭地壳对接带,以北为秦祁昆造山系,以南为北羌塘-三江造山系;二级构造单元13个;三级构造单元33个。构造单元划分见表1-1和图1-2。

(三)成矿地质规律

青海成矿经历了多期次、多阶段的构造演化过程,从目前成矿事实而言,成矿条件优越、找矿潜力巨大。构造演化经历了前南华纪超大陆形成、南华纪—晚三叠世罗迪尼亚超大陆裂解、晚三叠世晚期陆内演化、古近纪青藏高原迅速隆起不同阶段。

表 1-1 青海省构造单元划分表（据祁生胜等，2024）

一级	二级	三级
秦祁昆造山系（Ⅰ）	阿尔金造山带（Ⅰ-1）	Ⅰ-1-1 阿帕-茫崖蛇绿混杂岩带（∈—O）
	北祁连造山带（Ⅰ-2）	Ⅰ-2-1 宁禅弧后盆地（O—S）
		Ⅰ-2-2 走廊南山蛇绿混杂岩带（∈—O）
		Ⅰ-2-3 冷龙岭岛弧（O）
		Ⅰ-2-4 达坂山-玉石沟蛇绿混杂岩带（∈—O）
	中-南祁连造山带（Ⅰ-3）	Ⅰ-3-1 中祁连岩浆弧（O—S）
		Ⅰ-3-2 党河南山-拉脊山蛇绿混杂岩带（∈—O）
		Ⅰ-3-3 南祁连岩浆弧（O—S）
		Ⅰ-3-4 宗务隆山陆缘裂谷带（C—P_1）
	全吉地块（Ⅰ-4）	Ⅰ-4-1 欧龙布鲁克被动陆缘（∈—O）
	柴北缘造山带（Ⅰ-5）	Ⅰ-5-1 滩间山岩浆弧（O）
		Ⅰ-5-2 柴北缘蛇绿混杂岩带（∈—O）
	柴达木地块（Ⅰ-6）	Ⅰ-6-1 柴达木新生代断陷盆地
	东昆仑造山带（Ⅰ-7）	Ⅰ-7-1 祁漫塔格-夏日哈岩浆弧（O—S）
		Ⅰ-7-2 十字沟蛇绿混杂岩带（∈—O）
		Ⅰ-7-3 昆北复合岩浆弧（Pt_3、O—S、P—T）
		Ⅰ-7-4 鄂拉山岩浆弧（T）
		Ⅰ-7-5 苦海-赛什塘蛇绿混杂岩带（C—P_2）
	西秦岭造山带（Ⅰ-8）	Ⅰ-8-1 泽库复合型前陆盆地（T）
		Ⅰ-8-2 西倾山-南秦岭被动陆缘（Pz_2—Mz）
康西瓦-修沟-磨子潭地壳对接带（Ⅱ）	昆南俯冲增生杂岩带（Ⅱ-1）	Ⅱ-1-1 纳赤台蛇绿混杂岩带（Pt_2、∈—O）
	阿尼玛卿-布青山俯冲增生杂岩带（Ⅱ-2）	Ⅱ-2-1 马尔争蛇绿混杂岩带（C—P_2）
北羌塘-三江造山系（Ⅲ）	巴颜喀拉地块（Ⅲ-1）	Ⅲ-1-1 玛多-玛沁前陆隆起（P—T_{1-2}）
		Ⅲ-1-2 可可西里前陆盆地（T_3）
	三江造山带（Ⅲ-2）	Ⅲ-2-1 歇武（甘孜-里塘）蛇绿混杂岩带（T_{2-3}）
		Ⅲ-2-2 结古-义敦岛弧带（T_3）
		Ⅲ-2-3 通天河（西金乌兰-玉树）蛇绿混杂岩带（C—P_2）
		Ⅲ-2-4 巴塘陆缘弧带（T_3）
		Ⅲ-2-5 沱沱河-昌都弧后前陆盆地（Mz）
		Ⅲ-2-6 开心岭-杂多陆缘弧带（P_{1-2}—T）
		Ⅲ-2-7 乌兰乌拉湖蛇绿混杂岩带（T_{2-3}）
	北羌塘地块（Ⅲ-3）	Ⅲ-3-1 雁石坪弧后前陆盆地（T_3—J）
		Ⅲ-3-2 北羌塘微地块（C—T）

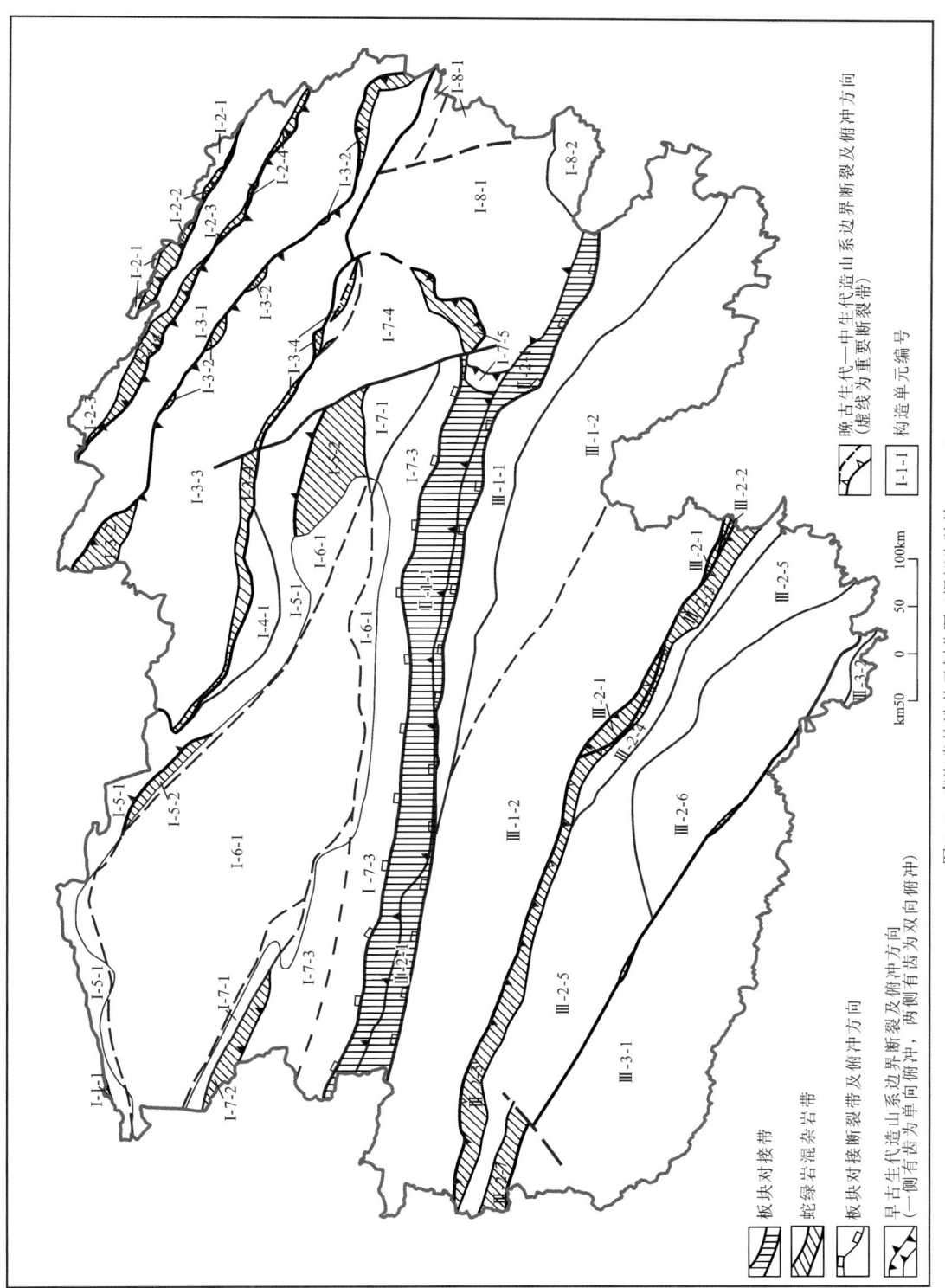

图 1-2 青海省构造单元划分图（据祁生胜等，2024）

1. 前南华纪(~0.78Ga)

前南华纪是青海大陆地壳形成的主要时期,1.8Ga的哥伦比亚超大陆聚合与0.8Ga的罗迪尼亚超大陆聚合基本形成了青海大陆地壳的主体,后期的地质演化虽然复杂漫长,但其基本特征并无明显变化。沉积变质型铁(锰)矿、石墨矿床和石英岩矿床是该时期最重要的矿产资源。

2. 南华纪—泥盆纪(780~359Ma)

南华纪随着罗迪尼亚超大陆裂解,原特提斯洋开启,原特提斯祁连洋、昆仑洋与秦岭洋合并简称为原特提斯秦祁昆洋,柴达木、东昆仑、中祁连、南祁连-全吉等地块是秦祁昆洋内相对稳定的地块。中寒武世始,大洋板块向北俯冲,青海北部演化成为活动大陆边缘,形成规模巨大的沟-弧-盆系,这一阶段成矿作用与活动大陆边缘内的岛弧、陆缘弧和弧后盆地相关,大多属于海底热水沉积矿床,少量为大洋中脊,形成了锡铁山铅锌矿床、驼路沟钴矿床等。该阶段,青海南部处于原特提斯大洋区。志留纪—泥盆纪北部的柴达木等诸陆块汇聚,陆块碰撞,形成柴北缘、东昆仑超高压变质带及与之相伴的金红石型钛矿床和以滩间山金矿为代表的造山型金矿。碰撞晚期地壳伸展拉张,幔源岩浆上涌,形成环柴达木周缘的志留纪—泥盆纪岩浆岩带与铜镍硫化物成矿带,以及以夏日哈木超大型镍矿为代表的岩浆岩型铜镍硫化矿床。

3. 石炭纪—三叠纪(359~201.3Ma)

石炭纪—二叠纪,青海北部除宗务隆山裂谷外,整体处于柴达木-华北板块稳定的大陆边缘,缺乏火山活动,但以碳酸盐岩为主的滨-浅海相地层分布十分广泛,变形微弱,是优良的生烃层系。青海南部以阿尼玛卿洋和金沙江洋为代表的古特提斯洋处于鼎盛时期,大洋中脊形成了与洋底热水沉积相关的德尔尼铜钴矿床。

二叠纪晚期—晚三叠世早期,古特提斯大洋岩石圈板块向北、南两侧的大陆地壳之下俯冲,北方东昆仑地区形成了规模巨大的晚二叠世—晚三叠世岩浆弧,南侧形成了开心岭-杂多陆缘弧。在东昆仑,洋壳俯冲作用形成的壳幔混合型岩浆岩带来了巨量的金属,形成了我国十分重要的多金属成矿带,目前在这一成矿带发现了一大批大型多金属矿床。在三江北段治多县多彩地区也形成了具有潜力的铜铅锌矿集区。

晚三叠世,北方的柴达木-华北板块与南方的羌塘-扬子板块碰撞,古特提斯大洋消失,海水退至唐古拉山脉及以南广大区域。板块碰撞及后碰撞造山过程中,在东昆仑和巴颜喀拉山脉北部地区形成了五龙沟、沟里和大场等金矿矿集区。

4. 侏罗纪—白垩纪(201.3~66Ma)

侏罗纪主要为特提斯洋演化阶段。在古特提斯残留洋收缩、消亡、造山的同时,位于省外的新特提斯多岛洋打开,特提斯洋主域已移至省外青藏高原南部班公湖—怒江洋及雅鲁藏布江一带。其中峨眉山火山岩的发育可能是特提斯洋打开的先声,青海南部为广阔的滨浅海,而青海北部为中低纬度温暖湿润的低海拔丘陵-平原,河湖发育,植被茂盛,成为青海省最重要的聚煤期,青海省最主要的煤炭资源即形成于该时期。

白垩纪新特提斯洋壳向北俯冲,青藏高原开始有限的隆升,在65~55Ma,新特提斯大洋闭合,印度板块与亚洲板块发生碰撞,青藏高原迅速崛起,并发生大规模的岩石圈拆沉和减薄,引发了大规模火山喷发,在唐古拉山口、龙亚拉、木乃及昂普玛等地同时伴有碰撞环境下的高钾-钾玄质花岗岩组合,与该侵入岩体有关的矿产主要有铁、铅锌、重晶石等,成矿类型为接触交代型、岩浆热液型,代表性矿产地有囊谦县冶金山铁矿床等。

5. 古近纪—第四纪(66Ma~)

古近纪开始,印度板块与欧亚板块初始碰撞,青海省南部受碰撞作用影响局部处于伸展阶段,于三江地区广泛发育高钾花岗岩组合-过碱性花岗岩组合的侵位,如各拉丹冬-纳日贡玛高钾花岗岩组合(61~62Ma/U-Pb),与该侵入岩体有关的矿产主要有钼、铜、铅锌、银等,成矿类型为斑岩型、接触交代型,成矿时代为古近纪,代表性矿产地有杂多县纳日贡玛钼铜矿床等。56~45Ma印度板块与欧亚板块碰撞进入高峰期,随着全面碰撞的发生,高原北缘形成系列盆地,同时青海南部也有岩浆活动发生,如赛多浦岗日高钾花岗岩组合(48Ma/U-Pb)。渐新世(34~25Ma)青海省主要表现为随高原差异隆升,形成一系列走滑断裂活动与拉分盆地,随之也进入了盆地充填活跃期,如柴达木盆地的油砂山组等,形成了青海省重要的产油层系。中新世中期—上新世青藏高原由缓慢隆升逐渐变为急剧隆升,出现了活动类型火山沉积盆地(查保马组、湖东梁组)。青藏高原受南北向挤压,在阿多、藏玛西孔出露石榴石霓辉石石英二长岩、霓辉石正长岩等组成的A型花岗岩(10.71~10.26Ma/Ar^{39}-Ar^{40}),代表青海省进入板内活动期。

第四纪以来,青藏高原快速隆升,2.6Ma青藏运动B幕发生,临夏东山古湖形成,高原升到海拔约2000m的高度,我国西北地区广泛堆积的黄土地层便是有力的佐证。青藏运动C幕(1.7Ma),临夏东山古湖消失,黄河干流形成。昆仑-黄河运动(1.2~0.6Ma),昆仑山抬升,黄河切穿积石峡,黄河中阶地形成;共和运动(0.15Ma)以来,黄河切穿龙羊峡,黄河低阶地形成,经过3次明显的隆升过程,青藏高原达到现今高度,现今地貌格局被称为"世界屋脊"。这一时期形成了丰富的砂矿、盐类、泥炭、石膏等资源。

(四)赋存规律

青海在漫长的地史演化中,矿床形成在时间上出现了阶段性、相似性、差异性和不均匀性。总体来看,青海矿产时间分布具有如下特点:成矿时代跨度大,从古元古代到第四纪均有矿产地分布。但成矿强度存在差异,内生成矿以中生代最强,并以三叠纪分布较集中;古生代次之,并以奥陶纪相对较强。喜马拉雅期矿床所占比例较大,但以砂矿型及盐湖矿产为主,内生矿床较少;印支期、加里东期是青海的主要成矿期,且大中型矿床所占比例较大;燕山期、海西期矿床规模以小型为主,但数量多,找矿潜力较大。青海省域横跨古亚洲和特提斯-喜马拉雅两大成矿域,位于塔里木、藏滇、扬子、阿拉善四大陆块交会部,地质构造复杂,成矿地质作用多样,是我国最具找矿潜力的地区之一。根据《青海省矿产资源潜力评价报告》划分结果,全省主要成矿区(带)由北向南划分为祁连成矿带、柴达木盆地北缘成矿带、柴达木盆地成矿区、东昆仑成矿带、巴颜喀拉成矿带、"三江"北段成矿带等(图1-3)。其中祁连成矿带以有色金属、石棉、煤炭为主;柴达木盆地北缘成矿带以贵金属、有色金属、煤炭为主;柴达木盆地以石油、天然气、盐类矿产为主;东昆仑成矿带以有色金属、贵金属矿产为主;巴颜喀拉"三江"北段成矿带以铜、铅锌、钼等有色金属矿产为主。从矿产的区域分布来看,大致有"北部煤,南部有色金属,西部盐类和油气,中部有色、贵金属"的特点;从矿产种类来看,有"矿产种类多、共伴生矿产多、矿产地分布散、矿产资源储量相对集中"的特点。全省盐湖类矿产资源(钾、镁、钠、锂、锶、硼等)储量相对丰富,石油、天然气、钾盐、石棉及有色金属(铅、锌、铜等)矿产品的供应在全国占有重要地位(青海省自然资源厅,2021a)。

二、矿产资源概况与特点

(一)矿产资源种类

青海省成矿条件优越,矿产资源丰富,是全国矿产资源最为丰富的省份之一,属矿产资源大省。截至2020年底，全省已发现各类矿产137种，占全国已发现173种的79.2%，查明有资源储量的111种，占全国查明资源储量162种的68.5%。青海省共发现的137种（含亚矿种，下同）矿产资源中，其中能源矿产11种，占8.03%；金属矿产46种，占33.58%；非金属矿产78种，占56.93%；水气矿产2种，占1.46%。全省查明有资源储量的矿产种类111种，编入《青海省矿产资源储量简表（截至2020年底）》的矿产种类98种（不含石油、天然气）（青海省自然资源厅，2021a）。其中能源矿产3种，占3.06%；黑色金属矿产5种，占5.10%；有色金属矿产12种，占12.25%；贵金属矿产8种，占8.16%；稀有、稀土、分散元素矿产14种，占14.29%；冶金辅助原料非金属矿产5种，占5.10%；化工原料非金属矿产17种，占17.35%；建材和其他非金属矿产32种，占32.65%；水气矿产2种，占2.04%（表1-2）。

表1-2　青海省已发现的矿产资源统计表

矿产分类		矿种数（种）	矿种名称
能源矿产		11	煤、石油、天然气、油页岩、天然气水合物²、页岩气²、煤层气²、铀砂²、铀¹、钍¹、地热（地下热水）
金属矿产	黑色金属	5	铁、铬、锰、钛、钒
	有色金属	13	铜、铅、锌、镁、镍、钴、钨、锡、钼、汞、锑、铋、铝²
	贵金属	8	金、银、铂、钯、钌、锇、铱、铑
	稀有、稀土、分散元素	20	铌、钽、锂、锶、铷、镓、铟、镉、硒、锗、镧、铈、钕、钐、钇、铕²、镝²、碲²、铯²、锆²、铍¹
非金属矿产（括号中为亚种）		78	石墨、自然硫、硫铁矿、水晶（压电水晶、熔炼水晶）、刚玉²、蓝晶石¹、红柱石¹、绿柱石¹、硅灰石、滑石、石棉、云母（片云母、碎云母）、长石、石榴子石、叶蜡石²、透辉石、透闪石²、蛭石²、沸石²、明矾石²、芒硝、石膏、重晶石、天然碱、方解石²、冰洲石、菱镁矿、萤石（普通萤石）、宝石²、玉石、电气石¹、石灰岩（溶剂用灰岩、电石用灰岩、制碱用灰岩、水泥用灰岩）、白云岩（冶金用白云岩）、石英岩（冶金用石英岩、玻璃用石英岩、饰面用石英岩¹）、天然石英砂（建筑用砂、铸型用砂¹）、脉石英（玻璃用脉石英）、粉石英、含钾岩石²、高岭土¹、陶瓷土、耐火黏土²、膨润土²、其他黏土（砖瓦用黏土、陶粒用黏土、水泥配料用黏土、水泥配料用黄土、水泥配料用泥岩）、蛇纹岩（化肥用蛇纹岩、饰面用蛇纹岩）、玄武岩（铸石用玄武岩、岩棉用玄武岩）、辉绿岩¹、花岗岩（饰面用花岗岩）、珍珠岩²、凝灰岩²（水泥用凝灰岩²）、大理岩（饰面用大理岩、水泥用大理岩）、板岩（水泥配料用板岩）、泥炭、盐矿、镁盐、钾盐、碘、溴、砷、硼、磷矿、麦饭石²、硝石²、绿松石
水气矿产		2	地下水、矿泉水
合计		137	

注：1. 查明有资源储量但未上表的矿种，其中铀、钍为放射性矿产；2. 发现但未查明有资源储量的矿种。

（二）已发现矿产地及规模

截至2020年底，青海省共发现5477处矿产地，按规模统计，大型152处，占青海省矿产地总数的2.78%；中型260处，占4.75%；小型468处，占8.54%；矿点2185处，占39.89%；矿化点2412处，占44.04%，主要矿产资源见图1-3和表1-3。5477处矿产地分布于青海省8个州（市）和42个县（市、行委），但集中分布于海西州（2464处）、海北州（746处）、玉树州（676处）、海东市（551处）等州（市）（石海岩等，2022）（表1-4）。青海省矿产地大中型产地占比较小，小型及以上的矿床仅有880个，只占

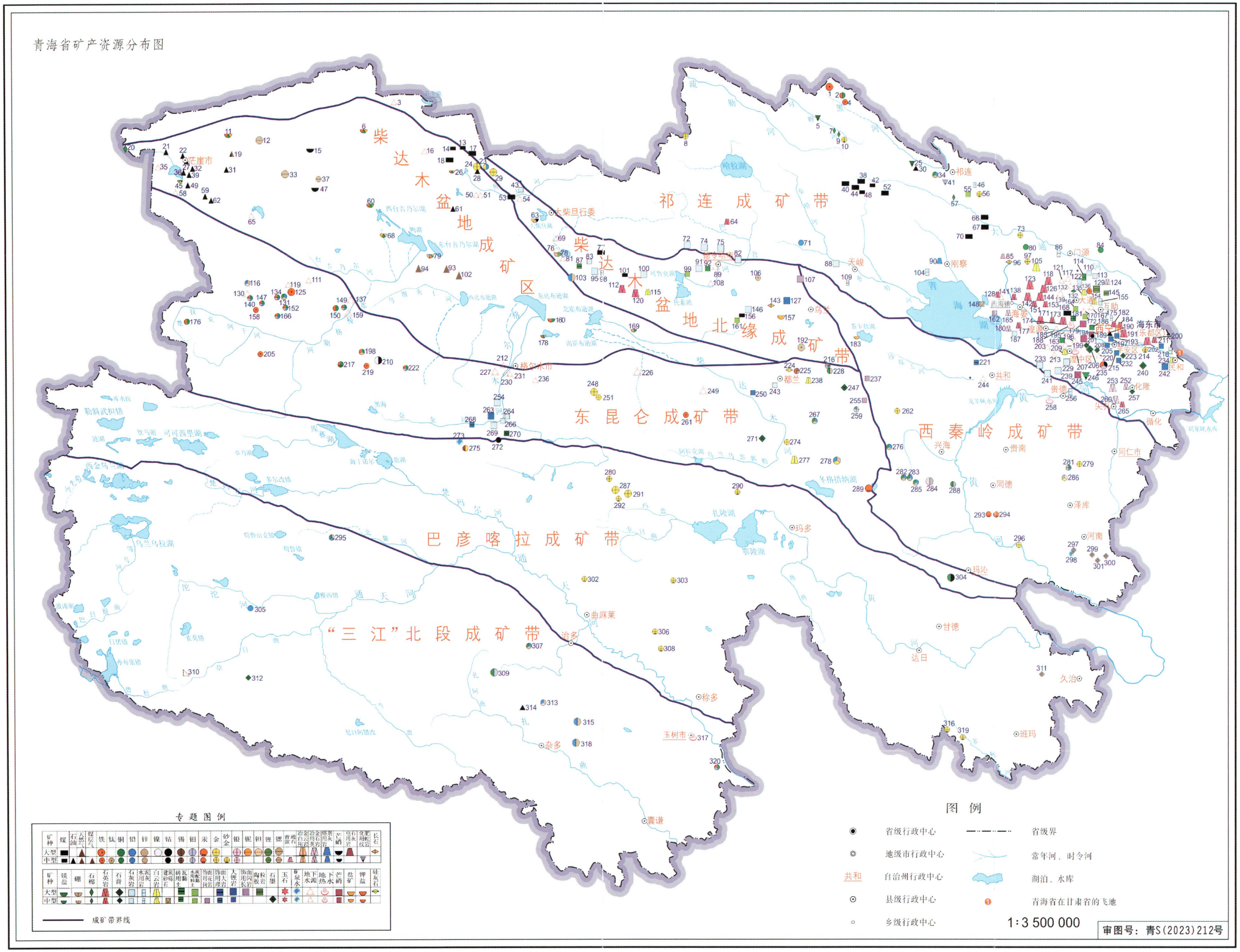

图 1-3 青海省主要矿产资源分布图

16.07%;矿点、矿化点为4597个,占比达83.93%,占总矿产地数的绝大多数。按工作程度统计,勘探175处,占青海省矿产地总数的3.20%;详查241处,占4.40%;普查897处,占16.38%;预查4164处,占76.02%。勘探、详查仅占7.60%。青海省矿产资源潜力巨大,全省发现880处小型以上规模的矿产地,达到勘探、详查的矿产地比例约占40%,调查评价及普查阶段的矿产地约占60%。地质勘查深度普遍较浅,主要金属矿床勘查深度500m以浅的约占82%,少量矿床达到1000m,深部找矿空间广阔。重要矿产资源总体查明率较低,平均为27%,远低于36%的全国平均水平,在战略性矿产中查明率最高的为钾盐,查明率69.8%,其余矿产查明率较低,其中稀土矿查明率仅为11%、铜矿11.5%、石油19.6%、天然气12.9%,矿产资源潜力巨大。

表1-3 青海省主要矿产资源统计表

编号	矿产地名称	主要矿种	矿床规模	编号	矿产地名称	主要矿种	矿床规模
1	祁连县小沙龙铁矿	铁	大型	2	祁连县小沙龙直沟铁多金属矿	铁、铜	小型
3	冷湖丁字口水源地	地下水	中型	4	祁连县大沙龙铁矿	铁	中型
5	祁连县热水沟饰面用蛇纹岩矿	饰面用蛇纹岩	中型	6	冷湖镇昆特依钾矿	钾、镁、盐矿	大型
7	祁连县黑刺沟石棉矿	石棉	大型	8	德令哈市哈熊掌金矿	金	中型
9	祁连县双岔沟石棉矿	石棉	中型	10	祁连县玉石沟铬矿	铬	中型
11	茫崖镇大浪滩钾矿	钾、镁、盐矿	大型	12	茫崖镇尖顶山锶矿	锶矿	大型
13	大柴旦行委团鱼山北部煤矿	煤炭	中型	14	大柴旦行委红柳泉煤矿	煤矿	中型
15	冷湖镇察汗斯拉图芒硝矿	芒硝	大型	16	冷湖赛什腾山南麓山前平原地下水	地下水	中型
17	大柴旦行委老高泉北露天煤矿	煤炭	大型	18	大柴旦行委结绿素煤矿	煤炭	大型
19	茫崖镇南翼山油气田	石油、天然气	中型	20	茫崖镇茫崖石棉矿田	石棉	大型
21	茫崖镇七个泉油田	石油	中型	22	茫崖镇狮子沟油田	石油	中型
23	大柴旦镇青山地区金矿	金、铅	中型	24	大柴旦镇青龙沟金矿	金	大型
25	祁连县清水沟蛇纹岩矿	饰面用蛇纹岩	中型	26	冷湖镇马海钾矿区	钾、镁、盐矿	中型
27	茫崖镇花土沟油田	石油	中型	28	大柴旦镇青龙滩硫铁矿	硫铁矿	中型
29	大柴旦镇滩间山金矿金龙沟矿区	金	大型	30	祁连县香子沟硫铁矿	硫铁矿	中型
31	茫崖镇油泉子油田	石油	中型	32	茫崖镇游园沟油田	石油	小型
33	茫崖镇大风山锶矿	锶	大型	34	祁连县尕大坂铜铅锌矿	铅、铜、锌	中型
35	茫崖镇阿拉尔西水源地	地下水	中型	36	茫崖镇砂西油田E31油藏	石油	中型
37	茫崖镇碱山锶矿床	锶	中型	38	天峻县弧山煤矿	煤炭	大型
39	茫崖镇油砂山油田	石油	中型	40	天峻县哆嗦公马煤矿	煤炭	大型
41	祁连县草大坂蛇纹岩矿	化肥用蛇纹岩	中型	42	天峻县阿仓河南煤矿	煤炭	中型

续表 1-3

编号	矿产地名称	主要矿种	矿床规模	编号	矿产地名称	主要矿种	矿床规模
43	大柴旦镇鱼北沟石灰岩矿	石灰岩	中型	44	天峻县聚乎更煤矿	煤炭	大型
45	茫崖镇尕斯库勒钾矿	盐矿、钾、锂、镁	中型	46	祁连县阿力克石灰岩矿	水泥用灰岩	中型
47	茫崖镇一里沟芒硝矿	芒硝	大型	48	天峻县雷尼克煤矿	煤炭	中型
49	茫崖镇尕斯库勒油田	石油	中型	50	大柴旦镇马海农场地下水水源地	地下水	中型
51	大柴旦镇马海钾矿区地下水供水水源地	地下水	中型	52	天峻县江仓煤矿	煤炭	大型
53	大柴旦镇鱼卡煤矿区	煤炭	大型	54	大柴旦行委鱼卡电厂供水水源地	地下水	中型
55	祁连县阿力克黏土矿	水泥配料用黏土	中型	56	祁连县天朋河砂金矿	金	中型
57	祁连县小八宝石棉矿蛇纹岩矿	石棉	中型	58	茫崖镇切克里克水源地	地下水	中型
59	茫崖镇跃进二号油田	石油	中型	60	冷湖镇一里坪锂矿区	锂、钾、镁	大型
61	大柴旦镇南八仙油气田	石油、天然气	中型	62	茫崖镇乌南油田	石油	中型
63	大柴旦镇大柴旦湖硼矿区	硼、锂、盐矿	大型	64	大柴旦行委大头羊西沟高纯石英岩矿	冶金用石英岩	中型
65	茫崖镇老茫崖自流井地下水水源地	地下水	中型	66	祁连县默勒镇以北地区煤矿	煤炭	大型
67	祁连县默勒煤矿	煤炭	大型	68	大柴旦镇西台吉乃尔湖锂矿区	锂、硼、钾	大型
69	大柴旦镇鱼卡煤矿塔塔棱河地下水水源地	地下水	中型	70	刚察县热水煤矿	煤炭	大型
71	天峻县哲合隆铅矿	铅	小型	72	德令哈市察汉森石灰岩矿	水泥用石灰岩	大型
73	门源县中多拉金矿	金	中型	74	德令哈市柏树山石灰岩矿	制碱用灰岩	大型
75	德令哈市额门勒茨格石灰岩矿	水泥用灰岩	大型	76	大柴旦镇小柴旦湖北岸地下水水源地	地下水	中型
77	大柴旦镇大煤沟煤矿	煤炭	大型	78	大柴旦镇小柴旦湖硼矿区	硼、锂	大型
79	格尔木市东台吉乃尔湖锂矿矿区	锂、钾、镁、盐矿	大型	80	门源县红沟铜矿	铜	中型
81	大柴旦镇小柴旦湖南岸地下水水源地	地下水	中型	82	德令哈市曼提石灰岩矿	电石用灰岩	大型
83	大柴旦镇大煤沟石灰岩矿	石灰岩	中型	84	门源县浪力克铜矿	铜	中型
85	大通县热水掌萤石矿	萤石（普通）	中型	86	门源县黄草坡石灰岩矿	水泥用石灰岩	大型

续表 1-3

编号	矿产地名称	主要矿种	矿床规模	编号	矿产地名称	主要矿种	矿床规模
87	大柴旦镇泉吉河砖瓦用黏土矿	砖瓦用黏土	中型	88	天峻县天青山石灰岩矿	电石用石灰岩	大型
89	德令哈市德令哈地下水水源地	地下水	大型	90	刚察县刚察北山石灰岩矿	熔剂用石灰岩	中型
91	德令哈市桃斯图石灰岩矿	水泥用石灰岩	大型	92	德令哈市柏树山黏土矿	水泥用黏土	中型
93	格尔木市涩北一号气田	天然气	大型	94	格尔木市台南气田	天然气	大型
95	大柴旦行委哈牙其第一石灰岩矿	制碱用灰岩	大型	96	大通县大三岔长石石英白云母矿	长石、碎云母	大型
97	门源县松树南沟金矿	金	中型	98	大柴旦镇石灰沟石灰岩矿	制碱用灰岩	大型
99	德令哈市克鲁努尔水泥配料用黏土矿	水泥配料用黏土	中型	100	德令哈市石门沟石灰岩矿	水泥用石灰岩	大型
101	德令哈市航亚煤炭矿	煤炭	中型	102	格尔木市涩北二号气田	天然气	大型
103	大柴旦镇锡铁山铅锌矿	铅、锌	大型	104	刚察县达拉沟石灰岩矿	水泥用石灰岩	大型
105	大通县下巴颜沟白云岩矿	冶金用白云岩	大型	106	德令哈市高特拉蒙钛矿	钛、磷	中型
107	乌兰县阿日茨特花岗岩矿	饰面用花岗岩	大型	108	德令哈市八音河山前平原供水水源地	地下水	中型
109	天峻县南山石灰岩矿	水泥用灰岩	中型	110	大通县西坡峡石灰岩矿	水泥用灰岩	中型
111	格尔木市独山北地下水供水水源地	地下水	中型	112	德令哈市怀头他拉乡艾力斯台石英岩矿	玻璃用石英岩	大型
113	大通县狼窝沟石灰岩矿	水泥用灰岩	中型	114	大通县水泉湾玄武岩矿	铸石用玄武岩	大型
115	德令哈市黄石梁白云岩矿	冶金用白云岩	中型	116	茫崖镇虎头崖铜铅锌矿	铅、锌、银	中型
117	大通县(西宁市)塔尔地下水供水水源地	地下水	大型	118	大通县斜沟石英岩矿	玻璃用石英岩	大型
119	格尔木市巴音格勒河下游矿业开发基地供水水源地	地下水	中型	120	德令哈市石英梁石英岩矿	玻璃用石英岩	大型
121	大通县东峡地下水供水水源地	地下水	中型	122	大通县毛家沟石灰岩矿	水泥用石灰岩	中型
123	大通县卧牛掌石英岩矿	玻璃用石英岩	大型	124	互助县扎坂山石英岩矿	冶金用石英岩	中型
125	格尔木市尕林格铁矿	铁、铜、铅、锌、钴	大型	126	大通县窑洞庄石英岩矿	玻璃用石英岩	大型
127	乌兰县沙柳泉大理岩矿	饰面用大理岩	大型	128	海晏县马匹寺石英岩矿	石英岩	中型
129	互助县水洞峡陶粒板岩矿	陶粒用黏土	大型	130	格尔木市巴音格勒河谷地下水供水水源地	地下水	大型
131	格尔木市牛苦头地区M1磁异常区铜铅锌矿	锌、铜、铅	中型	132	大通县尔麻软质高岭土矿	高岭土	中型

续表 1-3

编号	矿产地名称	主要矿种	矿床规模	编号	矿产地名称	主要矿种	矿床规模
133	大通县东峡地下水供水水源地	地下水	小型	134	格尔木市野马泉 M13 磁异常铁多金属矿	铁、铜、铅、锌	中型
135	互助县南门峡铁矿	铁	中型	136	互助县安定村白云岩矿	冶金用白云岩	中型
137	格尔木市西台锂矿区地下水供水水源地	地下水	大型	138	海晏县哈勒景石英岩矿	石英岩	中型
139	大通县石家庄地下水供水水源地	地下水	大型	140	格尔木市肯德可克铁铅锌矿	铁、铅、锌、钴、铋	中型
141	海晏县西海电场供水马匹寺地下水水源地	地下水	中型	142	大通县倒仰滩石英岩矿	玻璃用石英岩	大型
143	乌兰县沙柳泉长石矿	长石	大型	144	大通县柏木沟石英岩矿	玻璃用石英岩	中型
145	互助县柏木峡陶粒板岩矿	陶粒用黏土	中型	146	德令哈市旺尕秀石灰岩矿	电石用灰岩	大型
147	格尔木市野马泉 M9、M10 磁异常铁多金属矿	铁、铜、铅、锌	中型	148	海晏县托勒建筑砂石矿	建筑用砂	中型
149	格尔木市它温查汉铁铜钼铅锌矿	铁、铜、铅、锌、钼	中型	150	格尔木市它温查汉西矿区 C5—C11 异常区铁多金属矿	铁、铜	中型
151	湟中县金跃石英岩矿	冶金用石英岩	中型	152	格尔木市牛苦头地区 M4 磁异常区铜铅锌铁矿	锌、铜、铅、铁	中型
153	大通县门洞滩石英岩矿	玻璃用石英岩	中型	154	互助县南门峡白云岩矿床	白云岩	中型
155	互助县柏木峡光山石灰岩矿	水泥用石灰岩	大型	156	德令哈市旺尕秀煤矿西煤矿	煤炭	小型
157	乌兰县柯柯盐矿	盐矿	大型	158	格尔木市群力铁矿	铁	中型
159	格尔木市那陵郭勒河地区地下水水源地	地下水	大型	160	格尔木市察尔汗钾镁盐矿区	钾、镁、盐矿	大型
161	德令哈市尕海南黏土矿	水泥用黏土	中型	162	海晏县阿什加图花岗岩矿	饰面用花岗岩	中型
163	互助县青泥河水源地	地下水	中型	164	大通县新田堡黏土矿	水泥用黏土	中型
165	海晏县柳湾石英岩矿	冶金用石英岩	中型	166	格尔木市四角羊—牛苦头矿区铁多金属矿	锌、铁、铜、铅	中型
167	大通县铝厂地下水供水水源地	地下水	中型	168	大通县大通煤矿	煤炭	大型
169	都兰县北霍鲁逊湖东盐矿	盐矿、镁	中型	170	大通县瓦缸湾沟黏土矿	水泥用黏土	中型
171	湟中县恰罗石英岩矿	冶金用石英岩	大型	172	大通县后子河尕庄黄土矿	黄土矿	中型
173	大通县花脖湾石英岩矿	冶金用石英岩	中型	174	大通县中岭石英岩矿	玻璃用石英岩	大型
175	互助县奎浪沟石灰岩矿	水泥用灰岩	中型	176	格尔木市索拉吉尔铜矿	铜、铁	中型
177	湟源县塞尔石英岩矿	冶金用石英岩	大型	178	格尔木市团结湖镁盐矿	镁、锂、盐矿、硼	中型

续表 1-3

编号	矿产地名称	主要矿种	矿床规模	编号	矿产地名称	主要矿种	矿床规模
179	西宁市北山寺—泮子山石膏、钙芒硝矿	石膏、芒硝	大型	180	湟源县柳湾石英岩矿	冶金用石英岩	中型
181	西宁市 8601 号地热孔	地下热水	小型	182	乐都县李家昂石英岩矿	冶金用石英岩	中型
183	乌兰县茶卡盐矿	盐矿	中型	184	互助县夹道沟矿区石英岩矿	冶金用石英岩	中型
185	湟中县丹麻寺地下水供水水源地	地下水	中型	186	互助县水湾黏土矿	水泥用黏土	中型
187	湟源县巴汉北山石灰岩矿	水泥用灰岩	中型	188	西宁市大堡子地下水供水水源地	地下水	中型
189	互助县硝沟钙芒硝矿	芒硝	中型	190	互助县上加克硫铁矿	硫铁矿	中型
191	乐都县达拉乡桑桑多石英岩矿	冶金用石英岩	大型	192	乌兰县丁叉叉山南坡钛矿	钛、石榴子石	大型
193	乐都县德儿沟老虎咀大理岩矿	水泥用大理岩	中型	194	平安县三十里铺钙芒硝矿	芒硝、石膏	大型
195	湟中县甘河滩红庄黏土矿	水泥用黏土	中型	196	湟中县西宁南川地下水供水水源地	地下水	中型
197	乐都县上杨家大理岩矿	水泥用大理岩	中型	198	格尔木市拉陵高里河下游铁铜锌矿	铁、铜、锌	中型
199	湟中县总寨杜家庄地下水供水水源地	地下水	中型	200	乐都县下黑岭石英岩矿	冶金用石英岩	中型
201	湟中县谢家石膏矿	石膏	中型	202	乐都县湾塘石英岩矿	玻璃用石英岩	中型
203	湟中县青石坡地下水供水水源地	地下水	中型	204	乐都县小泉石沟大理岩矿	水泥用大理岩	中型
205	格尔木市那西郭勒地区铁矿	铁	中型	206	平安县三十里铺石膏矿	芒硝、石膏	大型
207	湟中县地下热矿水（地热田）	地下热水	中型	208	平安县韭菜沟石膏矿	石膏	中型
209	湟中县门旦峡大怀口白云岩矿	冶金用白云岩	中型	210	格尔木市夏日哈木镍多金属矿	镍、钴	大型
211	乐都县老鸦峡大理岩矿	水泥用大理岩	中型	212	格尔木市青海省钾肥厂地下水供水水源地	地下水	中型
213	湟中县大源地下水供水水源地	地下水	中型	214	乐都县高庙砂金矿	金	中型
215	乐都县大峡饰面用大理岩矿	饰面用大理岩	中型	216	都兰县沙柳河南区钨锡铅锌矿	钨、锡、铅、锌	中型
217	格尔木市乌腊德地区石墨矿	铁、铜	中型	218	民和县北山大理岩矿	水泥用大理岩	大型

续表 1-3

编号	矿产地名称	主要矿种	矿床规模	编号	矿产地名称	主要矿种	矿床规模
219	格尔木市拉陵灶火铁矿	铁	中型	220	平安县白沈家沟地下水供水水源地	地下水	中型
221	共和县沟后饰面用大理岩矿	饰面用大理岩	中型	222	格尔木市哈西亚图多金属矿	铁、金	中型
223	乐都县裴家顶—药水沟石膏矿	石膏	中型	224	都兰县海寺硅灰石矿	硅灰石	大型
225	都兰县小卧龙铁钨锡矿	铁、钨、锡	中型	226	都兰县诺木洪农场地下水供水水源地	地下水	大型
227	格尔木市地下水供水水源地	地下水	大型	228	都兰县太子沟铜锌矿	铜、锌、钨、锡	中型
229	湟中县上峡门石灰岩矿	水泥用石灰岩	大型	230	格尔木市地下水供水水源地	地下水	中型
231	格尔木市燃气电站水源地	地下水	中型	232	乐都县水泉沟大理岩矿	水泥用大理岩	中型
233	湟中县静芳拉目瑞石灰岩矿	水泥用石灰岩	大型	234	民和县平沟白云岩矿	白云岩	中型
235	平安县元石山铁镍钴矿	铁、镍、钴	大型	236	格尔木市白日其利沟山前倾斜平原供水水源地	地下水	中型
237	共和县哇洪河饰面用花岗岩矿	饰面用花岗岩	中型	238	都兰县柯柯赛白云岩矿	熔剂用白云岩	中型
239	湟中县门旦峡外围石灰岩矿	水泥用石灰岩	大型	240	民和县新庄—马家丫豁石膏矿	石膏	大型
241	湟中县上新庄镇冰台沟石灰岩矿	熔剂用灰岩	大型	242	民和县娄子沟大理岩矿	水泥用大理岩	大型
243	都兰县关角牙合石灰岩矿	石灰岩	中型	244	共和县恰卜恰地区地下热水	地下水	中型
245	平安县上庄透辉石矿	透辉石	大型	246	平安县上庄磷矿	磷矿	大型
247	都兰县东大海滩石墨矿	石墨（晶质）	中型	248	都兰县五龙沟金矿	金	大型
249	都兰县宗家—巴隆地下水供水水源地	地下水	大型	250	都兰县白石崖大理岩矿	饰面用大理岩	中型
251	都兰县无名沟—百吨沟金矿	金	中型	252	化隆县尕磨滩石英岩矿	冶金用石英岩	中型
253	化隆县张连堡石英岩矿	冶金用石英岩	大型	254	格尔木石灰窑矿区东矿段石灰岩矿	电石用灰岩	大型
255	都兰县清水河花岗岩矿	饰面用花岗岩	中型	256	尖扎县尖贵山石灰岩矿	水泥用石灰岩	大型
257	化隆县工扎石膏矿	石膏	中型	258	贵德县贵德地区地下热水	地下热水	大型
259	兴海县什多龙铅锌银矿	锌、铅、铜、钼	中型	260	化隆县合群峡石英岩矿	冶金用石英岩	大型
261	都兰县清水河铁矿	铁	中型	262	兴海县满丈岗金矿	金	中型
263	格尔木市石灰窑矿区西矿段大理岩矿	饰面用大理岩	大型	264	格尔木市大干沟沟脑石灰岩矿	水泥用灰岩	中型
265	化隆县沙路湾石英岩矿	石英岩	中型	266	格尔木市雪水河石灰岩矿	熔剂用白云岩	中型

续表1-3

编号	矿产地名称	主要矿种	矿床规模	编号	矿产地名称	主要矿种	矿床规模
267	都兰县哈日扎地区多金属矿	铜、铅、锌、锡	中型	268	格尔木市纳赤台饰面用大理岩矿	饰面用大理岩	中型
269	格尔木市石灰窑矿区东矿段K2石灰岩矿	电石用灰岩	大型	270	格尔木市驼路沟水泥配料用板岩矿	水泥用板岩	中型
271	都兰县巴勒木特尔石墨矿	石墨（晶质）	中型	272	格尔木市驼路沟钴矿	钴矿	中型
273	格尔木市纳赤台饮用天然矿泉水水源地	矿泉水	大型	274	都兰县果洛龙洼金矿	金	中型
275	格尔木市东大滩金锑矿	锑、金	中型	276	兴海县索拉沟铜铅锌银矿	铜、铅、锌	中型
277	都兰县上龙岗白云岩矿	冶金用白云岩	大型	278	玛多县抗得弄舍金多金属矿	金、银、铅、锌	大型
279	泽库县瓦勒根（席地）Ⅳ矿带金矿	金	中型	280	曲麻莱县加给陇洼金矿床	金	中型
281	泽库县多朗尕日寨砷铅银矿	砷	中型	282	兴海县日龙沟锡铅锌铜矿	锡、铜、锌	中型
283	兴海县铜裕沟铜矿	铜、铅、锌	中型	284	兴海县尕科合砷、银、铜矿	砷、银	大型
285	兴海县赛什塘铜矿	铜、铅、锌	中型	286	泽库县多隆尕日色钼矿沟砷金银矿点	砷	中型
287	曲麻莱县大场金矿	金	大型	288	兴海县吉浪滩砷、铜矿	砷、铜	中型
289	兴海县(玛多县)苦海汞矿	汞	大型	290	玛多县柯尔咱程砂金矿	金	中型
291	曲麻莱县扎家同哪金矿	金	大型	292	曲麻莱县大场砂金矿	金	中型
293	同德县穆黑汞矿	汞	中型	294	同德县沙尔诺汞矿	汞	中型
295	治多县藏麻西孔银铜铅矿	银、铜、铅	中型	296	同德县石藏寺金矿	金、锑	中型
297	河南县青果阿日冬泥炭矿	泥炭	中型	298	河南县曲海饮用天然矿泉水	矿泉水	中型
299	河南县浩钦沟—浩琼沟泥炭矿	泥炭	中型	300	河南县赫格楞泥炭矿	泥炭	中型
301	河南县达日宗沟泥炭矿	泥炭	中型	302	曲麻莱县白的口砂金矿	砂金	中型
303	称多县多曲砂金矿	砂金	中型	304	玛沁县德尔尼铜钴矿	铜、钴	大型
305	格尔木市茶曲怕查铅锌矿	铅	中型	306	称多县扎朵砂金矿区赛柴沟昂然切矿段	砂金	中型
307	治多县多彩地区铜多金属矿	铜、铅、锌	中型	308	称多县扎朵砂金矿区细曲、夏蒿矿段	砂金	中型
309	杂多县纳日贡玛钼铜矿	钼、铜	大型	310	格尔木市吴曼通洞水晶矿	压电水晶	大型
311	久治县年保滩泥炭矿	泥炭	中型	312	格尔木市帮尕陇巴石膏矿	石膏	中型
313	杂多县然者涌铅锌银矿	铅、锌、银	中型	314	杂多县阿夷则马赛硫铁矿	硫铁矿	中型
315	杂多县东莫扎抓铅锌矿	铅、锌	大型	316	班玛县多卡砂金矿	砂金	中型

续表 1-3

编号	矿产地名称	主要矿种	矿床规模	编号	矿产地名称	主要矿种	矿床规模
317	玉树县结古地区地热田	地下热水	中型	318	杂多县莫海拉亨-叶龙达铅锌矿	锌、铅	大型
319	班玛县吉卡砂金矿	砂金	中型	320	玉树县赵卡隆铁银铅锌矿	铁、铜、铅、锌	中型

表 1-4 青海省矿产地按规模统计表

地区	大型(处)	中型(处)	小型(处)	矿点(处)	矿化点(处)	小计(处)	占全省比例(%)
西宁市	28	27	35	69	80	239	4.36
海东市	19	36	59	213	224	551	10.06
海西州	77	120	199	1010	1058	2464	44.99
海北州	8	29	72	296	341	746	13.62
海南州	9	18	32	127	160	346	6.32
黄南州	5	9	18	90	141	263	4.80
玉树州	4	16	46	288	322	676	12.34
果洛州	2	5	7	92	86	192	3.51
全省合计	152	260	468	2185	2412	5477	100
占全省比例(%)	2.78	4.75	8.54	39.89	44.04	100	

全省编入《青海省矿产资源储量简表(截至 2020 年底)》《2020 年全国矿产资源储量统计表》的矿产地(矿区/井田/区段)共有 780 处,其中,固体矿产 656 处,地热矿泉水 92 处,石油、天然气 32 处。单矿种矿区(井田/露天/区段)总数为 1532 处,其中大型 246 处,占 16.06%;中型 334 处,占 21.80%;小型 952 处,占 62.14%。含石油、天然气,部分矿区是多矿种固液体共、伴生矿产,按矿种统计为单矿种矿产地。全省上表大、中型矿产地中,大多数是化工原料非金属矿产和建材类非金属矿产,这两类矿产的大、中型矿产地占全省总数的 38.62%,其次为有色金属(19.31%)和贵金属(10.69%)(青海省自然资源厅,2021a)。

(三)青海省矿产资源总体概况

青海省矿产地按矿种分布具有明显的地域特点,西宁市周边及海东地区多以建材非金属矿产为主;盐湖矿产及石油、天然气主要分布于柴达木盆地西部;煤炭主要分布于柴北缘、北祁连,玉树、果洛地区有少量分布;黑色金属主要分布于格尔木西部、都兰、祁连地区;有色金属、贵金属主要分布于祁连、格尔木、大柴旦、兴海、都兰、泽库、同仁、玉树等地区(潘彤和王福德,2021)。

青海省矿产资源分布大致有"东部建材非金属,中部有色、贵金属,西部盐类、油气,南部有色金属,北部煤"的特点。东部以水泥用灰岩、石英岩、钙芒硝、地热、冶金辅助原料、非金属化工原料矿产为主;中西部的柴达木盆地及周缘是省内最主要的矿产资源集中区,矿产资源分布相对集中,分布有能源矿产(石油、天然气、煤)、盐湖矿产(钾盐、镁盐、锂、硼、锶、溴、碘、铷、芒硝)、金属矿产(铜、铅、锌、金、钴、铁等)、稀有元素(铌、钽等)、非金属矿产(石棉、石灰岩、宝玉石)、水气矿产(矿泉水)等;北部以煤、铁、铜、铅、锌、铬、金、铂族、石棉等矿产为主;南部以铜、钼、铅、锌、金、银等有色金属、贵金属矿产为主。矿产资源地域分布不均衡,分带性明显,盐湖、有色金属矿产主要以多组分共伴生综合性矿床集中分布。

三、勘查开发与利用现状

（一）基础地质调查现状

1. 区域地质调查

青海省1∶100万区域地质调查图幅覆盖全省。1∶20万区域地质调查已完成104幅，面积约67万km²，占全省土地面积的96.18％，除4幅空白区外（不含青-新等省区边境地区图幅），基本覆盖全省。1∶25万区域地质调查完成图幅36幅，面积42.97km²，占61.69％，完成地区主要为柴南缘、沱沱河地区和海东地区。1∶5万区域地质调查累计完成图幅315幅，总面积为12.96万km²，占18.6％。1∶5万区域地质调查和1∶5万区域地质矿产（远景）调查累计完成822幅，总面积32.79km²，占47.07％。1∶5万专项地质调查总共完成图幅56幅，主要分布在东昆仑、柴北缘、阿尔金、北祁连，完成面积为1.68万km²，占2.42％。1∶2.5万区域地质调查主要在都兰县昂日塔地区、天峻县贡卡休玛地区及东昆仑和柴北缘成矿带重要成矿区段部署，总面积为1158km²，仅占0.2％。

2. 区域地球物理调查

1∶100万区域重力测量覆盖全省。1∶20万区域重力共计完成58幅，总面积38.78万km²，占全省土地面积的55.67％。1∶25万区域重力调查累计完成21个图幅，面积约29.35万km²，占42.13％。1∶100万航空磁测基本覆盖了青海北部地区，主要在柴达木盆地及其周边和祁连山地区，面积约为46.6万km²，占66.90％。1∶50万航空磁测面积约66.24万km²，约占95.09％。1∶20万航磁完成面积约35.23万km²，占50.57％。1∶10万航磁仅在柴达木盆地完成8.26万km²，占11.86％。1∶5万航磁完成面积约16.13万km²，占23.15％，主要分布在祁漫塔格地区、中南祁连地区、青海南山—共和地区及巴颜喀拉东段地区。1∶5万地面高精度磁法测量完成图幅600幅，面积约23.89万km²，占34.29％。1∶5万放射性地质矿产调查完成图幅14幅，完成面积5 787.9km²，占0.8％，分布在柴北缘及东昆仑成矿带放射性矿产成矿有利区段。1∶5万区域综合物探完成面积2857km²，占0.41％。1∶2.5万综合物探测量只在都兰县昂日塔地区完成面积为167km²，仅占0.02％。

3. 区域地球化学调查

1∶50万区域化探累计完成2幅，面积为13.11万km²，占青海省土地面积的18.82％。1∶25万区域化探面积56.72万km²，占81.42％。1∶20万区域化探已累计完成94幅，面积为45.56万km²，占65.41％。1∶5万水系沉积物测量累计完成图幅814幅，完成面积为32.31万km²，占46.39％。1∶2.5万地球化学测量累计完成2.19万km²，占3.15％。"十三五"期间，1∶2.5万地球化学测量完成面积共1.80万km²，主要分布在东昆仑、柴北缘、阿尔金地区。在西宁市东部、环青海湖北部和化隆—循化地区累计完成多目标区域地球化学调查3.19万km²，占4.58％。在东昆仑、柴北缘、阿尔金成矿带共部署33个项目，完成面积1.8万km²，占可测面积（5.5万km²）的37.72％，覆盖率由"十二五"末的7.1％提高至40％。

（二）勘查现状

1. 地质矿产调查工作

地质矿产调查工作包括战略性矿产远景调查（以下简称矿调）与1∶5万区域地质矿产调查（包括

1∶5万矿产地质调查、1∶5万磁法测量、1∶5万水系沉积物测量、1∶5万遥感解译及成矿信息提取)和矿产远景调查。1∶5万区域地质矿产调查在青海省北祁连、东昆仑、三江、柴北缘等主要成矿带上开展,累计完成813幅,面积32.79万km^2,占全省面积的47.07%,1∶5万高精度地面磁法测量600幅,面积23.89万km^2,占34.29%,1∶5万水系沉积物地球化学测量814幅,面积32.31万km^2,占46.39%;完成1∶5万遥感地质调查797幅(含成矿带遥感调查,不完整图幅62幅),面积32.90万km^2,占47.21%。

2. 矿产资源勘查工作

截至2020年底,全省矿产资源勘查工作程度进一步提高,矿产资源勘查与保障工程成果突出,资源保障程度进一步提高,地质勘查开发新格局已初步形成。"十三五"期间,全省共落实矿产勘查项目(不含石油、天然气)1971项,总地勘投入63.11亿元,其中矿产勘查类项目1414项,资金总投入45.02亿元,占地勘总投入的70.58%,非油气主要矿产共设置探矿权929个。"十三五"期间,全省矿产资源勘查工作程度进一步提高,矿产资源勘查与保障工程成果突出,资源保障程度进一步提高,地质勘查开发新格局已初步形成。

1)优势重要矿产勘查取得新成果

都兰那更康切尔沟地区新发现青海省第一个超大型独立银矿床,累计银资源储量超过5000t,是青海省地质找矿的重大突破,加上周边哈日扎、抗得弄舍等银多金属矿床,有望形成万吨级银矿勘查开发基地。格尔木石头坑德地区新发现岩浆熔离型铜镍矿,累计新增铜镍资源量20万t以上,达大型矿床规模,是青海省继夏日哈木之后同类矿床勘查的又一重大发现。柴达木盆地深层钾锂盐资源勘查在马海、大浪滩、昆特依等凹地深部发现以厚度巨大的砂砾石层为含卤介质的孔隙卤水型钾矿,累计提交氯化钾资源量4亿余吨,有巨大的潜在经济价值,有望形成新的钾锂盐勘查开发基地。都兰沟里整装勘查区的达热尔、色日、迈龙地区新发现金矿体,累计新增金资源量13.5t,有望形成新的金矿勘查基地。另外,在都兰的朗日扎、热龙、各玛龙、博鲁古斯坦、益克郭勒,格尔木茫崖河东及茫崖乌兰乌珠尔等地区新发现一定规模的金及多金属矿体,找矿空间进一步扩大。五龙沟整装勘查区的红旗沟—水闸东沟、无名沟—百吨沟地区金矿勘查成效显著,累计提交金资源量95t。大柴旦滩间山金矿田青龙山、金龙沟、细晶沟等老矿区资源储量进一步增大,东北部新发现中型规模的青山金矿,远景可达大型以上。都兰哈日扎铜多金属矿资源量50万t以上,达到大型矿床规模;格尔木夏日哈木外围新发现富铅锌矿体,估算新增铅锌资源量7万t。

2)新材料矿产勘查取得新突破

格尔木妥拉海河地区新发现鳞片大、埋藏浅、易开采的超大型晶质石墨矿,估算石墨资源量1500万t以上;铜金山地区新发现超大型规模滑石矿床,估算滑石矿石量2500万t以上。这是青海省非金属矿产勘查取得的两个重大突破。天峻茶卡北山地区新发现规模巨大的含矿伟晶岩带,估算氧化锂资源量3万t,氧化铍资源量5000t,达中型矿床规模,有望形成大型锂铍稀有金属矿勘查开发基地。此外,一些新类型新矿种的勘查也取得了进展,都兰德里特和德令哈牙马地区新发现热液型萤石多金属矿,共新增萤石矿石量87万t,找矿前景良好;德令哈延森哈达—亚麻图地区新发现脉石英矿,新增脉石英矿石量1.1亿t;大柴旦鱼卡—铁石观地区提交钛矿资源量106.9万t,达大型矿床规模;都兰三通沟北新发现沉积型碳酸锰矿,初步估算资源量460万t,已达中型矿床规模;都兰龙什更地区新发现热水沉积型铁钴矿等。这些新矿床类型的发现,进一步拓展了东昆仑、柴北缘成矿带的找矿方向和空间。

3)清洁能源矿产勘查取得新进展

共和恰卜恰地区地下热水已经探明埋深300~1700m,累计含水层厚度50~260m的地热储层,开采量达3.87万m^3/d(折合标准煤23.9万t/a)、水温58~105℃,成为青海省第一处具备整装开发潜能的水质优良的大型中低温地热田,既能满足恰卜恰地区供暖需要,又为发展医疗康养等提供了资源保障;同时,首次实现了砂岩热储自然条件下的100%回灌,对实现高效开发利用意义重大。此外,共和达连海北部探获水温较高、水量丰富的地下热水资源,有望提交新的大中型低温地热田;贵德罗汉堂钻进至1500~1800m深度,孔底温度均在70℃以上,有望实现新的突破。在海东乐都区新圈定地热异常靶区4处,为下一步工作实施打下了坚实基础。在自然资源部及中国地质调查局主导下,与青海省政府、中国石油化工集团公司共同拟订了勘查开发试验攻关方案,以此推进共和盆地地热能(包括干热岩资源)开发利用,推动其在发电、供暖等方面的能源利用,可填补中国新能源利用的一项空白,也对当地人居条件改善、工农业发展具有现实意义(严维德,2015)。东昆仑八宝山和柴北缘鱼卡地区发现陆相页岩气,为青海省页岩气调查评价提供了新思路。

4)常规能源矿产勘查取得重要成果

煤炭勘查在天峻县聚乎更煤矿区南部新发现厚达34m的巨厚可采煤层,初步估算新增优质炼焦用煤4亿t;大柴旦鱼卡煤田九龙山矿区新发现累计厚25.23m的可采煤层2层,估算新增资源量2.6亿t;均达到大型井田规模。油气勘查在柴西凹陷带、阿尔金山前带新增探明石油地质储量1.5亿t,新增天然气探明地质储量400亿m³,勘探区域已从局部拓展到整个盆地,进一步夯实了建成千万吨规模高原油气田的资源根基。

(三)开发现状

1. 矿产资源开发利用基本概况

截至2020年底,全省拥有各类矿山企业531家(青海油田分公司各矿山按1家计),其中生产矿山233家,停产关闭矿山216家(停产183家、关闭33家),筹建矿山82家;其中531家矿山中大型矿山企业84家,中型99家,小型303家,小矿45家;大型、中型、小型、小矿的结构比例为15.82∶18.64∶57.06∶8.47(图1-4)。

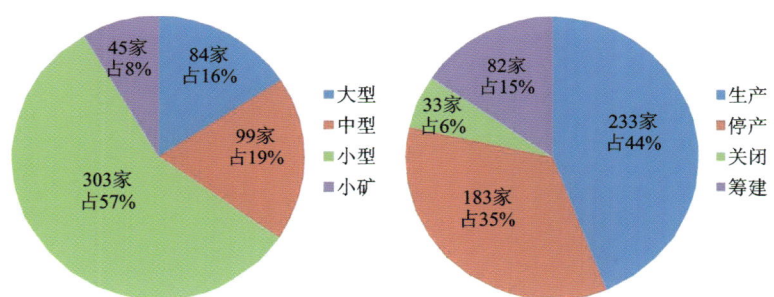

图1-4 截至2020年底青海省各类矿山占比图

全省矿山企业最多的地区是海西州,为249家,占全省矿山企业总数的46.89%;其次为海东市89家,占全省矿山企业总数的16.76%;以下依次是海北州,有矿山企业62家,占11.68%;海南州53家,占9.98%;果洛州24家,占4.52%;黄南州24家,占4.52%;玉树州16家,占3.01%;西宁市14家,占2.64%(表1-5)。

表1-5 青海省矿山规模统计表

序号	地区	大型(家)	中型(家)	小型(家)	小矿(家)	合计(家)	占全省比重(%)
1	海西州	48	48	128	25	249	46.89
2	海东市	11	21	52	5	89	16.76
3	海北州	7	12	42	1	62	11.68

续表 1-5

序号	地区	大型(家)	中型(家)	小型(家)	小矿(家)	合计(家)	占全省比重(%)
4	海南州	1	4	34	14	53	9.98
5	果洛州	1	1	22		24	4.52
6	黄南州	3	4	17		24	4.52
7	玉树州	5	5	6		16	3.01
8	西宁市	8	4	2		14	2.64
全省合计		84	99	303	45	531	100.00

注：据《青海省自然资源厅关于2020年度全省矿产资源开发利用情况的通报》。

531家矿山企业中内资矿山企业529家，其中，内资国有企业26家，集体企业6家，股份合作企业7家，联营企业4家，有限责任公司212家，股份有限公司46家，私营企业214家，其他企业14家；港、澳、台商投资企业2家；外商投资企业0家（图1-5）。以上数据显示，港、澳、台商投资和外商投资企业在全省矿山企业中所占的份额很小，目前青海省矿业开放还不够。

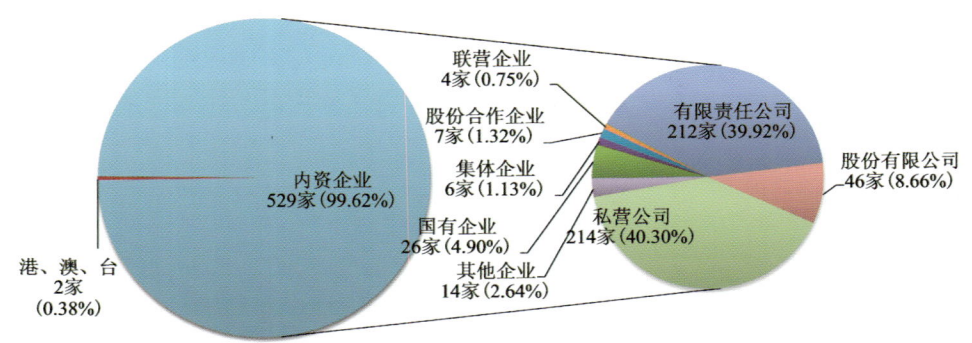

图1-5 青海省2020年度各种经济类型矿山企业及所占比例

全省共开发利用矿产61种，其中能源矿产3种（石油、天然气、煤炭），黑色金属4种（铁矿、锰矿、铬矿、钛矿），有色金属6种（铜矿、铅矿、锌矿、镍矿、钼矿、锑矿），贵金属1种（金矿），稀有稀土分散元素2种（锂矿、锶矿），冶金辅助原料非金属矿产2种（普通萤石、岩冶金用石英岩），化工原料非金属矿产7种（芒硝、电石用灰岩、制碱用灰岩、盐矿、镁盐、钾盐、硼矿），水气矿产2种（矿泉水、地下热水），其余34种为建材和其他非金属矿产（表1-6）。

表1-6 2020年度青海省各矿种的开发利用基本情况

序号	矿种	矿山数(家)					矿石产量			
		合计	大型	中型	小型	小矿	合计(万t)	固体矿(万t)	液体矿(万t)	气体矿(万m³)
	总计	531	84	99	303	45	12 613.54	11 809.49	281.60	640 000
1	石油	1		1			228.50		228.50	
2	天然气						522.45			640 000
3	煤炭	26	1	10	15		779.15	779.15		
4	铁矿	37	2	7	25	3	370.97	370.97		
5	锰矿	2		1	1		0.00	0.00		

续表 1-6

序号	矿种	矿山数（家）					矿石产量			
		合计	大型	中型	小型	小矿	合计（万 t）	固体矿（万 t）	液体矿（万 t）	气体矿（万 m³）
6	铬矿	2			2		0.00	0.00		
7	钛矿	1	1				0.00	0.00		
8	铜矿	18	1	1	13	3	149.97	149.97		
9	铅矿	15		1	12	2	143.04	143.04		
10	锌矿	6		4	2		71.17	71.17		
11	镍矿	6	1	1	3	1	0.00	0.00		
12	钼矿	1		1			0.00	0.00		
13	锑矿	1			1		0.00	0.00		
14	金矿	15	3	2	10		100.14	100.14		
15	锂矿（老卤量）	3	3				251.79	251.79		
16	锶矿	1			1		0.00	0.00		
17	普通萤石	6	1		4	1	0.00	0.00		
18	冶金用石英岩	11		1	10		11.52	11.52		
19	芒硝	4	1	1	1	1	0.00	0.00		
20	电石用灰岩	6	4	1	1		362.78	362.78		
21	制碱用灰岩	1	1				169.79	169.79		
22	盐矿	8	6	1	1		197.20	197.20		
23	镁盐	6	1	4	1		51.77	51.77		
24	钾盐	15	4	7	3	1	5 858.38	5 858.38		
25	硼矿	2	1				3.00	3.00		
26	滑石	1			1		0.00	0.00		
27	石棉	3	2	1			243.09	243.09		
28	长石	4			3	1	0.00	0.00		
29	石榴子石	1			1		0.00	0.00		
30	石膏	6		3	3		11.79	11.79		
31	玉石	13			8	5	0.09	0.09		
32	水泥用灰岩	11	5	4	2		944.31	944.31		
33	建筑石料用灰岩	11	1	5	5		23.33	23.33		
34	制灰用石灰岩	3		1	2		0.00	0.00		
35	玻璃用白云岩	1			1		0.00	0.00		
36	建筑用白云岩	2	2				20.74	20.74		
37	玻璃用石英岩	4	1	1	1	1	0.00	0.00		
38	建筑用砂岩	34	4	6	22	2	242.24	242.24		

续表 1-6

序号	矿种	矿山数（家）					矿石产量			
		合计	大型	中型	小型	小矿	合计（万 t）	固体矿（万 t）	液体矿（万 t）	气体矿（万 m³）
39	建筑用砂	116	15	19	81	1	535.64	535.64		
40	水泥配料用砂	1				1	4.08	4.08		
41	陶粒页岩	1		1			7.87	7.87		
42	砖瓦用页岩	2				2	4.20	4.20		
43	高岭土	1			1		0.00	0.00		
44	膨润土	1			1		0.00	0.00		
45	砖瓦用黏土	21		4	10	7	28.35	28.35		
46	水泥配料用黏土	2	1	1			45.00	45.00		
47	饰面用蛇纹岩	13			10	3	1.43	1.43		
48	建筑用玄武岩	2		2			0.00	0.00		
49	建筑用辉长岩	1		1			32.48	32.48		
50	建筑用安山岩	1			1		15.72	15.72		
51	建筑用闪长岩	7	2	2	3		596.73	596.73		
52	花岗岩	1		1			0.00	0.00		
53	建筑用花岗岩	25	8	1	16		318.79	318.79		
54	饰面用花岗岩	5			2	3	2.57	2.57		
55	建筑用凝灰岩	3	1		2		23.00	23.00		
56	饰面用大理岩	10	2	1	6	1	106.10	106.10		
57	建筑用大理岩	10	1	1	6	2	3.25	3.25		
58	水泥用大理岩	7	1	1	4	1	78.02	78.02		
59	水泥配料用板岩	1	1				0.00	0.00		
60	矿泉水	8	2	3	3		22.10		22.10	
61	地下热水	4			1	3	31.00		31.00	

注：据《青海省自然资源厅关于 2020 年度全省矿产资源开发利用情况的通报》。

2020 年度 61 种矿种开发矿石总量 1.26 亿 t（其中固体矿 1.18 亿 t，液体矿 281.6 万 t、气体矿 64 亿 m³ 合 522.45 万 t），比上年减少 1 429.17 万 t，年产矿石量 100 万 t 以上的矿种共 19 种，依次为钾盐、水泥用灰岩、煤炭、建筑用闪长岩、建筑用砂、天然气、铁矿、电石用灰岩、建筑用花岗岩、锂矿、石棉、建筑用砂岩、石油、盐矿、制碱用灰岩、铜矿、铅矿、饰面用大理岩、金矿。年产矿石量增加 50 万 t 以上的矿产有 7 种，依次为建筑用闪长岩增加 473.85 万 t、钾盐增加 337.98 万 t、建筑用花岗岩增加 259.8 万 t、建筑用砂岩增加 168.31 万 t、水泥用灰岩增加 153.33 万 t、饰面用大理岩增加 93.76 万 t、铜矿增加 80.19 万 t，以上矿种合计增加 1 567.22 万 t；年产矿石量减少 50 万 t 以上的矿产有 5 种，依次为建筑用砂减少 112.19 万 t、建筑用玄武岩减少 64.94 万 t、镁盐减少 59.23 万 t、水泥用大理岩减少 52.87 万 t、金矿减少 52.13 万 t，共减少 341.36 万 t。

全省矿业开发活动中,钾盐、盐矿、石油、天然气、煤炭、锂矿等矿产资源的开发支柱性地位突出,建材非金属矿产开发地域广、强度较高,这些矿产的开发利用,促进了青海省矿业经济乃至全省经济社会的发展。而资源储量具有优势的石英岩、芒硝、石膏、镁盐、锶矿等的开发规模偏小,需要在"十四五"期间加大这些矿种的开发力度,使资源优势尽快转化为经济优势。

2. 矿业在经济发展中的地位和作用

"十三五"期间,全省以习近平新时代中国特色社会主义思想为指导,按照省委省政府深入实施"五四战略"、奋力推进"一优两高"、统筹开展"五个示范省"要求,扎扎实实推进经济持续健康发展、综合实力新跃升。青海省绿色低碳循环经济发展水平不断提升,国家生态安全屏障更加牢固,国家公园试点走在全国前列,环湖地区生态和新能源产业特色优势更加凸显。

2020年全省地区生产总值由2016年的2 572.49亿元增加到3 005.92亿元,年均增长3.97%;人均生产总值由2016年的35 784元增加到48 699元;地方公共财政预算收入由2016年的238.43亿元增加到298.03亿元,年均增长5.74%;固定资产投资由2016年的3 533.19亿元增加到4 686.79亿元,年均增长7.32%;全社会消费品零售总额由2016年的767.30亿元增加到877.34亿元,年均增长3.41%。2020年矿产资源规模以上采选业及其后续加工业总产值达1 592.76亿元,占当年全省规模以上工业生产总值(2 945.80亿元)的54.07%(青海省统计局,2021)。

"十三五"期间,矿业在全省经济发展中占有重要地位,采选业及其后续加工业占全省规模以上工业生产总值的比例在54.07%~70.95%之间,平均达到64.37%(表1-7)。依托优势资源,全省经济形成了以新能源产业、新材料产业、盐湖化工产业、有色金属产业、油气化工、煤化工、设备制造业、钢铁产业等以矿产资源开发及后续加工业为主的八大优势产业,矿产资源开发利用在全省经济社会发展中发挥了举足轻重的作用。

表1-7 "十三五"矿产资源开发利用产值统计表　　　　　　单位:亿元

年份		2016	2017	2018	2019	2020	平均值
全省生产总值		2 572.49	2 642.80	2 865.23	2 965.95	3 005.92	2 810.48
工业生产总值		2 835.56	2 494.29	2 341.07	2 361.72	2 945.80	2 595.69
采选及后续加工业	采选业	508.19	244.47	244.47	317.34	328.33	328.56
	后续加工业	1 503.65	1 330.87	1 330.87	1 246.83	1 246.43	1 335.33
	合计	2 011.84	1 575.34	1 575.34	1 564.17	1 592.76	1 663.89
	采选:后续	1:2.96	1:5.44	1:5.44	1:3.93	1:3.85	1:4.32
占工业生产总值比例/%		70.95	63.16	67.29	66.23	54.07	64.34

注:资料来源与2016—2019年《青海省统计年鉴》《2019年度青海省矿产资源年报》;工业生产总值、采选及后续加工业产值数据为全省规模以上(主营业务收入在2000万元以上)工业企业总产值。

第二节 "十三五"取得成效

《青海省矿产资源总体规划(2016—2020年)》顺利实施,在优化资源勘查开发保护格局、强化资源保护和合理利用、推进矿业转型升级、矿业绿色发展等方面发挥了重要作用,各项指标均已完成,重大任务和重点工程稳步推进,有效发挥了矿产资源对全省经济社会发展的服务保障和支撑作用。

一、"十三五"规划实施成效

(一)公益性、基础性地质工作稳步推进

"十三五"期间,全省区域地质调查、地球物理调查、地球化学调查等公益性、基础性地质调查工作有序推进,工作程度得到进一步提升。新完成1∶5万航磁测量2.34万 km^2,1∶5万地面磁法测量0.21万 km^2,其中航磁测量覆盖率由"十二五"末的19.79%提高至23.15%。环柴达木盆地1∶5万区域地质矿产调查基本达到全覆盖,1∶2.5万地球化学测量已覆盖可测工作区域的近一半,共圈定各类地球化学异常1733处,新发现矿化点、矿化体等矿化线索146处,为矿产勘查工作提供了选区依据。1∶5万土地质量地球化学评价工作,新圈定富硒土壤696.2km^2、富锗土壤123.6km^2,依托调查成果,建成平安富硒产业示范基地,打造了"高原硒都"。重要地质遗迹调查评价新发现地质遗迹集中区8处、地质遗迹景观355处、重要地质遗迹点55处,为地方政府发展特色旅游文化提供了依据。

(二)水工环地质调查成果显著

"十三五"期间,完成1∶25万水文地质环境地质调查1200km^2,为黄河、长江和青海湖流域主要生态区环境保护和治理提供了依据。1∶5万水工环综合调查、后备水源地和供水水源地勘查,圈定富水地段(靶区)14处,提交供水水源地10处,并成功实施探采结合井42口,解决当地4万～6万人饮水困难问题。在共和、互助、贵南等地新发现水量丰富、水质优良的大—中型富锶矿泉水8处,为发展地方经济提供了绿色资源支撑。1∶5万地质灾害详查覆盖全省,调查地质灾害点4473处,完成西宁市城市地质综合调查450km^2,为防灾减灾、保障民生奠定了坚实基础。

(三)地质找矿实现新的重大突破

以柴达木盆地及周缘为重点区域,加大了新材料矿产、优势重要矿产和清洁能源矿产勘查力度,新发现矿产地和普查基地62处,新探明石油地质储量1.5亿t,重要矿种新增资源量:煤炭4亿t、铁矿石1.97亿t、铜镍铅锌473.3万t、金128.7t、银3813t、氯化钾1.17亿t。发现了那更康切尔沟银矿、妥拉海河晶质石墨矿、马海深层卤水钾盐矿等3处特大型矿床,格尔木石头坑德铜镍矿、聚乎更煤矿区南部和九龙山煤矿区等10余处大中型矿床,在共和恰卜恰镇探明可供整装利用的大型中低温地热田,在共和-贵德盆地首次发现优质的干热岩资源,形成一批具有资源规模、可供出让勘查开发的矿产地,为青海省经济社会高质量发展提供了重要的资源保障。

(四)矿产资源开发利用水平明显提升

全省矿山总数为531家,相比于"十二五"末减少了300家,其中大型矿山84家,中型矿山99家,大中型矿山比例达到34.46%,大中型矿山比例5年提高了23.5个百分点,矿山企业结构不断优化。全省开发利用矿种61种,年产矿石总量达到1.26亿t,实现采掘业工业总产值402.82亿元,矿石开采总量、采掘业工业总产值、总利润稳步提高。以优化资源配置和布局结构为重点,推进建筑用非金属矿产资源规模化生产、集约化开采,建筑用非金属矿产保障能力增强。矿产资源开发利用效率和水平明显提升,矿山采选回收率达标率达到90%以上。

（五）矿山地质环境保护成效显著

"十三五"期间，制定发布《三江源祁连山等自然保护区矿业权退出补偿及环境恢复治理实施方案》《青海省三江源地区矿山生态环境综合治理项目管理指南》，为环境恢复治理提供了执行标准和依据。生态保护与修复成效持续提升，全面停止三江源、祁连山等自然保护区内的矿产资源勘查开发活动，并对矿区进行了全面恢复治理。重点勘查开发区域调整至柴达木盆地及周缘的柴北缘、东昆仑、阿尔金等地区。完成矿山土地复垦面积1.64万亩（1亩≈666.67m^2）。积极推进全省历史遗留矿山恢复治理，完成废弃矿山恢复治理面积2.27万亩，矿山地质环境保护与恢复治理成效显著。

（六）绿色矿业高效可持续发展

建立健全绿色勘查机制，制定并出台《青海省绿色勘查管理办法》《青海高原绿色勘查规范》《高原绿色勘查地质钻探规范》。2016年优选10个勘查项目进行绿色勘查示范，在全国率先开展绿色勘查工作；2020年2个勘查项目被列为全国第二批绿色勘查示范项目。坚持绿色勘查与地勘工作"同研究、同部署、同设计、同实施、同检查、同考核"，大力推广应用绿色勘查新技术、新设备，最大限度减轻地勘工作对生态环境的影响，强化绿色勘查宣传教育，绿色勘查理念已深入人心，和谐良好的勘查环境已逐步形成，绿色勘查已成为地勘工作常态。加强绿色矿山建设，制定印发《青海省绿色矿山建设实施方案》。截至2020年底，全省绿色矿山122家，相比于"十二五"末增加116家，绿色矿山数量翻了20倍，绿色矿山比例达到23%，其中23家矿山被纳入中国绿色矿山名录。积极推广先进开采技术、综合回收工艺及选矿技术，矿产资源开发利用的"三率"水平达到国家要求。打造了"金辉绿色矿业发展模式"和海西州"盐湖＋旅游开发模式"。

（七）科技创新与应用能力进一步凸显

"十三五"期间，以重大地质科研项目为依托，以解决重大基础地质和重大疑难问题为导向，应用地质找矿新理论、新技术、新方法，不断加强与省内外科研院所和地勘单位合作，优势互补，联合攻关，采用"产学研用"相结合、理论研究与找矿实践相结合的新途径，发挥了科技创新引领作用。加强科研平台建设和科技创新能力建设，先后建成"青藏高原北部地质过程与矿产资源重点实验室""中国地质大学（武汉）水文地质工程地质环境地质实践创新基地"等一批科技发展创新平台，为科研项目的高效实施提供了基础保障。青海省地质科技成果转化应用和社会服务水平进一步提升，地质科学技术进步及创新成果不断涌现，共获得各类成果奖励140项，极大地提高了青海省地质工作者的工作积极性和创造性，提升了地质科技自主创新能力和科学技术发展水平。科技人才培养取得实效，为地质事业发展提供了人才保障与智力支撑，"十三五"期间，获得"自然资源部科技领军人才""青海学者""昆仑英才"等各类先进个人奖励128人次，为地质科技创新奠定了人才基础。

（八）矿产资源管理与服务能力稳步提升

矿产资源勘查开发管理进一步规范，修订出台《青海省省级地质勘查专项资金管理办法》《青海省省级地质勘查专项资金项目管理办法》等管理制度，制定发布《1∶25 000地球化学测量规范》青海省地方标准。形成了一套从立项论证—设计审查—项目实施—成果提交—业绩信誉考评全过程监管体系，项目管理制度化、规范化，省财政资金地勘项目检查验收率达到100%；重点项目实行周报制，督导检查全覆盖,助推地质工作取得显著成效。全面推动矿业权出让制度改革,积极落实矿业权人勘查开采信息公示制度,进一步完善矿业权权益金制度改革具体措施;简化财政资金开展基础性、公益性工作及矿产资源储量评审备案和登记事项。积极推进矿产资源行政审批制度改革,进一步取消和下放行政审批事项,深化"放管服"改革,行政审批效率和地质资料社会化服务能力进一步提高。

二、存在的问题

(一)实现找矿突破的难度持续加大

青海省成矿条件优越,矿产资源丰富,除柴达木盆地及周缘地区外,其他矿产资源集中区多与生态保护红线区高度重叠。"十三五"以来,青海省坚持生态立省,严格落实生态环境保护责任,矿产资源勘查重点从三江源、祁连山地区调整至柴达木盆地及周缘,找矿空间急剧缩小;随着地表浅部工作程度持续提高,勘查工作向深部拓展,找矿成本不断上升,实现更大找矿突破的难度也相应增加。

(二)矿产资源开发活力明显不足

"十三五"时期,受国际矿业经济持续低迷、国内供给侧改革、钢铁煤炭产能调控、外部环境等因素影响,青海省矿业资金投入大幅缩减,加之矿山基础设施相对较弱,停产、关闭矿山数量较多,矿山建设水平参差不齐,尤其小型矿山企业创新意愿不强、投入不够,对新技术、新方法应用不足,矿山发展不均衡、不充分,矿业活力明显不足。矿产资源粗放利用、共伴生矿产的利用程度低,综合利用效率不高,优势矿产未能充分发挥资源效益。

(三)资本投入不足制约矿业高质量发展

青海省矿产资源禀赋好,其中有10种矿产保有资源储量居全国首位,61种居全国前十,但地质勘查投入只占全国地质勘查投入总额的1.2%,采矿业投资只占全国采矿业投资总额的1.6%。中央财政地勘专项资金投资缩减,社会资金投入不足,矿业资本投入不匹配,影响勘查开发总体进程及找矿成果的取得。

(四)矿业转型绿色发展任务艰巨

青海省矿业绿色发展水平有待提高,产业绿色转型进展较慢。矿区生态修复治理压力较大,早期矿产资源粗放勘查开发致使历史遗留矿山点多面广,矿山地质环境问题仍较为严重;加之青海省部分区域生态环境脆弱,自然修复和净化能力弱,给矿业绿色发展带来诸多不利,青海省作为全国建设生态文明示范省的先行区,必须加快绿色矿山建设进程,服务"生态优先、保护优先"大局。

(五)矿产资源现代化管理体系尚待健全

青海省仍需进一步加强顶层设计,建立健全相关法律法规政策,强化落实矿业权监督管理、矿山储量动态监管等方面的监督管理体系。矿业执法力度有待加强,多部门协同配合的矿管机制仍需完善,矿业权勘查开采信息公示成效需更加科学有效,监督管理信息化、数字化水平需进一步提升,管理队伍专业化水平需持续提高。

第三节 形势与要求

"十四五"期间,国家紧缺战略性矿产、青海省优势矿产需求总体呈上升趋势。盐湖矿产产量在全国占有绝对优势,能源矿产除天然气外均不能满足省内需求,金属矿产供需矛盾突出,建材等传统非金属矿产资源的需求总体呈上升态势,除电石用灰岩供需基本平衡外,其他非金属矿产的矿石量大多无法满足市场需求,应加大勘查开发力度。

一、国家能源资源安全保障对矿产资源提出了新需求

牢牢把握"三个更加重要"战略地位,盐湖矿产、石油、天然气、镍、铜、铅、锌、金、干热岩等优势矿产在全国具有重要战略意义,需进一步加大矿产勘查开发力度,不断提升矿产资源综合利用水平,突出青海能源资源安全地位,使青海省真正成为国家战略资源要地,在保障国家能源资源安全中发挥重要作用。

二、高质量发展对矿产资源保障提出了新要求

以"碳达峰、碳中和"目标为矿产资源转型变革的重要方向,在加强传统优势矿产资源勘查开发的基础上,紧密围绕柴达木循环经济体系和新材料产业发展,注重锂、镍、钴、石墨、萤石等新材料矿产资源勘查,提高矿产资源的综合利用和节约集约水平,增强与延伸循环经济产业链,促进产业转型升级。

三、"四地"建设为矿产资源工作提供了新机遇

建设世界级盐湖产业基地需加大盐湖矿产勘查开发力度,实现盐湖资源增储,夯实资源基础;打造国家清洁能源产业高地需加强地下热水、干热岩、页岩气、砂岩型铀矿等清洁能源资源的勘查开发力度,助推"清洁能源示范省"建设;打造国际生态旅游目的地需加强生态环境地质、地质遗迹调查及城市地质调查等工作,为建设"国家公园示范省""高原美丽城镇示范省"提供地学支撑;打造绿色有机农畜产品输出地需加强生态农(牧)业地质工作,开展土地质量调查评价,为建设"绿色有机农畜产品示范省"奠定基础。

四、生态文明建设对矿产资源工作提出了新挑战

资源约束趋紧、工作范围压缩的严峻形势,给青海矿产资源勘查开发带来巨大挑战,也为地质勘查产业结构调整与转型升级带来机遇。应积极应对挑战,以打造生态文明高地为目标,实施绿色勘查、建设绿色矿山,主动适应生态文明要求,谋求自身可持续发展,开拓创新,努力实现勘查开发新突破。

五、矿产资源管理体制改革为矿产资源管理提供了新遵循

自然资源部关于矿业权出让登记、油气勘查开采、矿产资源储量评审备案、规范财政出资勘查工作等方面的改革,为青海省矿产资源管理工作提供了新的遵循,需进一步深化矿产资源管理改革,提升依法依规管理矿产资源的能力和水平。

第二章　供需形势

矿产资源需求主要基于青海省矿产资源开发现状、产业政策和发展要求，运用定性定量的方法，针对省内能源矿产、铁矿、贵金属、有色金属矿产、重要盐湖矿产、主要建材非金属等矿产"十四五"期间在供给和需求等方面进行分析预测，为制定"十四五"期间重要矿产开发总量等目标的制定提供依据。

第一节　矿产资源供需概况及预测方法

一、矿产资源需求概况

"十三五"时期，青海省依托优势矿产资源，大力发展盐湖、有色金属、石油、天然气、建材非金属等传统产业，优势重要矿产资源的需求总体处于上升态势。其中石油、天然气除满足省内需求外，还销往省外；铜、铅、锌采选的精矿产量不能满足冶炼和精深加工的需求，不足的部分需要从省外购进；煤炭、铁矿、水泥、盐矿供需基本平衡；镍矿、氯化钾、碳酸锂、硼酸、碳酸锶、氯化镁、纯碱、石棉等矿产品在省内的需求量很少，绝大部分均销往省外。战略性新兴产业所需的铌矿、钽矿、锂矿、钛矿、晶质石墨等矿产具有一定的资源保障和开发利用潜力。能源矿产石油、天然气、煤炭在"十四五"期间供不应求，供需矛盾进一步加大。主要金属矿产的需求和消费格局变化主要是从精矿外销向省内冶炼转变。从全省目前及"十四五"发展趋势来看，铁、铜、铅、锌等矿产精矿粉将转入省内冶炼，冶炼产品基本外销。钾盐、锂矿等产品产业链延伸不够，钾盐等省内需求少，但在全国层面上看，供需矛盾突出。铁、铜、铅、锌等矿产的精矿粉在"十四五"期间不能满足经济建设需求，供需矛盾不平衡。

（一）盐湖矿产

青海省矿产资源储量占优势的盐湖矿产，主要是锂矿（LiCl）和钾盐（KCl），在全国同类矿产保有资源储量上占有绝对优势，列全国第一位，资源储量占全国比重超过75%（青海省自然资源厅，2021），随着近些年新兴产业和新能源产业的快速发展，锂资源的市场需求越来越大，对国民经济有重大带动意义，是未来主要保障我国资源安全的重要性矿种。

锂被称为"21世纪的新能源"，是国防尖端工业和新能源电池领域的重要原料，近些年青海盐湖卤水提锂工业化进程发展较快，今后有望成为国内锂资源供给的最大来源，对提升我国新材料、新能源等多个重要产业在全球的战略竞争力，助力实现碳达峰、碳中和目标具有重大意义（王振东等，2022）。我国盐湖锂资源储量居世界第三位，主要分布于青海和西藏，其中青海柴达木盆地盐湖锂资源的蕴藏量居全国之首，是我国重要的锂资源地（吴艳华，2022）。根据《截至二〇二〇年底青海省矿产资源储量简表》（青海省自然资源厅，2021c）数据，青海省锂矿累计查明资源储量1 787.46万t，保有资源储量1 418.63万t。

近年来,青海省把加快锂电产业发展作为推动产业转型升级、促进绿色发展的重要抓手,先后制定出台了《青海省千亿元锂电产业发展规划》《青海省新能源汽车推广应用实施方案》《青海省"十三五"新材料产业发展规划》等。比亚迪、中信国安、北大先行等锂电企业在青海均有布局。由此可见,未来青海省的锂矿资源将迎来持续的需求增长。现阶段青海盐湖碳酸锂实际年产量较低,但锂矿的保有资源储量在全国排名居首位,《青海建设世界级盐湖产业基地行动方案(2021—2035年)》确定的发展目标:至2025年青海省碳酸锂产能达15万t/a,至2035年达20万t/a,未来盐湖卤水提锂的工业化普及是我国锂行业发展趋势,随着盐湖锂资源的开发利用效率进一步提高,青海盐湖锂有望成为国内锂资源供给的最大来源(青海省自然资源厅,2020)。建设盐湖资源产业基地对钾盐、锂矿、硼矿等资源需求将会不断上升。

青海的钾盐资源在我国占有绝对优势,截至2020年底,保有资源量为7.77亿t,占全国保有资源量的77.46%。青海省钾盐类开发利用相关产业已逐步成熟,开发经济效益较好,在国民经济中占有重要地位,其产品是我国主要的农业化肥供应原料,在我国战略性粮食安全保障中具有重大价值。《青海建设世界级盐湖产业基地行动方案(2021—2035年)》确定发展目标:至2035年产能达1000万t/a,通过进一步优化资源开采方式及钾肥生产工艺,进一步拓展钾肥应用领域,进一步提升产品附加值,届时青海钾盐有望满足国内50%的钾肥消费需求(青海省自然资源厅,2020)。

(二)能源矿产

2020年青海省能源消费总量为4150万t标准煤,年均增速0.1%,低于全国2.6%的年均增速,单位GDP能耗下降24%。青海要打造国家清洁能源产业高地,在减碳倒逼机制下,经济发达省份有更大的清洁能源消费需求,为青海省清洁能源资源开发提供了重大机遇。与此同时,青海省生态文明建设向纵深推进,对能源绿色转型发展提出了更高要求,统筹清洁能源与生态环境保护协调发展的形势更加紧迫(青海省人民政府办公厅,2021)。《青海省能源发展"十四五"规划》(2022)确定的发展目标:至2025年,原油产量达到350万t,天然气产量达到75亿m^3,煤炭年产能1400万t,年产量1000万t左右。届时石油、天然气完全满足省内需求,煤炭不足部分将引进省外资源。

(三)黑色金属

青海省黑色金属开发利用的主要为铁矿。"十四五"期间将全面推进西宁特殊钢股份有限公司(简称特钢)搬迁工作,推进特钢从传统的钢铁冶炼加工逐步向铁、铬、锰冶炼转型,将建成优质黑色金属及其合金冶炼和加工基地(青海省发展和改革委员会,2021)。届时,需要的铁矿石资源将是巨量的,仅西宁特殊钢股份有限公司整体退城环保搬迁,另觅生产场地,需要约480万t铁精粉(青海省地质调查局,2022)。随着青海省城镇化建设的提升,未来5~10年铁矿资源需求将持续增长。

(四)有色金属

青海省在"十四五"期间将改造提升有色金属现有产能,提高产业集中度和集约化发展水平,高水平建设有色金属精深加工集聚区,降低企业能耗、物耗及排放。提升铝、铜、铅、锌、钼等有色金属采选冶炼技术工艺水平,提高就地加工转化能力,建设国内重要的有色金属产业集群。青海省正处于工业化发展阶段,有色金属产业集群的建设处于起步阶段,而有色金属矿产资源是产业集群建设中的重要一环,随着青海省实施冶金产业"三化"协同工程、打造西部地区冶金强省的工业目标的确定,在可预见的未来,青海省的有色金属资源需求将迎来新的增长(青海省发展和改革委员会,2021)。

(五)建材非金属

"十四五"期间青海省建材非金属产业发展方向主要面向新型墙体、节能保温及装饰材料、特种玻璃、新型化学建材、传统建材、陶瓷等六大领域。节能保温及装饰材料重点发展碳酸钙型防火板材、新型PVC环保装饰材料等;在特种玻璃领域,重点发展光伏压延玻璃、汽车玻璃等产品;在新型化学建材、传统建材领域,重点发展高分子材料及复合材料管材、管件、环境友好型涂料、防水和密封材料,以及标准化和绿色化水泥;在陶瓷领域,重点开发超高温结构陶瓷等材料(青海省发展和改革委员会,2021)。这些绿色建材非金属产业的发展将对青海省水泥用灰岩、饰面用大理岩、玻璃用石英岩、石棉、陶粒页岩、石膏等非金属矿产形成新的需求增长。

矿产资源在国民经济中发挥着至关重要的作用,青海省深入实施"五四战略",奋力推进"一优两高",统筹"五个示范省"建设,强化"四种经济形态"等均需要巨量的矿产资源进行支撑,未来青海省需要继续加大矿产勘查力度,提高资源储量的同时加大矿产资源的开发规模,多开发以石油、天然气、煤为主的常规能源矿产,页岩气、煤层气、地下热水、干热岩、砂岩型铀矿为主的清洁能源矿产,钾锂盐、铜、铅、锌、锰、钼、钨、锡、锑、金、银、铁为主的关键矿产,锂、铍、镍、铬、钴及其他"三稀"矿产为主的新能源矿产,晶质石墨、萤石、滑石、高纯石英等新材料矿产,水泥用灰岩等非金属矿产,提高矿产资源保证程度,以应对经济发展对矿产资源的需求。

二、矿产资源供需预测方法

矿产资源需求预测的方法有很多,主要有定性预测法、定量预测法,对不同矿产可以分别确定不同的需求预测方法和预测参数。定性预测法主要有市场调查预测法、专家意见预测法(具体形式包括专家会议法、头脑风暴法、德尔菲法等)、主观概率法等(王庆民等,2022)。定量预测通过建立数学模型来完成,有时间序列预测法、回归分析预测法、投入产出预测法、经济计量模型预测法、弹性系数预测法、灰色系统预测法等。本次主要采用的预测方法有弹性系数预测法和回归分析预测法。

(一)弹性系数预测法

本预测方法依据地区矿产资源消费弹性系数、地区人均矿产品消费量等因素变化,预测未来一定时期内地区矿产资源消费需求的总体演变趋势和特征。依据某一地区预测期不同阶段人口的可能增长水平、人均矿产资源消费量基础、人均GDP增长水平及不同发展阶段矿产资源的消费弹性系数等参数,建立资源需求量的预测模型。在上述各影响因素分析研究的基础上,结合区域内各因素的分布规律和变化趋势,按照以下预测模型(马争艳等,2009),对区域未来矿产资源消费需求情况进行预测。

$$Q_n = P \times H_o (1+re)^n$$

式中:Q_n——预测期矿产资源需求量;

P——预测期总人口数;

H_o——基期人均矿产资源消费量;

r——人均产值增长率;

e——矿产资源消费弹性系数;

n——预测年限。

本次对碳酸锂需求量和铁矿、铜铅锌、水泥用灰岩的需求、产量预测采用弹性系数预测法进行。

(二) 回归分析预测法

回归分析预测法是根据事物的因果关系,利用数理统计方法建立因变量与自变量之间的回归函数,并依此预测未来的一种数学方法(王安建等,2010)。根据2000—2020年青海省的煤炭、石油、天然气消费量,对能源矿产的需求及碳酸锂产量根据回归分析预测法进行预测,本次预测运用回归分析预测法得出一个数学模型,由数学模型可以计算出青海省能源矿产任意一年的需求量,以及碳酸锂产量。

(三) 其他预测方法

能源矿产产量的预测,根据2006—2020年间能源矿产产量、年均增长率,采用年均增长率公式进行预测。即 $m = n\sqrt{B/A} - 1$,$B = A(1+m)^n$,其中B为最后一年,A为第一年,$n=$年数-1,m为年均增长率。以2006年或2020年为基年,由此估算得出2021—2030年间的能源矿产产量。非能源矿产的需求量主要根据定性与定量结合的方法进行预测。

第二节 能源矿产资源供需形势分析

一、能源矿产需求分析

2000—2020年,青海省能源需求总量总体保持增长趋势,增长率波动较大(表2-1,图2-1)。2020年能源需求总量是2000年的4.6倍。增长率从2000年开始逐年升高,2005年达到34%,之后逐年下降至2009年的3%,2009—2011年有所回升,但2011年以后又开始逐年下降,至2016年降至-1%,2018年升至4%,之后又开始下降。从青海省能源需求总量的变化趋势可以看出,随着经济社会的发展,在"十一五"至"十二五"期间,能源需求总量逐年增长,"十三五"中后期能源需求总量开始下降,说明青海省经济发展增速放缓。

表2-1 2000—2020年青海省能源消费总量表

年份	能源消费总量(万t标准煤)	占能源消费总量的比重(%)			能源消费总量(万t标准煤)			能源消费量		
		原煤	原油	天然气	原煤	原油	天然气	原煤(万t)	原油(万t)	天然气(亿m^3)
2000	897.23	30.18	18.96	4.83	270.78	170.11	43.34	379.09	119.08	3.26
2001	939.33	28.02	18.05	7.52	263.20	169.55	70.64	368.47	118.68	5.31
2002	1 018.83	26.42	15.77	13.25	269.17	160.67	134.99	376.84	112.47	10.15
2003	1 122.70	28.72	13.47	15.07	322.44	151.23	169.19	451.41	105.86	12.72
2004	1 364.38	27.56	14.07	15.79	376.02	191.97	215.44	526.42	134.38	16.20
2005	1 830.48	44.20	8.63	8.00	809.07	157.97	146.44	1 132.68	110.58	11.01
2006	2 085.84	45.18	7.75	8.46	942.38	161.65	176.46	1 319.31	113.15	13.27
2007	2 295.91	47.56	8.09	8.29	1 091.93	185.74	190.33	1 528.68	130.01	14.31

续表 2-1

年份	能源消费总量（万 t 标准煤）	占能源消费总量的比重（%）			能源消费总量（万 t 标准煤）			能源消费量		
		原煤	原油	天然气	原煤	原油	天然气	原煤（万 t）	原油（万 t）	天然气（亿 m³）
2008	2 497.74	43.72	8.95	12.2	1 092.01	223.55	304.72	1 528.79	156.48	22.91
2009	2 573.44	42.99	7.79	12.69	1 106.32	200.47	326.57	1 548.82	140.33	24.55
2010	2 814.57	34.14	7.61	11.21	960.89	214.19	315.51	1 345.22	149.93	23.72
2011	3 145.28	28.58	10.68	12.97	898.92	335.92	407.94	1 258.46	235.14	30.67
2012	3 475.88	31.43	9.40	14.6	1 092.47	326.73	507.48	1 529.43	228.71	38.16
2013	3 768.16	31.67	8.24	13.95	1 193.38	310.50	525.66	1 670.69	217.34	39.52
2014	3 991.70	29.77	8.21	12.86	1 188.33	327.72	513.33	1 663.63	229.40	38.60
2015	4 134.11	32.53	8.52	14.28	1 344.83	352.23	590.35	1 882.72	246.55	44.39
2016	4 110.51	36.28	9.92	14.97	1 491.29	407.76	615.34	2 087.77	285.43	46.27
2017	4 202.46	32.12	11.12	15.69	1 349.83	467.31	659.37	1 889.72	327.11	49.58
2018	4 364.22	30.09	10.29	15.93	1 313.19	449.08	695.22	1 838.43	314.35	52.27
2019	4 235.23	29.15	10.87	16.38	1 234.57	460.37	693.73	1 728.36	322.25	52.16
2020	4 150.36	27.06	10.95	14.79	1 123.09	454.46	613.84	1 572.29	318.12	46.15

注：标准煤系数为煤炭 0.714 3，石油 1.428 6，1 m³ 天然气＝1.330 0 kg 标准煤。原煤消费量＝原煤万 t 标准煤/0.714 3，原油消费量＝原油万 t 标准煤/1.428 6，天然气消费量＝天然气万 t 标准煤/1.331 0（据青海省统计局，2021）。

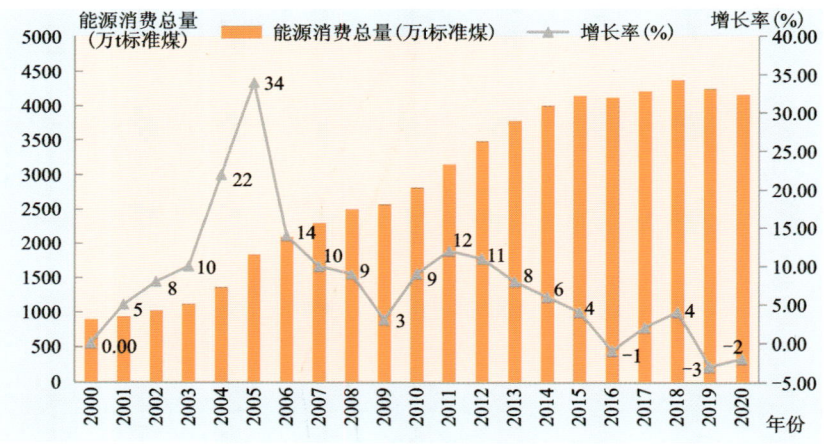

图 2-1 青海省能源需求总量及年增长率

青海省的能源需求总量中，煤炭的需求占总能源需求的比重波动幅度不大，2000 年的占比为 30.18%，2020 年降低至 27.06%，其间有波动，但大体在 27%～47% 之间波动；天然气需求所占的比重 2000—2004 年一直呈增加趋势，由 2000 年的 4.83% 上升到 2004 年的 15.79%，2005 年降到 2000 年以来的最低值 8%，2005—2019 年又开始逐年上升，2019 年达到 16.38%，2020 年降为 14.79%；石油的需求比重则从 2000 年以来逐年减小，2010 年降到 2000 年以来的最低值 7.61%，2020 年比重上升至 10.95%（表 2-1，图 2-2）。

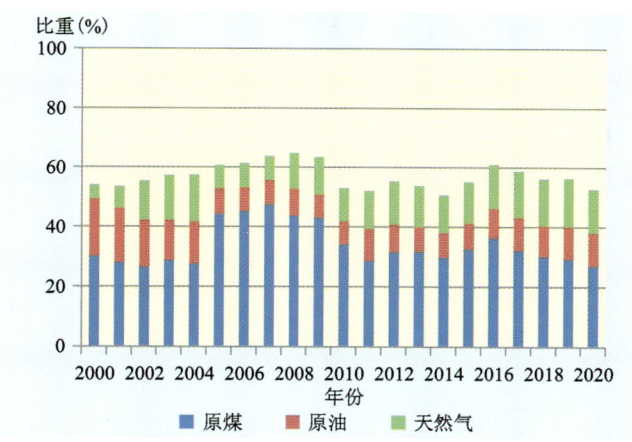

图 2-2 青海省能源需求构成(据青海省统计局,2021)

图 2-3 为青海省煤炭、石油、天然气的需求曲线。可以看出,原煤波动较大,但总体处于增长趋势,特别是 2004—2009 年间涨幅明显,2011 年有所回落,2016 年达历史最高的 2 087.77 万 t,此后逐年下降。石油需求量总体增长平稳,2011 年后上了一个新台阶,2013 年略有回落,2014—2017 年又逐年增加,之后又开始回落,2019 年需求量达 318.12 万 t;天然气在 2000—2020 年之间的需求量增长幅度较大,2000—2004 年逐年增长,2005 年回落,之后又开始增长,2010 短暂回落后开始猛增,至 2018 年达到新高 52.27 亿 m³,2020 年的需求量较 2000 年增长了 14 倍(表 2-1)。

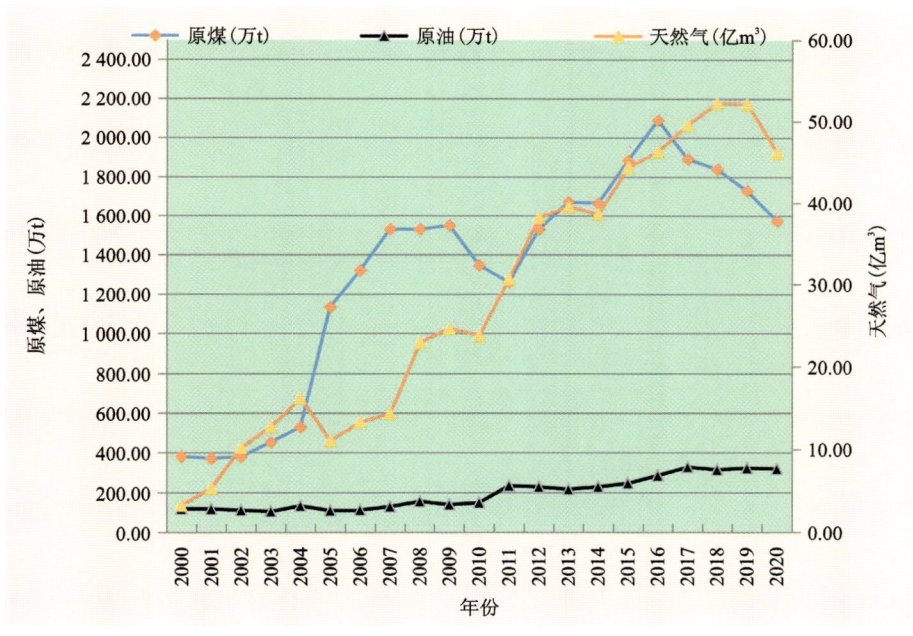

图 2-3 青海省能源需求情况(据青海省统计局,2021)

二、煤炭供需

(一)煤炭需求量预测

青海省 2000—2004 年煤炭年均需求增长量为 36.80 万 t,2005—2020 年的年均需求增长量为

26.30万t,年均增长率为2.2%。"十三五"期间年均增长率为-6.8%,主要是因为煤炭资源保障严重不足,部分原材料及市场对外依存度较高(青海省人民政府办公厅,2021),导致需求量负增长。

根据2000—2020年煤炭的需求增长趋势(表2-1),建立二元回归预测模型:

$$y = -5.815\ 9x^2 + 206.61x - 40.102$$

模型调整判定系数R^2为0.882 5,表明曲线拟合程度较好。式中:y指各年煤炭需求量;x指自然年份,2000年为1,以此类推。由此估算得出2021—2030年的煤炭需求量(表2-2)。

表2-2 2021—2030年能源矿产需求量预测

年份	原煤需求量(万t)	原油需求量(万t)	天然气需求量(亿m^3)
2021	1 690.42	332.24	57
2022	1 635.32	344.62	59.61
2023	1 568.58	357.01	62.22
2024	1 490.21	369.4	64.82
2025	1 400.21	381.79	67.43
2026	1 298.58	394.18	70.03
2027	1 185.31	406.56	72.64
2028	1 060.42	418.95	75.64
2029	923.89	431.34	77.85
2030	775.73	443.73	80.46

(二)煤炭产量预测

煤炭产量自2007年后逐年开始大幅增长(表2-3,图2-4),2013年达到历史最高的3020万t,之后逐年下降,2015年增长率更是低至-55.3%,这可能与政府出台的煤炭去产能政策息息相关。2016—2020年煤炭产量有所恢复,年均增长率为16.54%,2020年产量为1092万t。

表2-3 2006—2020年能源矿产产量及2021—2030年能源矿产产量预测

年份	原煤			原油			天然气		
	产量(万t)	增长率(%)	年均增长率(%)	产量(万t)	增长率(%)	年均增长率(%)	产量(万m^3)	增长率(%)	年均增长率(%)
2006	592	0		223	0		25	0	
2007	896	51.4		221	-0.9		34	36	
2008	1183	32		220.35	-0.3		43.65	28	
2009	1 283.61	8.5		186.37	-15.4		43.07	1.3	
2010	1 863.19	45.2	4.47	186.13	-0.13	0.19	56.1	30	6.94
2011	1961	5.2		195	4.8		65	16	
2012	2460	25.4		205	5.1		64	-1.5	
2013	3020	22.8		215	4.9		68	6.3	
2014	1800	-40.4		220	2.3		69	1.5	

续表 2-3

年份	原煤			原油			天然气		
	产量（万 t）	增长率（%）	年均增长率（%）	产量（万 t）	增长率（%）	年均增长率（%）	产量（万 m³）	增长率（%）	年均增长率（%）
2015	805	−55.3	4.47	223	1.3	0.19	61	−11	6.94
2016	775	−3.7		221	0.9		61	0	
2017	716	−7.6		228	3.2		64	4.9	
2018	773	7.9		223	2.2		64	0	
2019	1007	30.3		228	2.2		64	0	
2020	1092	8.44		229	0.44		64	0	
2021	1 140.76	—		229.43	—		64.32	—	
2022	1 191.76	—		229.87	—		64.64	—	
2023	1 245.03	—		230.31	—		64.96	—	
2024	1 300.68	—		230.74	—		65.29	—	
2025	1 358.82	—		231.17	—		65.62	—	
2026	1 419.56	—		231.62	—		65.94	—	
2027	1 483.01	—		232.06	—		66.27	—	
2028	1 549.31	—		232.5	—		66.61	—	
2029	1 618.56	—		232.94	—		66.94	—	
2030	1 690.91	—		233.38	—		67.27	—	

注：2021—2030 年为预测数据；2006—2020 年产量数据来源于《青海统计年鉴》。

图 2-4　2006—2020 年青海省煤炭产量及增长率（据青海省统计局，2021）

根据 2006—2020 年间煤炭产量、年均增长率，采用年均增长率公式，以 2006 年为基年，由此估算得出 2021—2030 年间的煤炭产量（表 2-3）。

（三）煤炭供需形势分析

2020年青海省煤炭产量为1092万t，消费量为1 572.29万t，本省保障程度（生产量/需求量）为69.45%。2020年后，伴随着国家能源结构的调整、单位GDP能耗的下降和青海省GDP的增长放缓，加之近年来我国电石和焦炭等传统煤化工产品产能严重过剩的现状，"十四五"期间乃至2030年间，国家将继续进一步对高能耗行业进行宏观调控，煤炭需求增长率也将逐渐下降。届时青海省煤炭的供需形势将出现供大于求的局面。

三、石油供需

（一）石油需求量预测

《青海省国民经济和社会发展第十四个五年规划和二〇三五年远景目标纲要》显示，青海省经济社会发展上升的总体态势没有变，要统筹推进油气等综合开发利用，全力打造柴达木绿色低碳循环发展示范区，未来对石油的需求仍会不断增加，直至2035年可能才会有所下降。

2000—2020年，石油消费年均增长率为5%，2016—2020年的年均增长率为2.75%。预计至2030年石油的需求将平稳增长。

根据2000—2020年原油的需求增长趋势（表2-1），建立二元回归预测模型：

$$y = 12.388x + 59.7$$

模型调整判定系数R^2为0.889 3，表明曲线拟合程度较好。式中：y指各年原油需求量；x指自然年份，2000年为1，以此类推。由此估算得出2021—2030年的原油需求量（表2-2）。

（二）石油产量预测

2006—2020年青海省原油产量基本稳定在200万t左右（表2-3，图2-5）。其中2007—2010年连续出现负增长，2009年达历史最低点，产量为186.13万t。2010—2020年逐年增长。2006—2020年年均增长率仅为0.19%，而2016—2020年年均增长率为0.89%。

图2-5　2006—2020年青海省原油产量及增长率（据青海省统计局，2021）

根据原油产量的增长趋势,采用年均增长率公式,以 2006 年为基年,以 2006—2020 年间年均增长率 0.19% 计算,预测 2025 年的产量为 231.17 万 t,2030 年的产量为 233.38 万 t(表 2-3)。

(三)石油供需形势分析

随着青海省工业化进程的加快、天然气及可再生能源在能源结构中比重的增加,预计未来 10 年石油产量增长速度将变缓,但消费量会逐年增加。2020 年青海省原油产量 229 万 t,消费量达 318.12 万 t,本省保障程度(生产量/需求量)为 71.98%,对外依存度为 28.02%。

四、天然气供需

(一)天然气需求量预测

2000—2020 年天然气年均需求增长量为 2.14 亿 m^3,2008—2020 年年均增长 1.94 亿 m^3,2020 年需求量达到 46.15 亿 m^3。

根据 2000—2020 年天然气的需求增长趋势(表 2-1),建立二元回归预测模型:
$$y = 2.605\ 7x - 0.321\ 1$$

模型调整判定系数 R^2 为 0.952 2,表明曲线拟合程度较好。式中:y 为各年天然气产量;x 为自然年份,2000 年为 1,以此类推。由此估算得出 2021—2030 年的天然气需求量(表 2-2)。

(二)天然气产量预测

青海省 2006—2011 年天然气开发发展迅速,产量基本上都是持续上升,年均增长量为 8 亿 m^3(表 2-3,图 2-6),之后开始放缓,2014 年产量达历史最高的 69 亿 m^3,2015 年产量回落,2017—2019 年产量均为 64 亿 m^3。2006—2020 年年均增长率为 6.9%,依此趋势,2021—2030 年青海省天然气产量不可能大幅度增长,因此本次研究预计 2021—2030 年间天然气年均增长率为 0.5%,以 2020 年为基年,采用年均增长率公式预测 2021—2030 年天然气的产量(表 2-3)。

图 2-6 2000—2020 年青海省天然气产量及增长率(据青海省统计局,2021)

(三)天然气供需形势分析

2020年青海省天然气的产量为64亿 m^3，需求量为46.15亿 m^3。从2000—2020年天然气消费数据看，2018年为历史消费高峰，达52.27亿 m^3。青海省天然气产量自2011年开始基本保持在64亿 m^3 上下，天然气的保障程度（生产量/需求量）大体上呈现出逐年降低的趋势，从2006年的188%下降到2020年的139%。总体而言，供大于求，保障程度较高。青海省天然气除满足本省的需求外，还销往外省，以满足下游市场的需求。

第三节 铁矿资源供需形势分析

铁矿资源作为钢铁工业的主要原料，是世界上利用最广、消耗量最大的金属矿种，被誉为现代工业的"粮食"，其保障程度直接关系着国家的经济可持续发展，是综合国力的重要体现，具有不可忽视的战略地位（王嫱等，2020）。随着我国经济前期的高速增长，特别是近10年来，随着家电、机电、汽车、建筑和运输业的飞速发展，我国钢铁消费量急剧增加（苏轶娜等，2021）。目前我国工业化、城镇化进程远未完成，钢铁需求仍将持续维持高位态势。

一、铁矿石需求量预测

铁矿石的消费预测按照弹性系数法进行预测（预测方法见本章第一节）。青海省工业化水平处于早中期工业化阶段，其矿产资源消耗的弹性系数和人均矿产资源消费量与全国平均水平持平，因此这两个指标取全国平均值。依据《青海省国民经济和社会发展第十四个五年规划和二〇三五年远景目标纲要》，预计全省生产总值年均增长5.5%左右，依此将人均GDP增长率定为5.5%较合适。根据《青海统计年鉴》的1990—2020年人口数量，按年均增长率公示计算（年均增长率0.94%，）得到2021—2030年间的人口总量。以2020年为基年，预测青海省2021—2030年铁矿石需求量，结果见表2-4。

预测结果显示，青海省在2021—2030年间，铁矿石的需求量将持续上升，2025年铁矿石消费量将达到681.6万t，2030年达779.92万t。

表2-4 青海省2021—2030年铁矿石需求量、产量预测（据青海省自然资源厅，2021b）

年份	P（万人）	Q_n（铁矿石：万t）	Y_n（铁矿石：万t）
2021	598.29	611.95	377.55
2022	603.91	628.66	384.26
2023	609.59	645.84	391.08
2024	615.32	663.48	398.02
2025	621.10	681.6	405.08
2026	626.94	700.22	412.27
2027	632.83	719.34	419.59
2028	638.78	738.99	427.03
2029	644.79	759.19	434.61

续表2-4

年份	P(万人)	Q_n(铁矿石:万t)	Y_n(铁矿石:万t)
2030	650.85	779.92	442.33
基期全国消费量(2020年)			14.2亿t
资源消费年增长率			0.71%
基期青海省铁矿产量(2020年)			370.97t
矿产资源消费弹性系数			0.3227
基期矿产资源人均消费量(2020年)			1005kg/人
青海省人均GDP增长率			5.5%

注:全国基期铁矿石(2020年)消费数据来源于《2022—2028年中国铁矿石行业市场全景评估及发展策略分析报告》。矿产资源消费弹性系数=资源消费年增长率/GDP增长率(2020年底,我国GDP增长率为2.2%)。基期矿产资源人均消费量=基期年消费总量/基期年人口总数(全国总人口本研究取值14.12亿)。青海省基期(2020年)铁矿石产量370.97万t。

二、铁矿石产量预测

对铁矿石的预测依旧采用弹性系数法(马争艳,2009;蔡雄威,2019),依据以下公式对铁矿石2021—2030年的产量进行预测。

$$Y_n = y_0(1+re)^n$$

式中:Y_n——预测期矿产资源产量;

P——预测期总人口数;

y_0——基期矿产资源产量;

r——人均产值增长率;

e——矿产资源弹性系数;

n——预测年限。

结果显示(表2-4),青海省在2021—2030年间,铁矿石的产量将持续上升,2025年铁矿石产量将达到405.08万t,2030年达442.33万t。

三、铁矿石供需形势分析

青海省2020年底铁矿保有资源储量7.60亿t,但矿床规模较小,且矿石多为贫矿,加之受气候条件、矿区地理位置、交通、水、电等的影响,铁矿产量很低,目前的钢产量均出自西宁特殊钢股份有限公司,炼钢所需原料本省不能满足。

2006—2020年青海省钢产量不稳定(图2-7),但总体上产量呈上升趋势,2006年钢产量仅为80万t,2020年达193万t,年均增长率为6.5%。2016—2020年间增长迅速,年均增长率达到13.8%。

青海省作为西部大开发的省份之一,正在加紧基础设施的建设,对钢铁的需求量很大。2020年全省铁矿石产量仅为370.97万t,粗钢产量为193万t,尚难以满足省内需求,需要从省外供给。2025年铁矿石消费量将达到681.6万t,而产量预计为405.08万t,铁矿石一直供不应求。

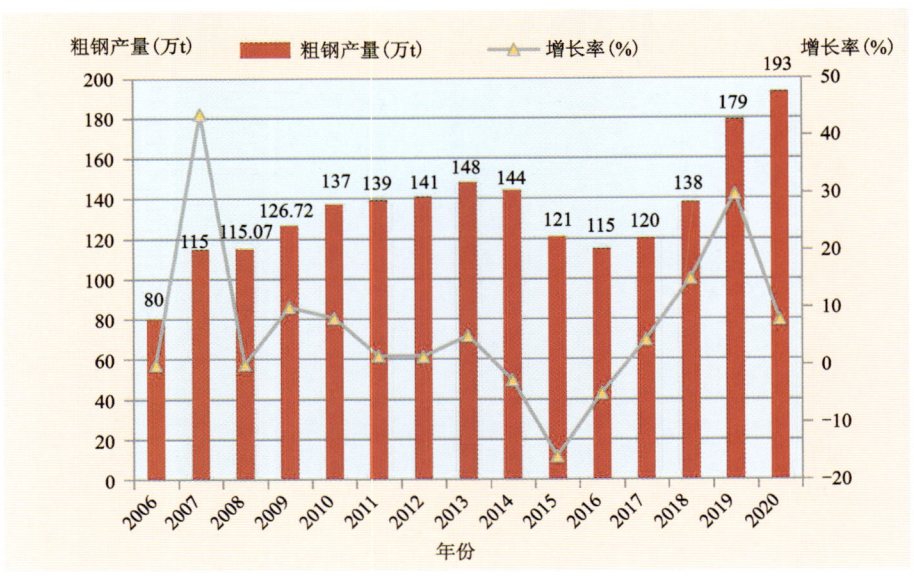

图 2-7　2006—2020 年青海省钢产量及增长率（据青海省统计局，2021）

第四节　主要贵金属及有色金属矿产供需形势分析

一、金资源供需形势分析

黄金因具有金融储备、货币性质等功能，在矿产资源中占有非常重要的地位。黄金保证国家经济安全、国防安全和规避金融风险的作用也是任何物品所无法替代的。而且随着现代工业的发展和人民生活水平的提高，黄金在航天、航空、电子、医药等高新技术领域和饰品行业有着广泛的市场前景。中国金矿资源严重短缺，对外依存度多年持续在 60% 左右，虽然 2020 年进口量大幅下降，但对外依存度依然高达 55.5%，资源形势严峻（苏轶娜等，2021）。

截至 2020 年底，青海省上表岩金矿产地 75 处，查明金资源储量 465.28t，保有金资源储量 343.94t（青海省自然资源厅，2021c）。目前开采的矿区主要有镇滩间山金矿、青龙沟金矿、都兰县五龙沟金矿、都兰县红旗沟-深水潭金矿、乌兰县赛坝沟金矿、门源县松树南沟金矿、都兰县打柴沟金矿、都兰县开荒北金矿等。2006—2013 年，黄金产量呈上升趋势，2013—2018 年，黄金产量却逐年下降，主要原因是滩间山大型金矿大幅度减产（表 2-5，图 2-8）。

2006—2020 年青海省金矿产量从 0.18t 升至 6.80t（表 2-5，图 2-8）。从 2006 年开始，青海省黄金产量持续上涨，至 2013 年达历史最高的 7.65t。之后，便开始下跌，2018 年跌至 3.13t 后，金产量又开始回升，至 2020 年，升至 6.80t。2006—2020 年，年均增长率为 29.8%。

根据在建、筹建矿山情况，果洛龙洼金矿、满丈岗金矿、哈西亚图铁多金属矿、抗得弄舍金多金属矿、德龙金矿、哈西哇金多金属矿、野骆驼泉西金钴矿、按纳格金矿、阿斯哈金矿、瓦勒尔金矿、大格勒沟脑地区金矿等一大批金矿陆续投入开发，预计会增加黄金产量 2t，总计达到 8t。再加上新的矿产地的发现和开发，2025—2030 年，青海省黄金产量有望达到 10～12t。

表 2-5 2006—2020 年青海省黄金产量

年份	金(t)	增长率(%)	年均增长率(%)
2006	0.18	0	
2007	3.91	2123	
2008	3.71	－5	
2009	3.35	－10	
2010	4.70	40	
2011	4.03	－14	
2012	4.93	22.5	
2013	7.65	55	29.8
2014	7.26	－5	
2015	6.82	－6	
2016	5.99	－12	
2017	3.32	－44.6	
2018	3.13	－5.7	
2019	4.55	45.4	
2020	6.80	49.5	

注：数据来源于《青海统计年鉴》。

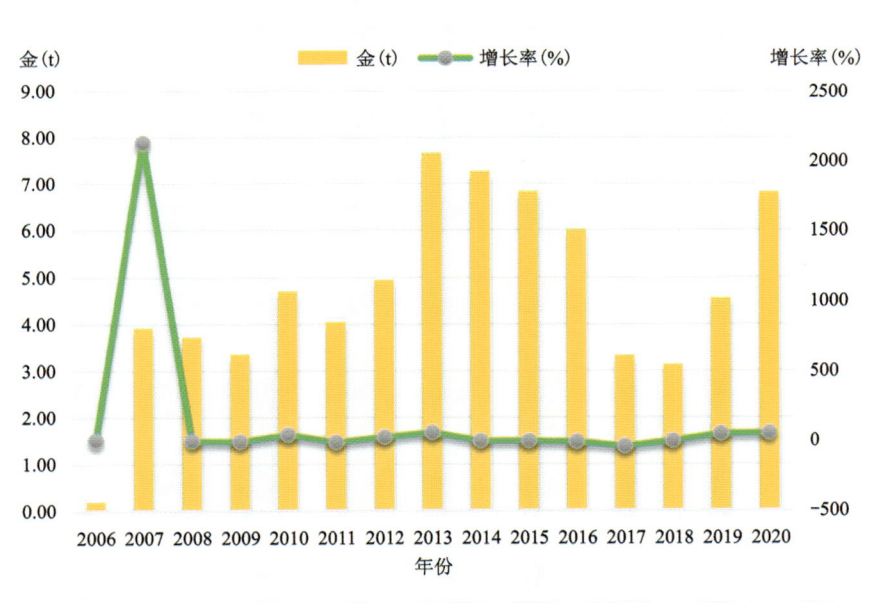

图 2-8 2006—2020 年青海省黄金产量(据青海省统计局,2021)

青海省金矿资源比较丰富,找矿潜力比较大,但总体勘查程度较低。2020 年底,全省上表金矿区中,达到勘探程度的仅 3 处,详查的 39 处(其中 4 处金与铁共生,铁矿达到详查,共生金矿的勘查工作程度低),普查的 33 处,普查工作程度的占比达到 44%,岩金的总体工作程度较低(青海省地质调查局,2022)。"十四五"期间,应加大金矿勘查力度,力争金矿资源储量能够再上新台阶。

二、有色金属资源供需形势分析

(一)有色金属矿产资源开发利用现状

青海省开发的有色金属矿产主要为铜、铅、锌。2020年的铜、铅、锌矿石产量分别为149.97万t、143.04万t和71.17万t(图2-9)。

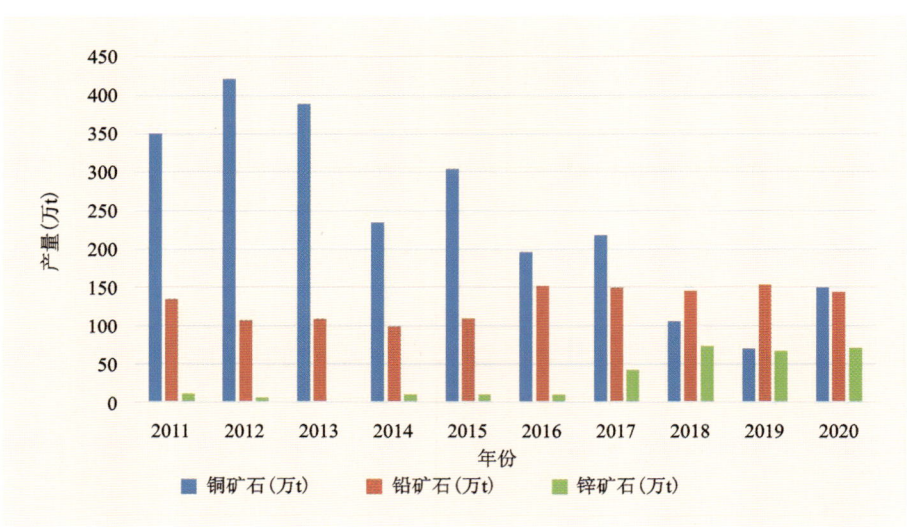

图2-9　2011—2020年青海省铜、铅、锌矿石产量(据青海省地质调查局,2022)

2011—2020年铜矿石产量总体呈下降趋势,2012年产量达到最高的421.18万t后,便逐年下降,2019年仅为69.78万t,10年间铜矿石年均增长量为-22.31万t;铅矿石产量相对较稳定,保持在100万~150万t间,年均增长量为0.98万t;锌矿石产量较低,2013年仅为0.48万t,2020年末达71.17万t,10年间锌矿石产量增加了6.2倍(表2-6)。

表2-6　2011—2020年青海省铜铅锌矿石产量(据青海省地质调查局.2022)

年份	铜矿石(万t)	铅矿石(万t)	锌矿石(万t)
2011	350.72	134.21	11.5
2012	421.18	107.08	6.1
2013	389.09	108.45	0.48
2014	234.81	98.94	10.78
2015	303.72	109.36	10.68
2016	196.76	151.45	10.14
2017	218.17	149.24	42.17
2018	106.13	145.27	72.93
2019	69.78	152.77	66.67
2020	149.97	143.04	71.17

（二）铜铅锌供需预测

铜铅锌的需求量、产量预测按照弹性系数法进行预测。矿产资源消费弹性系数和人均GDP增长率（2.2%）取全国平均值；青海省人均GDP增长率取值5.5%。基期全国人口总数取值14.12亿人（第七次全国人口普查数据）。2021—2030年人口总量根据《青海统计年鉴》1990—2020年青海省人口数量，据年均增长率公示计算（年均增长率0.94%）得到。以2020年为基年，预测青海省2021—2030年铜铅锌需求量，结果见表2-7。

表2-7　2021—2030年青海省铜铅锌需求量及产量预测

年份	P（万人）	Q_n（铜需求量：万t）	Y_n（铜产量预测：万t）	Q_n（铅需求量：万t）	Y_n（铅产量预测：万t）	Q_n（锌需求量：万t）	Y_n（锌产量预测：万t）
2021	598.29	7.81	1.32	2.14	6.09	2.96	11.38
2022	603.91	10.23	1.71	2.19	6.18	3.09	11.78
2023	609.59	13.39	2.22	2.24	6.27	3.23	12.3
2024	615.32	17.53	2.87	2.3	6.37	3.37	12.62
2025	621.10	22.96	3.73	2.36	6.46	3.53	13.06
2026	626.94	30.05	4.83	2.41	6.56	3.68	13.52
2027	632.83	39.35	6.27	2.47	6.66	3.85	13.99
2028	638.78	51.51	8.13	2.53	6.76	4.02	14.48
2029	644.79	67.44	10.55	2.6	6.86	4.2	14.99
2030	650.85	88.29	13.68	2.66	6.96	4.39	15.51
基期消费量（2020年）		1422万t		496.8万t		675万t	
资源消费年增长率		11.88%		0.6%		1.4%	
基期产量（2020年）		10 156t		6万t		11万t	
矿产资源消费弹性系数		5.4		0.273		0.636	
基期矿产资源人均消费量（2020年）		10.07kg/人		3.52kg/人		4.78kg/人	
青海省人均GDP增长率		5.5%					

注：铅锌消费量数据来源于《2020年铅锌行业大事记》；铜消费量据苏轶娜等（2021）；矿产资源消费弹性系数＝资源消费年增长率/GDP增长率；基期矿产资源人均消费量＝各矿种基期年消费总量/基期年人口总数；基期（2020年）铜铅锌产量数据来源于《青海统计年鉴》（2021）。

（三）铜铅锌供需形势分析

铅是10种常用有色金属之一，具有高密度、耐腐蚀、低熔点、柔软、易加工等特性，因而在许多工业领域中得到应用，是经济发展所需要的重要矿产资源。铅的消费主要用于制造车用及应急系统（如医院）用铅酸蓄电池，以及电脑用和叉车用工业蓄电池，也有部分用于远程接入电力系统和负载系统，另有部分用于玻璃、塑料工业及辐射屏蔽。近五年，世界精炼铅消费结构没有发生变化，依然是铅酸蓄电池、电缆护套、铅材、弹药、铅合金、颜料及化工产品、其他用途等。锌是重要的有色金属原料，具有良好的压延性、耐磨性、抗腐性和导热、导电等性能，易于加工，能与多种金属制成物理与化学性能更加优良的合金，主要用于生产镀锌板、锌合金、黄铜和青铜，也有部分用于生产锌材及制品、化工制品及其他行业。（王嫱等，2020）。

我国是一个铜资源短缺的国家,长期以来,金属铜供需矛盾突出,精炼铜的原料自给率较低,每年均需进口大量的铜精矿。2020年我国精炼铜产量为167.3万t,精炼铜消费量却高达1422万t,占全球总消费量的60%,我国铜矿的对外依存度一直居高不下。铜作为常用的有色金属材料,在中国金属消费量中仅次于铝,已被广泛应用于电力、电子、日用消费品、机械制造、交通运输、建筑等领域。中国铜工业产业链非常脆弱,资源严重短缺,对外依存度持续多年超过75%,资源形势严峻(苏轶娜等,2021)。

青海省的铅锌需求量不高,需求增长缓慢,铜需求量逐年加大。2006—2020年间铜产量基本上呈正态分布(图2-10),年均增长率为5%,2006—2013年铜产量持续上升,从2006年的0.51万t上升到2013年的5.90万t,2013—2019年铜产量大幅度下降,从5.90万t降到0.46万t,2020年恢复到1.02万t。2006—2020年青海省铅矿产量变化较大,2006—2014年基本呈上升趋势,达到了2014年的16万t后又开始下降,2020年稳定在6万t。锌矿产量变化不大,基本维持在6万~10万t之间(表2-8)。

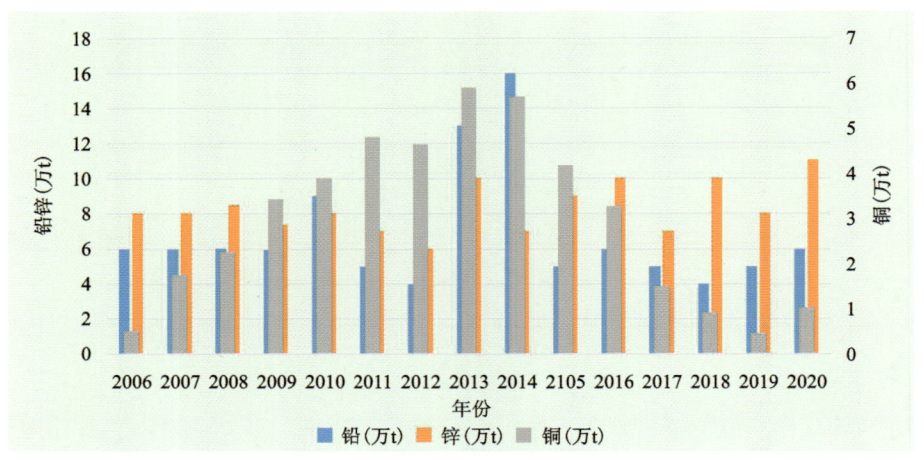

图2-10　2006—2020年青海省铜铅锌产量变化(据青海省统计局,2021)

表2-8　2006—2020年青海省铜铅锌产量变化

年份	铜(万t)	铅(万t)	锌(万t)
2006	0.51	6	8
2007	1.76	6	8
2008	2.27	6.03	8.5
2009	3.42	5.98	7.37
2010	3.89	9	8
2011	4.81	5	7
2012	4.64	4	6
2013	5.90	13	10
2014	5.70	16	7
2015	4.17	5	9
2016	3.28	6	10
2017	1.51	5	7
2018	0.92	4	10
2019	0.46	5	8
2020	1.02	6	11

注:数据来源于《青海统计年鉴》。铜铅锌数据分别为铜选矿含铜、铅精矿含铅、锌精矿含锌。

2020年青海省铜产量为1.02万t,预测到2025年产量将达到3.73万t,需求量将达到22.96万t,2035年预测产量为13.68万t,需求量为88.29万t;2020年铅产量为6万t,预测到2025年产量为6.46万t,需求量为2.36万t,2035年预测产量为6.96万t,需求量为2.66万t;2020年锌产量为11万t,预测到2025年产量将达到13.06万t,需求量为3.53万t,2035年预测产量为15.51万t,需求量为4.39万t。铅锌本省需求量不高,需求增长缓慢,铜需求量将逐年增大。

第五节 盐湖矿产供需形势分析

青海省开发利用的盐湖矿产主要为钾盐和锂矿。钾盐主要用于生产钾肥,锂矿主要用于生产锂电池,且多以碳酸锂计。

一、钾盐供需形势分析

我国钾肥的产量低,每年需大量进口,2020年的产量只有710.8万t,消费量却达1 187.5万t,虽然同比下降5.7%,但供不应求,每年需大量进口,缺口较大,对外依存度高达50%(苏轶娜等,2021)。我国已成为世界主要的钾肥需求国和进口国。为了减少对进口的依赖,未来几年我国将大力扶持国内钾肥产业的发展,西部大开发步伐的加快也将促进我国钾肥生产能力的提高。钾肥行业发展空间巨大,企业将进入加速发展时期。

我国钾盐资源贫乏,且分布极不平衡,全国已查明的钾盐保有资源储量绝大部分分布在青海省的柴达木盆地。截至2020年底,青海省固体钾盐上表保有资源储量2.33亿t;液体矿上表保有资源储量共计5.44亿t。

2006—2020年青海省钾肥产量变化幅度较大(表2-9,图2-11),年均增长量为28.9万t,年均增长率为5.8%,其中2011—2016年增长量为90.6万t,增长幅度较大,2016年达到了888万t。之后开始回落,降至2020年的742万t。随着钾盐开采过程中各环节的技术进步、综合回收率的提高,未来青海省钾肥产业的发展将为我国减少钾肥进口量、促进农业生产发展作出重大贡献。

"十四五"期间青海省打造世界级盐湖产业基地,未来5~15年钾肥产量可能大幅增长,其增长率将高于2016—2020年的年均增长率。拟以2006年为基年,钾肥产量以2006—2020年年均增长率5.8%来预测,采用年均增长率公式估算得出2021—2030年的钾肥产量(表2-9)。

表2-9 2006—2020年青海省钾肥产量及2021—2030年钾肥预测产量(据青海省统计局,2021)

年份	钾肥(万t)	增长率(%)	年均增长率(%)
2006	337	0	
2007	405	20	
2008	399.04	−1.5	
2009	473.45	18.6	
2010	533	12.6	5.8
2011	435	−18.4	
2012	556	27.8	
2013	673	21	
2014	832	24	

续表 2-9

年份	钾肥(万 t)	增长率(%)	年均增长率(%)
2015	849	2	5.8
2016	888	5	
2017	747	−16	
2018	713	−4.6	
2019	804	12.8	
2020	742	−7.7	
2021	785.08	/	/
2022	830.62	/	
2023	878.79	/	
2024	929.76	/	
2025	983.69	/	
2026	1 040.74	/	
2027	1 101.11	/	
2028	1 164.97	/	
2029	1 232.54	/	
2030	1 304.03	/	

图 2-11　2006—2020 年青海省钾肥产量及增长率(据青海省统计局,2021)

目前绝大部分钾盐矿床已被开发利用,由于采卤造成较大范围卤水降深漏斗,而液体矿的卤水动态平衡需要一定的时间,其开采规模扩大的范围较小;部分矿区如大浪滩、昆特依、察尔汗等,由于受开发条件等因素制约,其开发不可能一步到位,只能逐步开发利用。所以钾盐产量在现有资源及产地的基础上,只能维持年产 700 万 t 左右的规模。2021—2030 年间,需加大勘查投入,寻找新的钾盐产地来满足开发要求,预计钾盐的年均增长量为 50 万 t,到 2025 年的产量将有望达到 1000 万 t。

钾盐在青海省需求较少,但在全国层面来看,供需矛盾突出。《青海建设世界级盐湖产业基地行动方案(2021—2035 年)》确定发展目标:至 2035 年青海省氯化钾产能达 1000 万 t/a,通过进一步优化资源开采方式及钾肥生产工艺,进一步拓展钾肥应用领域,进一步提升产品附加值,届时青海钾盐有望满足国内50%的钾肥消费需求(青海省自然资源厅,2020)。

二、碳酸锂供需形势分析

锂是活泼金属,很柔软,在氧和空气中能自燃。锂也是一种重要的能源金属,它在高能锂电池、受控热核反应中的应用使锂成为解决人类长期能源供给问题的重要原料。锂工业的发展和军事工业的发展密切相关。20世纪50年代,由于研制氢弹需要提取核聚变用同位素^{6}Li,因而锂工业得到了迅速发展,锂成为生产氢弹、中子弹、质子弹的重要原料。锂的化合物还被广泛用于玻璃陶瓷工业、炼铝工业、锂基润滑脂,以及空调、医药、有机合成等工业。锂系列产品被广泛应用于冶炼、制冷、原子能、航天和陶瓷、玻璃、润滑脂、橡胶、焊接、医药、电池等行业。全世界有锂矿资源的国家不足10个,亚洲只有中国独有。

2020年我国保有锂矿(折氧化锂)资源储量为234.5万t(自然资源部,2021)。青海省锂矿资源十分丰富,截至2020年底保有的锂矿(LiCl)为151.8万t(折氧化锂),资源储量占全国的64.7%,列全国第一位。

(一)碳酸锂需求量预测

青海省碳酸锂需求量预测按照弹性系数法进行预测。矿产资源消费弹性系数和人均GDP增长率(2.2%)取全国平均值;人均GDP增长率取值5.5%,人口数量,按年均增长率公示计算(年均增长率0.94%)得到。以2020年为基年,预测青海省2021—2030年碳酸锂需求量,结果见表2-10。结果显示,青海省对碳酸锂的需求在"十四五"期间较低。

表2-10 青海省碳酸锂需求量预测

年份	P(万人)	Q_n(碳酸锂:万t)
2021	598.29	0.13
2022	603.91	0.21
2023	609.59	0.33
2024	615.32	0.51
2025	621.10	0.78
2026	626.94	1.22
2027	632.83	1.89
2028	638.78	2.93
2029	644.79	4.55
2030	650.85	7.06
基期全国碳酸锂消费量(2020年)		20.7万t
资源消费年增长率		21.5%
矿产资源消费弹性系数		9.773
基期矿产资源人均消费量(2020年)		0.000 147t/人
青海省人均GDP增长率		5.5%

注:碳酸锂消费数据来源于《主要矿产品供需形势分析报告(2021)》;矿产资源消费弹性系数=资源消费年增长率/GDP增长率(2020年底,我国GDP增长率为2.2%);基期矿产资源人均消费量=基期年消费总量/基期年人口总数(全国总人口本研究取值14.12亿人);基期(2020年)全国碳酸锂消费量20.7万t。

(二)碳酸锂产量预测

2016—2020年青海省碳酸锂的产量逐年增加,年均增长量0.83万t,年均增长率为38.5%。根据其5年间的产量增长趋势,建立二元回归预测模型:

$$y = 0.17x^2 - 0.152x + 1.204$$

模型调整判定系数R^2为0.9408,表明曲线拟合程度较好。式中:y指各年碳酸锂产量;x指自然年份,2016年为1,以此类推。由此估算得出2021—2025年的碳酸锂产量(图2-12)。经预测,到2025年青海省碳酸锂产量将达到16.68万t。

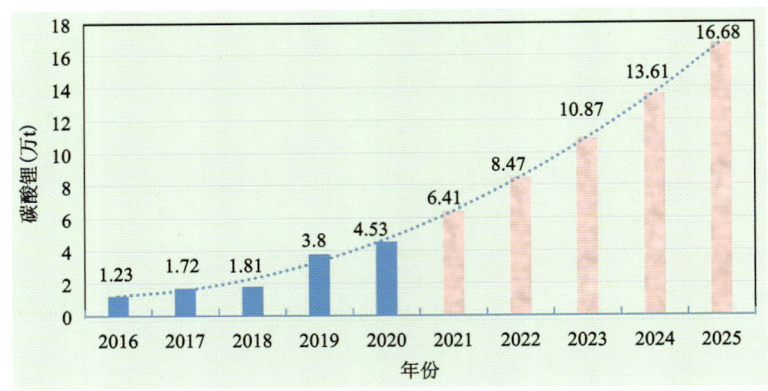

图2-12 青海省碳酸锂产量及预测(数据来源:《青海省国民经济和社会发展统计公报》)

(三)碳酸锂供需形势

2020年我国碳酸锂产量为16.8万t,表现消费观20.7万t(苏轶娜等,2021),而青海省碳酸锂产量为4.53万t,到2025年将达到16.68万t,需求量仅为0.78万t。以省内的生产量来看,碳酸锂完全满足省内需求。未来盐湖卤水提锂的工业化普及是我国锂行业发展趋势,随着盐湖锂资源的开发利用效率进一步提高,青海盐湖锂有望成为国内锂资源供给的最大来源(青海省自然资源厅,2020)。

第六节 砂石资源及水泥用灰岩供需形势分析

一、砂石资源供需形势分析

砂石是基础设施建设组成材料中最重要和用量最多的原材料,砂石矿产虽不是战略性矿产,但在基础设施、建筑物的建设中必不可少,砂石的供应关系到国家经济建设(吴琪等,2018)。2020年,国家发展和改革委员会等15部委和青海省发展和改革委员会等15厅局先后印发了《关于促进砂石行业健康有序发展的指导意见》和《青海省促进砂石行业健康有序发展的实施意见》文件,以积极推进砂石资源集约化开采,进一步优化产销布局,加快构建区域供需平衡、价格合理、绿色环保、优质高效的砂石产业体系。

砂石产地遍布全省,属低风险矿产,地质勘查工作程度要求不高,地质勘查投入也相对较少,只要政策许可、环境承载力可以容纳、合理利用和开采方式适当,即可满足市场供需。

(一)砂石资源现状

青海省地域辽阔,砂石资源种类多、分布广,但主要集中在西宁、海东及其他城镇周边。截至2020年10月,青海省共设置砂石采矿权237宗(砂151宗、石料86宗),用于城乡建设的191宗,工程配套46宗。设计开采规模共计为4 044.77万 m^3/a,其中低于(含)10万 m^3/a 的矿山158宗,占砂石矿山总数的66.7%;高于(含)50万 m^3/a 的仅21宗,占砂石矿山总数的8.9%(表2-11)。

表2-11 青海省砂石矿采矿权数量及开采规模统计表

地区	砂石采矿权数量(宗)			设计开采规模(万 m^3/a)
	砂	石料	合计	
西宁市	1	7	8	316
海东市	40	14	54	1 099.78
海北州	8	17	25	423.72
海西州	28	20	48	629
海南州	26	9	35	468.5
黄南州	12	14	26	713.92
玉树州	9	5	14	276.35
果洛州	27	0	27	117.5
合计	151	86	237	4 044.77

从全省来看,除海东市平安区西沟峡、大沙沟、互助县台子乡窄路沟、门源县苏吉湾前滩及尖扎县坎布拉镇等少数砂石矿区具备规模化生产能力外,其他地区受地域和需求因素限制,集约化规模化开采程度普遍不高。

(二)砂石资源供需形势

随着青海省东部城市群快速发展、泛共和盆地区域协调发展战略、共和县撤县建市、清洁能源产业发展及矿山企业等基础建设逐步开展,砂石资源的需求将大幅度增加。根据2014—2019各年度全省矿产资源开发利用年报统计分析,并结合青海省住房和城乡建设厅、青海省工业和信息化厅等部门提供的"十四五"时期城乡建设、民生保障等基础设施项目对砂石的需求量,预测到2021年全省城乡建设砂石需求量为5000万 m^3/a,2023年城乡建设砂石需求量为5600万 m^3/a(表2-12,交通、水利等重点工程的砂石需求量由单独配套砂石矿供应,未统计)。

表2-12 全省砂石矿预期需求

地区	生产规模 (万 $m^3 \cdot a^{-1}$)	到2021预测需求 (万 $m^3 \cdot a^{-1}$)	到2023年预测需求 (万 $m^3 \cdot a^{-1}$)	市场需求缺口 (万 $m^3 \cdot a^{-1}$)
西宁市	316	800	900	500~600
海东市	1 099.78	1200	1300	100~200
海北州	423.72	300	400	基本满足

续表 2-12

地区	生产规模 (万 m³·a⁻¹)	到 2021 预测需求 (万 m³·a⁻¹)	到 2023 年预测需求 (万 m³·a⁻¹)	市场需求缺口 (万 m³·a⁻¹)
海西州	629	800	950	150～300
海南州	468.5	600	650	100～150
黄南州	713.92	740	800	基本满足
玉树州	276.35	340	360	60～80
果洛州	117.5	220	240	100～120
合计	4 044.77	5000	5600	1000～1600

2020 年青海省砂石设计生产能力为 4 044.77 万 m³/a，除海北州、黄南州能基本满足市场需求外，其他地区均存在不同程度的需求缺口。

为深入推进生态环境综合整治任务落地见效，重点整治各地区砂石矿山"多、小、散"等问题。青海省自然资源厅于 2021 年 1 月发布了《青海省西宁海东砂石资源布局整合优化实施方案(2020—2023年)》《青海省海北藏族自治州砂石资源布局整合优化实施方案(2020—2023 年)》《青海省海西蒙古族藏族自治州砂石资源布局整合优化实施方案(2020—2023 年)》《青海省青南四州砂石资源布局整合优化实施方案(2020—2023 年)》。2023 年后青海省各地砂石矿产资源的管理得到进一步规范化，砂石矿山数量将大幅减少，规模化、集约化的开发将实现生态保护与经济效益的"双赢"。"十四五"期间，全省划定 20～30 个砂石集中开采区，"十四五"末全省城乡建设用砂石采矿权总数控制在 150 个(不含重点工程配套)，逐步使砂石产业向规模化、集约化发展，稳定市场价格，保障砂石资源供给。

二、水泥用灰岩供需形势分析

2020 年面对新冠疫情的巨大冲击和复杂的国内外社会环境。为抑制经济下行，我国继续加强宏观政策逆周期调节力度，加快"六保""六稳"政策落地，落实各项重大改革举措，充分发挥中国超大规模市场优势和内需潜力，构建国内循环为主、国内国际双循环相互促进的新发展格局，多措并举巩固经济复苏向好态势。积极的财政政策和稳健的货币政策持续显效发力，克服了疫情和汛情的不利影响，分阶段、有节奏、有针对性地推出一系列政策举措，带动了水泥需求快速回升。2020 年水泥行业经济运行表现为"急下滑、快恢复、趋稳定"的特征。水泥产销量实现同比增长由负转正，2020 年全年水泥产量达到 23.77 亿 t，消费量超过 16 亿 t(陈柏林，2021)。

水泥用灰岩的消费按照弹性系数法进行预测，先预测出水泥需求量、产量，再乘以系数预测出水泥用灰岩的需求量、产量。矿产资源消费弹性系数和人均 GDP 增长率(2.2%)取全国平均值；人均 GDP 增长率定取值 5.5%；人口数量按年均增长率公示计算(年均增长率 0.94%)得到。以 2020 年为基年，预测青海省 2021—2030 年水泥用灰岩需求量、产量，结果见表 2-13。

经测算，2025 年青海省水泥需求量为 1 120.58 万 t，水泥用灰岩需求量 1 467.96 万 t，水泥产量预计达到 1 936.36 万 t，水泥用灰岩产量约为 2 536.63 万 t。预计青海省的水泥将供大于求，部分水泥销往省外。

表 2-13 青海省水泥及水泥用灰岩预测

年份	P(万人)	Q_n(水泥需求量:万 t)	Q_n(水泥用灰岩需求量:万 t)	Y_n(水泥产量:万 t)	Y_n(水泥用灰岩产量:万 t)
2021	598.29	743.96	974.59	1 334.58	1 748.30
2022	603.91	824.18	1 079.68	1 464.72	1 918.78
2023	609.59	913.06	1 196.11	1 607.55	2 105.89
2024	615.32	1 011.52	1 325.09	1 764.31	2 311.25
2025	621.10	1 120.58	1 467.96	1 936.36	2 536.63
2026	626.94	1 241.42	1 626.26	2 125.18	2 783.99
2027	632.83	1 375.28	1 801.62	2 332.42	3 055.47
2028	638.78	1 523.58	1 995.89	2 559.87	3 353.43
2029	644.79	1 687.88	2 211.12	2 809.49	3 680.43
2030	650.85	1 869.89	2 449.56	3 083.46	4 039.33
基期全国消费量(2020 年)	16 亿 t				
资源消费年增长率	3.90%				
青海省基期产量(2020 年)	1216 万 t				
矿产资源消费弹性系数	1.773				
基期矿产资源人均消费量(2020 年)	1133kg/人				
青海省人均 GDP 增长率	5.50%				

注:水泥消费量数据来源于《2020 年中国水泥经济运行及 2021 年展望》;矿产资源消费弹性系数=资源消费年增长率/GDP 增长率;基期矿产资源人均消费量=基期年消费总量/基期年人口总数(全国总人口本研究取值 14.12 亿人);基期(2020 年)水泥产量数据来源于《青海统计年鉴》;水泥=水泥用灰岩×1.31。

第七节 供需分析对策建议

一、加强矿产资源开发的宏观调控

伴随着东部、中部地区重化工业向西部转移,结合青海省产业发展规划,未来一段时期内,青海省将进入重化工业的快速发展阶段,全省初级矿产品输出的格局将被打破,随之而来的将是钢铁、铜材、铅、锌等深加工产品的输出,这种状况将导致主要金属矿产的初级矿产品供应不足,需要从省外调入,以解决后续加工产业对主要金属矿产品的大量需求,科学规划省外主要金属矿产品的供给来源和供给渠道,将成为未来一定时期内重点解决的问题。同时应该稳定省内各类矿产资源的矿石产量,以应对青海省经济社会发展对各类原材料的需求。

砂石矿产适当增加产量。在已设置建筑石料矿产集中开采区的地区,扩充产能,实现建筑石料矿产的大规模、集约化开采。

水泥用灰岩推广集中开采区的集中集约开采,为资源枯竭的水泥企业配置水泥用灰岩集中开采区,满足企业生产需要。

二、加强矿产资源综合利用和科技创新

按照节约集约利用资源的要求,统筹规划矿产资源的保护和合理开发利用,鼓励和引导矿山企业实现规模开采,优化结构和布局。制定矿产资源保护和合理利用的具体指标,依靠科技创新和技术进步,建立新的资源开发利用模式,广泛应用高新技术和先进适用技术,不断提高矿产资源利用效率。确定主要矿种及其共伴生矿种的开发利用条件和方向,积极开展非常规油气资源、低品位资源、难利用资源的开发利用,推进尾矿、废石综合利用,推进矿产资源领域循环经济发展示范工程。建立矿产资源综合利用评价体系和相应的鼓励与监督处罚规定,促进资源综合利用水平提高。重视并加强矿产资源保护与节约的全程管理,提高采矿综合回收率。不断提高矿产品的深加工水平,增强青海省矿产品在市场上的竞争力。

严格执行矿产资源开采的监督管理工作,特别是年产矿石量、资源储量的增减、矿山数量、"三率"及综合利用等指标对矿产资源管理工作非常重要。因此要建立严格的矿山企业"三率"考核、矿产督查、矿山年检、矿产资源开发利用情况统计年报等管理制度,对于敷衍了事、不负责任、胡乱填报的矿山企业在矿山年检时不予通过,逐步使矿产资源开发利用情况统计年报趋于正规,为管理部门制定科学合理的矿产资源规划及相关配套法规提供依据。

依靠科技进步,努力提高矿产资源利用水平。严格审查矿产资源开发利用方案,鼓励、支持矿山企业引进和推广先进、实用的采选矿方法、技术、工艺和设备,逐步淘汰落后的采选矿方法、技术、工艺和设备;采矿方法、选矿工艺及设备必须科学、先进、合理、安全。采矿回采率、采矿贫化率、选矿回收率指标能够达到规定的要求,对有工业价值的共生或伴生矿产有综合开采、综合利用方案或保护措施。严格审查采矿权人的资质条件,要具备与矿山开发规模相配套的资金、人才、技术和管理资质,从源头上控制不具备相应资质条件的企业或个人登记采矿权。

对于目前矿山勘查、开发、环保现状远远低于国家规定的实际情况,应采取区别对待、分别规划的原则,对已建矿山只能在国家要求的基础上适当降低标准,但要求其每年提高一定的指标,使其逐步跟上国家要求,最后达到规划要求的水平;而对于新建矿山则应当严格要求,一开始就应当将"门槛"定高一点,防止一些不具备开发资质和条件的企业进入,使矿产资源遭到破坏和浪费,努力使矿业开发向规模化、集约化方向发展。

三、加强矿产资源勘查

青海省矿产资源经过60余年的开发,目前重要矿产的资源储量有限,特别是石油、动力煤及大宗金属矿产铅、锌、铜、金、铁等进一步扩大开发规模的空间较小,资源储量保障不足,部分大中型矿山面临资源危机。地质勘查工作滞后,找矿空间压缩,已成为制约矿业开发的瓶颈因素。因此"十四五"期间必须加大地质勘查力度,提高矿产资源勘查程度,增加资源储量,缓解重要矿产资源短缺状况,保证经济社会发展对矿产资源的需求,促进经济社会的可持续发展。

青海省实施"五四战略"、推进"一优两高"、持续推动"五个示范省"及"四地"建设、培育和发展新能源、新材料产业等战略举措,对保障矿产资源供给、提高资源节约集约利用水平提出了新的更高要求。特别是推进"循环经济"、培育和发展新材料产业要求我们必须转变思路,除了加强传统优势矿产资源勘查开发外,要紧密围绕柴达木循环经济和发展新材料产业的新需求,更加注重新材料矿产资源的勘查,加强战略性矿产资源和盐湖资源的综合开发和节约集约利用,增强与延伸循环经济产业链,促进产业转型升级。在未来10～15年青海省要加大"三稀"(锂、铍、铌、钽等)、锰、钴、镍、锡、钒、萤石、晶质石墨、滑

石、高纯石英等新材料矿产的勘查力度,形成新的资源基地,为青海省新材料产业发展提供新的"增长极"。要加强钾盐、锂盐、金、银、铜、铅、锌等优势重要矿产勘查为主,兼顾煤炭及建材非金属矿产勘查,加大深层卤水开发利用研究和老矿区深部及外围勘查力度,尽快提交一批可供开发的、具有重要经济价值的大中型矿产地,为促进青海省矿业经济发展提供新的动力。继续开展页岩气、地热和干热岩、煤层气、砂岩型铀矿等清洁能源矿产勘查,为青海省清洁能源示范省建设提供支持。青南地区在外部环境好转的情况下,对多彩乡等铜铅锌银资源富集区开展勘查,提交了大型矿产资源勘查开发基地,以应对经济社会发展对重要金属矿产资源的需求。

第三章　矿业发展布局研究

矿业发展布局是以青海省的矿产资源禀赋和开发利用现状为研究基础，积极融入国家区域重大发展战略，深化落实全国主体功能区战略与国家生态安全和能源资源安全战略，匹配省内资源环境承载力和国土空间开发适宜性，结合当前实行的自然资源法律法规和地方性政策等，落实全国及青海省总体布局，合理定位，科学布局，统筹发展与安全，优化资源配置，规范开发秩序，现主要从矿产资源的勘查开发保护区域布局、保障供给布局和勘查开发工作布局3个方面进行分析研究，从而指导矿产资源勘查，提高矿产资源安全和保障程度，使矿业发展布局得到最大优化，为青海省矿业经济高质量发展提供依据和支撑。

第一节　矿产资源勘查开发保护区域布局

一、布局原则

全面落实国家区域发展战略、主体功能区战略、国家宏观调控战略及政策，围绕党和国家事业发展需求，立足国内和省内，促进资源勘查开发与区域经济协调发展，依据资源环境承载能力和国土空间开发适宜性评价、资源禀赋特点和地质工作实际，综合考虑国民经济与社会发展布局，自然地理条件、矿产资源特点、成矿地质条件、矿产资源禀赋规律、矿产资源勘查开发保护现状等特点，坚持生态保护优先，统筹协调好矿产勘查与生态保护红线、环境质量底线、资源利用上限和生态环境准入清单的关系，充分发挥区域矿产资源优势，扬长避短，合理定位，科学布局，引导资源合理配置，指导地方矿业发展，促进矿业高质量发展，为青海省矿产资源勘查、开发、保护"一盘棋"格局和经济社会发展提供技术支撑和科学依据。

二、勘查开发保护区域布局

青海省深入贯彻落实习近平总书记提出的"保护好青海生态环境是国之大者"，结合"三个最大"省情、"三个安全"重要地位，全面落实国家区域发展战略和国家宏观调控战略及政策，深化落实全国主体功能区战略（袁朱，1998）与国家生态安全和能源资源安全战略，积极融入共建"一带一路"及新时代西部大开发、长江经济带、黄河流域生态保护和高质量发展（自然资源部，2021）等发展战略，全面推进省委、省政府"一优两高"战略部署，围绕产业"四地"建设，构建"两核一轴一高地、两屏三区"国土空间开发保护格局，围绕党和国家事业发展需求，立足国内和全省，放眼国际，依据资源环境承载能力和国土空间开发适宜性评价（自然资源部，2021）、资源禀赋特点和地质工作实际，结合当前实行的自然资源法律法规和地方性政策等,落实全国及青海省总体布局。根据以上要求,提出了青海省"一盆一区两屏障"的矿产资源勘查开发与保护的区域布局(图3-1),构建"南北保护,西部开发,东部协调发展"的新格局。

(一)柴达木盆地及其周缘

柴达木盆地及其周缘是中国中央造山带之秦祁昆褶皱系的一部分,地质演化历史复杂,蕴含着丰富的矿产资源,有金边(柴达木盆地周边金矿)盐盆(柴达木盆地盐类矿产)金腰带(昆仑山铜多金属矿)之称,是我国重要的成矿区带和金属非金属矿产资源基地(李大新等,2003;李东生等,2010;丰成友等,2012)。该区是青海省成矿条件最优越的地区,矿产资源丰富,勘查程度高,开发利用程度较高,资源型产业集中,具备一定生态环境承载能力,适合进一步规模化开发和集约化利用,容易形成产业聚集,提高资源综合利用、循环利用和精深加工水平,进一步提升矿产资源开发利用效益,推进矿业转型升级、提质增效和循环发展,建设资源综合利用基地,建成青海省新型工业基地,推动优势产业全产业链发展。海西蒙古族藏族自治州作为柴达木盆地及周缘的主要组成部分,编入《青海省矿产资源储量简表(截至2020年底)》中的矿产地有949处,占全省1532处矿产地的61.95%,其中大型矿产地197处,中型227处,小型525处(青海省自然资源厅,2021a)。2020年,本次统计柴达木盆地及其周缘有矿山128家,占全省矿山(209家)的61.24%,其中生产矿山65家,筹建矿山35家,停产矿山28家,大型矿山44家,中型矿山44家,小型矿山44家,如表3-1和图3-1所示。

表3-1 青海省开发利用矿山统计表

编号	矿山名称	开发利用状态	开发规模	编号	矿山名称	开发利用状态	开发规模
1	中国石油天然气股份有限公司青海油田分公司原油	生产	大型	2	青海盐湖工业股份有限公司柴达木察尔汗钾镁盐矿别勒滩矿区	生产	大型
3	青海盐湖工业股份有限公司察尔汗盐湖钾镁盐矿察尔汗矿区	生产	大型	4	西部矿业股份有限公司锡铁山铅锌矿	生产	大型
5	青海威斯特铜业有限责任公司德尔尼铜矿	生产	大型	6	都兰金辉矿业有限公司都兰县五龙沟矿区红旗沟-深水潭金矿	生产	大型
7	格尔木盐化(集团)有限责任公司察尔汗盐矿	生产	大型	8	格尔木藏格钾肥有限公司察尔汗盐湖钾镁矿	生产	大型
9	青海霍布逊地矿化工(集团)有限公司察尔汗盐湖霍布逊区段北矿段钾镁盐矿	生产	中型	10	青海省盐业股份有限公司茶卡制盐分公司盐矿	生产	大型
11	青海柴达木农垦莫河骆驼场有限公司茶卡盐湖盐矿	生产	中型	12	青海省盐业股份有限公司柯柯盐厂	生产	大型
13	中盐青海昆仑碱业有限公司柯柯盐矿	停产	大型	14	青海发投碱业有限公司柯柯盐湖东部盐矿	停产	大型
15	青海中信国安科技发展有限公司西台吉乃尔湖锂矿	生产	大型	16	青海省能源发展(集团)有限责任公司大柴旦行委鱼卡一井田	生产	大型

续表 3-1

编号	矿山名称	开发利用状态	开发规模	编号	矿山名称	开发利用状态	开发规模
17	青海海鑫矿业有限公司门源县松树南沟金矿西矿区	生产	大型	18	格尔木庆华矿业有限责任公司肯德可克铁矿	生产	大型
19	五矿盐湖有限公司冷湖行委一里坪盐湖锂矿	生产	大型	20	格尔木垚鑫矿业有限责任公司格尔木市群力铁矿Ⅰ矿群	生产	大型
21	青海东台吉乃尔锂资源股份有限公司格尔木市东台吉乃尔盐湖锂硼钾矿	生产	大型	22	青海祁连山水泥有限公司湟中县上新庄镇上峡门石灰岩矿	生产	大型
23	湟中县门旦峡石灰岩矿Ⅰ、Ⅱ（南部分）矿体	生产	大型	24	湟源县巴燕明元采石场建筑用花岗岩矿	生产	大型
25	湟源县日月乡池汉素村下青稞拉沟建筑用花岗岩矿	生产	大型	26	湟源县日月乡池汉素村多杰拉沟建筑用花岗岩矿	生产	大型
27	湟源县日月乡池汉素村上青稞拉沟建筑用花岗岩矿	生产	大型	28	民和祁连山水泥有限公司北山大理岩矿	生产	大型
29	青海博发矿业有限公司大沙沟建筑用闪长岩矿	生产	大型	30	海东市博锋矿业有限公司西沟峡建筑用闪长岩矿	生产	大型
31	互助县台子乡窄路沟石料用白云岩矿	生产	大型	32	门源县苏吉湾前滩建筑用砂矿	生产	大型
33	祁连县默勒镇多隆村煤矿沟脑片石料场建筑用砂岩矿	生产	大型	34	尖扎县坎布拉镇建筑用砂石矿	生产	大型
35	青海省杂多县色青涌建筑用石灰岩矿	生产	大型	36	青海省囊谦县香达镇多昌村三队石料备选开采区建筑用砂矿	生产	大型
37	青海省囊谦县觉拉乡卡永尼村西让高砂料场建筑用砂石矿	生产	大型	38	青海省囊谦县觉拉乡哇桥杂二队着桑毛高砂料场建筑用砂石矿	生产	大型
39	青海省囊谦县觉拉乡卡永尼村抢子达砂料场建筑用砂石矿	生产	大型	40	青海省格尔木市雪水河矿区石灰岩矿	生产	大型
41	中盐青海昆仑碱业有限公司青海省德令哈市旺尕秀地区石灰岩矿02矿	生产	大型	42	德令哈市旺尕秀地区石灰岩矿07矿	生产	大型
43	青海省德令哈市旺尕秀地区石灰岩矿14矿	生产	大型	44	青海省格尔木市石灰窑矿区石灰岩、大理岩矿西段	生产	大型
45	青海海西化工建材股份有限公司德令哈市克鲁努尔水泥配料用黏土矿	生产	大型	46	青海省格尔木市格茫公路K134+800建筑石料用花岗岩矿	生产	大型

续表 3-1

编号	矿山名称	开发利用状态	开发规模	编号	矿山名称	开发利用状态	开发规模
47	中国铁路青藏集团有限公司德令哈工务段肯德隆采石场	生产	大型	48	青海创安有限公司茫崖石棉矿	生产	中型
49	青海大柴旦矿业有限公司青龙沟金矿	生产	中型	50	冷湖滨地钾肥有限责任公司大盐滩钾镁盐矿	生产	中型
51	青海省西海煤炭开发有限责任公司海塔尔矿	生产	中型	52	青海锦泰钾肥有限公司巴仑马海钾盐矿	生产	中型
53	义马煤业集团青海义海能源有限责任公司大煤沟煤矿	生产	中型	54	青海中航资源有限公司马海钾矿	生产	中型
55	青海省西海煤炭开发有限责任公司柴达尔矿	生产	中型	56	青海省西海煤炭开发有限责任公司柴达尔先锋煤矿	生产	中型
57	都兰西钢矿业开发有限公司都兰县洪水河铁矿	生产	中型	58	青海西部镁业有限公司团结湖镁盐矿	生产	中型
59	青海香江盐湖开发有限公司团结湖镁盐矿	生产	中型	60	青海昆仑镁盐有限责任公司团结湖镁盐矿	停产	中型
61	格尔木富镁科技有限公司团结湖镁盐矿	筹建	大型	62	青海百事特镁业有限公司团结湖镁盐矿	筹建	中型
63	青海嘉恒镁业有限公司湟中门旦峡矿区石灰岩西矿段(5-17)线	生产	中型	64	青海五彩碱业有限公司察尔汗钾镁盐矿田北霍布逊湖矿段钠盐矿	筹建	大型
65	青海西旺矿业开发有限公司都兰县白石崖铁矿区外围铁矿	生产	中型	66	兴海县鹏飞有色金属采选有限公司兴海县什多龙铅锌矿	生产	中型
67	青海晶鑫钾肥有限公司茫崖尕斯库勒湖钾矿	生产	中型	68	青海鸿鑫矿业有限公司格尔木市牛苦头矿区M1磁异常多金属矿	生产	中型
69	青海水泥股份有限公司毛家沟石灰岩矿	生产	中型	70	湟中西钢矿业开发有限公司湟中县门旦峡矿区石灰岩东矿段沟东——10勘探线石灰岩矿	生产	中型
71	青海互助金圆水泥有限公司塘川镇庙儿沟石膏矿	生产	中型	72	青海浩恒建材有限公司互助县柏木峡大西沟陶粒板岩矿	生产	中型
73	民和县巴州镇下马家建筑用砂矿	生产	中型	74	民和县松树乡马莲沟建筑用砂矿	生产	中型
75	青海省化隆县加文哑口砂石矿	生产	中型	76	青海省海晏县西海镇塔勒槽2号砂场	生产	中型
77	海晏县K25+100建筑用花岗岩矿	生产	中型	78	刚察县K69+500建筑用砂岩矿	生产	中型
79	刚察县K122+500建筑用砂岩矿	生产	中型	80	刚察县沙柳河镇3号建筑用砂岩矿	生产	中型
81	刚察县K72+500建筑用砂岩矿	生产	中型	82	瓜多公路2号石料矿	生产	中型

续表 3-1

编号	矿山名称	开发利用状态	开发规模	编号	矿山名称	开发利用状态	开发规模
83	瓜多公路 1 号石料矿	生产	中型	84	称多县清水河镇尕青村采砂场建筑用砂石矿	生产	中型
85	治多县曲那滩采砂场	生产	中型	86	青海五彩碱业有限公司大柴旦镇石灰沟矿区石灰岩矿	生产	中型
87	海西天天矿业有限责任公司德令哈市旺尕秀石灰岩矿	生产	中型	88	德令哈市旺尕秀地区石灰岩矿 01 矿	生产	中型
89	格尔木埃玛山川矿业有限公司格尔木市九八沟石英岩矿	生产	中型	90	乌兰县环宇新型建筑材料有限责任公司乌兰县柯柯镇中西村北山砂石矿	生产	中型
91	乌兰县恒金工贸有限责任公司茶卡镇哇玉 2 号砂石矿	生产	中型	92	青海乌兰金泰哇玉农业生态科技有限责任公司茶卡镇哇玉 1 号砂石矿	生产	中型
93	大柴旦行委泼门河第二砂石场建筑用砂矿	生产	中型	94	同德县显龙富鑫金银开发有限公司显龙沟金矿	生产	小型
95	青海隆安煤业股份有限公司大柴旦行委绿草沟煤矿	生产	小型	96	青海铭鑫格尔木矿业有限责任公司全红山铁矿	生产	小型
97	都兰县海鑫矿业有限责任公司都兰县占卜扎勒Ⅰ号磁异常区铁矿	生产	小型	98	青海黄南州华帝矿业有限责任公司同仁县恰冬铜矿	生产	小型
99	青海大头羊煤业有限责任公司大头羊工区一矿	生产	小型	100	青海大头羊煤业有限责任公司大头羊工区二矿	生产	小型
101	青海五彩通正荣煤炭有限公司大柴旦行委鱼卡煤矿	生产	小型	102	青海金涌矿业开发有限公司茫崖行委虎头崖多金属矿	生产	小型
103	青海山金矿业有限公司都兰县果洛龙洼金矿	生产	小型	104	都兰县五龙沟金矿有限公司五龙沟金矿	生产	小型
105	都兰西钢矿业开发有限公司都兰县胜利铁矿	生产	小型	106	西宁新鑫矿业有限公司兴海县白尔湖铁矿	生产	小型
107	青海昆龙伟业实业投资有限公司格尔木市拉陵灶火铁矿	生产	小型	108	都兰盛和矿业有限公司小卧龙铁矿	生产	小型
109	青海中联矿业有限责任公司大柴旦行委双口山多金属矿	生产	小型	110	乌兰县金穗农牧工商有限责任公司赛坝沟金矿	生产	小型
111	青海顺隆矿业有限公司同仁县双朋西铜金矿	生产	小型	112	都兰县多金属矿业有限公司白石崖东区铁多金属矿	生产	小型
113	青海远华矿业有限公司天峻县瓦乎寺煤矿	生产	小型	114	青海省能源发展(集团)有限责任公司大柴旦行委团鱼山北部煤矿	生产	小型

续表 3-1

编号	矿山名称	开发利用状态	开发规模	编号	矿山名称	开发利用状态	开发规模
115	青海物通铁合金有限公司互助金源石英矿厂扎板山石英岩矿	生产	小型	116	青海大柴旦矿业有限公司滩间山金矿	停产	大型
117	青海中天硼锂矿业有限公司大柴旦湖硼矿	停产	大型	118	青海祁连纤维材料有限责任公司小八宝石棉矿	停产	大型
119	青海祁连纤维材料有限责任公司双岔沟石棉矿化肥用蛇纹岩矿	停产	大型	120	乐都区达拉乡长沟村建筑用大理岩矿	停产	大型
121	互助县红崖子沟乡站家村东沟砂石矿	停产	大型	122	海西中北碱业有限公司青海省德令哈市旺尕秀地区石灰岩矿 03 矿	停产	大型
123	青海省德令哈市怀头他拉艾力斯台石英岩矿	停产	大型	124	青海鼎育矿业开发有限公司乌兰县沙柳泉大理岩矿	停产	大型
125	青海省格尔木市塔肯公路南石料用花岗岩矿	停产	大型	126	青海省木里煤业开发集团有限公司聚乎更矿区一露天煤矿首采区	停产	中型
127	都兰宏源实业有限公司清水河铁矿	停产	中型	128	青海中奥能源发展有限公司江仓矿区一井田首采区	停产	中型
129	平安鑫海资源开发有限公司平安县元石山铁镍矿	停产	中型	130	都兰县兰天矿业有限责任公司哈莉哈德山锰矿	停产	中型
131	青海西海煤电有限责任公司祁连县默勒二矿	停产	中型	132	格尔木青林矿业有限责任公司祁连县小水沟铁矿	停产	中型
133	青海中鑫矿业有限公司都兰县热水钼矿	停产	中型	134	都兰县唐泰跃辉矿业有限责任公司都兰县沙柳河南区铅锌多金属矿	停产	中型
135	青海鑫通矿业有限公司格尔木市乌兰拜兴铁多金属矿	停产	中型	136	海东市乐都区泰富矿业有限公司芦花乡下黑岭矿区石英岩矿	停产	中型
137	青海泰宁水泥有限公司乐都区干沟水泉沟水泥用大理岩矿	停产	中型	138	海东市乐都区金鼎矿业有限责任公司马营乡湾塘矿区 1# 石英岩矿	停产	中型
139	海东市乐都区洪水镇上窑洞村巴吃沟砂石矿	停产	中型	140	海东市乐都区高店镇下杨家村石板沟砂石矿	停产	中型
141	海东市乐都区雨润镇迭尔沟东岔沟砂石矿	停产	中型	142	乐都区洪水镇马趟村建筑用砂石矿	停产	中型
143	青海省玉树市禅古建筑石料用灰岩矿	停产	中型	144	青海金瑞矿业发展股份有限公司大凤山锶矿	停产	小型
145	乌兰县符青矿业开发有限责任公司阿移项铁矿	停产	小型	146	青海省循化县谢坑铜金矿	停产	小型

续表 3-1

编号	矿山名称	开发利用状态	开发规模	编号	矿山名称	开发利用状态	开发规模
147	格尔木欣昆矿业有限责任公司东大滩金锑矿	停产	小型	148	青海都兰灵德矿业有限公司双庆铅锌矿	停产	小型
149	青海鸿福矿业有限公司祁连县玉石沟东坡祁连绿玉矿	停产	小型	150	德令哈市鸿鑫矿业开发有限责任公司莫和·贝雷台铅锌矿	停产	小型
151	青海乾宇矿业有限公司都兰县跃进山铁矿	停产	小型	152	青海金鹰矿业有限公司格尔木市那陵郭勒河东铁矿	停产	小型
153	格尔木昆仑宝玉石有限责任公司纳赤台地区三岔口软玉矿	停产	小型	154	青海西旺矿业开发有限公司都兰县海寺铁矿	停产	小型
155	青海门源县兴隆萤石矿业有限责任公司红沟萤石矿	停产	小型	156	都兰县创盛矿业有限责任公司直沟铅锌矿	停产	小型
157	格尔木胜华矿业有限责任公司索拉吉尔铜矿	停产	小型	158	都兰宏源实业有限公司大海滩铁矿	停产	小型
159	青海省祁连山铜业有限公司门源祁连山铜矿	停产	小型	160	祁连博凯矿业有限公司尕大坂多金属矿	停产	小型
161	都兰北部矿业有限公司都兰县阿姆滩铁矿	停产	小型	162	都兰宏图矿业有限公司巴隆金矿	停产	小型
163	海东市乐都区汇丰矿业有限责任公司达拉乡马圈沟村西沟石英岩矿	停产	小型	164	青海省海晏县三联地区萤石矿	停产	小型
165	青海启源矿业开发有限公司兴海县索拉沟铜多金属矿	停产	中型	170	青海黄河矿业有限责任公司格尔木市夏日哈木 HS26 号异常区镍铜矿	筹建	大型
171	海西冰峰矿泉水开发有限公司德令哈市柏树山饮用天然矿泉水	筹建	大型	172	青海聚能钛业股份有限公司乌兰县丁叉叉山南坡钛矿	筹建	大型
174	青海省化隆县扎巴镇关沙村建筑石料用玄武岩矿	筹建	大型	175	祁连县峨堡镇黄草沟建筑用砂岩矿	筹建	大型
176	祁连县小八宝建筑用砂岩矿	筹建	大型	177	河南县优干宁镇1号石料矿	筹建	大型
178	海西泓景化工有限公司察汗斯拉图Ⅲ区芒硝矿	筹建	大型	179	中盐青海三晶化工有限公司海西州察汗斯拉图Ⅱ区芒硝矿	筹建	中型
180	青海宏扬水泥有限责任公司格尔木市大干沟水泥用板岩矿	筹建	大型	181	格尔木市大干沟沟脑石灰岩矿	筹建	大型
182	青海省格尔木市格茫公路K39+000建筑用砂矿	筹建	大型	183	青海省格尔木市格茫公路K39+000建筑石料用花岗岩矿	筹建	大型

续表 3-1

编号	矿山名称	开发利用状态	开发规模	编号	矿山名称	开发利用状态	开发规模
184	青海省格尔木市格茫公路 K132+300 建筑用砂矿	筹建	大型	185	青海省格尔木市格茫公路 7 号桥北建筑用砂石矿 2#矿	筹建	大型
186	格尔木托拉沟砂石料销售有限责任公司托拉沟沟口建筑用砂石矿	筹建	大型	187	格尔木融金矿业开发有限公司野马泉 M4、M5 磁异常铁锌矿	筹建	中型
188	青海鸿丰伟业矿产投资有限公司格尔木市拉陵高里河下游铁多金属矿	筹建	中型	189	青海森盛矿业有限公司察汗斯拉图矿区碱北凹地钾矿	筹建	中型
190	青海省木里煤业开发集团有限公司江仓矿区二号井	筹建	中型	191	青海长河矿业有限责任公司格尔木市四角羊-牛苦头矿区 C3 磁异常区多金属矿	筹建	中型
192	青海柴达木杰青科技有限公司茫崖行委黄瓜梁矿床钾矿	筹建	中型	193	茫崖兴元钾肥有限责任公司大浪滩钾矿	生产	大型
194	兴海县源发矿业有限公司兴海县满丈岗金矿	筹建	中型	195	青海省能源发展（集团）有限责任公司大柴旦行委鱼卡二井田	筹建	中型
196	乐都区瞿昙镇脑庄村药坡砂石矿	筹建	中型	197	尖扎县马克唐镇解放村砖瓦用黏土矿	筹建	中型
198	青海省格尔木市水泥厂南侧建筑石料用石灰岩矿	筹建	中型	199	乌兰达华奇商贸有限公司乌兰县察汗河村肯德隆沟石料矿	筹建	中型
200	乌兰县恒金工贸有限责任公司茶卡镇夏艾里沟村砂石矿	筹建	中型	201	青海海纳百川旅游发展有限公司铜普镇肯德隆沟砂石矿	筹建	中型
202	都兰县察苏镇上庄西旺砖厂石灰岩矿	筹建	中型	203	都兰县洪利铅锌矿洪水河铁多金属矿	筹建	小型
204	都兰西金矿业有限公司都兰打柴沟金矿	筹建	小型	205	西宁联创机械开挖有限公司都兰县达尔乌拉铁矿	筹建	小型
206	乌兰县东达铁选厂霍德森铁矿	筹建	小型	207	青海新开元工贸有限公司都兰县柯柯赛铁矿	筹建	小型
208	都兰县金龙有限责任公司开荒北金矿	筹建	小型	209	青海大沃矿业有限公司茫崖行委油泉子钾矿	筹建	小型
210	祁连县乾昶矿业有限责任公司祁连县阴凹槽铜锌矿	筹建	小型	211	西部矿业股份有限公司大柴旦行委中间沟-断层沟铅锌矿	筹建	小型
212	都兰天源矿业有限公司都兰县加羊多金属矿	筹建	小型	213	青海通跃建设工程有限公司西坡峡建筑石料用玄武岩矿	筹建	大型
214	尖扎县措周乡多让村建筑用砂石矿	筹建	大型				

按照中央、青海省委省政府关于"生态环境保护各项决策部署"的要求,对全省矿产资源勘查和开发的布局进行了重大调整,工作重点按照青海省人民政府关于实施"三线一单"生态环境分区管控的通知(青政〔2022〕77号)精神调整到柴达木盆地及其周缘。为服务于柴达木循环经济示范区,以柴达木盆地及周缘构成青海省西部"一盆",这是青海省"十四五"期间及未来一段时间的勘查开发核心区域,也是青海省新材料矿产和优势重要矿产资源勘查开发的重点区域。

根据《中共青海省委关于制定国民经济和社会发展第十四个五年规划和二〇三五年远景目标的建议》,打造开放"柴达木",推进格尔木西部地区重要的交通物流枢纽开放型城市建设,建成青藏国际陆港和铁路口岸,深入研究柴达木盆地后备耕地资源开发,巩固提升全国钾肥生产基地地位,统筹推进盐湖、油气、有色金属、可再生能源、生物资源等综合开发利用,全力打造柴达木绿色低碳循环发展示范区。

区内加快建设世界级盐湖产业基地,提升青海盐湖产业的国际战略地位,打造具有国际影响力的产业集群和无机盐化工产业基地,开展第四系现代盐湖可采储量现状调查,加快柴达木盆地第三系(古近系+新近系)深层富钾锂卤水的勘查评价与可利用性评价。持续稳定开发钾、扩大锂、突破镁、开发钠、培育硼,提高共伴生稀散元素溴、碘、铷综合高效利用水平(李积升等,2019)。积极推进锶矿、锂矿、硼矿等新材料高附加值产品的开发利用,突破一批盐湖化工产业关键技术,不断完善盐湖提锂技术和工艺,加大提锂产能的利用效率,提高卤水提锂产品质量和产量。全面构建产业规模居前、创新能力领先、绿色低碳循环、国际影响凸显的青海省盐湖产业高质量发展新格局。

围绕柴达木循环经济和发展新材料产业的需求,在盆地周缘地区重点开展镍、钴、锂、铍、金等紧缺矿产资源勘查,兼顾晶质石墨、萤石、滑石等新材料矿产资源勘查,提交一批可供进一步勘查和开发的矿产地,为经济社会发展提供优质高效的资源保障。稳定开发利用铅、锌、白云岩、饰面用石材等矿种;进一步加大石油、天然气、制碱用灰岩、岩金、矿泉水等矿产的开发力度;积极推进铁、镍、钛、锂、铌、钽、铍、晶质石墨、高纯硅用石英岩、滑石等的规模开发进程。依托区内资源的良好配套性,大力发展矿产资源开发利用、加工领域的循环经济产业链,因地制宜地发展矿产资源产业集群。提高综合开发、循环利用和精深加工水平,进一步提升矿产资源开发利用效益,推进矿业转型升级、提质增效和循环发展。

"十四五"期间,围绕柴达木循环经济和发展新材料产业的需求,柴达木盆地及周缘地区共划定16个规划分区:稳步推进海西锡铁山-大柴旦硼矿基地、格尔木察尔汗-茫崖大浪滩钾盐基地、海西滩间山-胜利沟金矿国家规划矿区、鱼卡煤炭国家规划矿区、海西旺尕秀石灰岩矿重点开采区、海西茶卡盐湖湖盐重点开采区、海西柯柯盐湖湖盐重点开采区、海南满丈岗金铅锌矿重点开采区、海南索拉沟铜铅锌矿重点开采区建设;加快夏日哈木镍铁石墨矿能源资源基地、柴达木盆地尕斯库勒-英东油气基地、柴达木盆地涩北油气基地、格尔木尕林格-野马泉铁矿国家规划矿区、都兰五龙沟-大格勒沟金矿国家规划矿区、都兰沟里-玛多抗得弄舍金矿国家规划矿区、海西丁叉叉山钛矿重点开采区(图3-2)建设,加强开发。

(二)东部地区

东部地区具有一定矿产资源禀赋基础,石英岩等建材非金属矿产资源优势较为明显,开发强度相对较高,区位优势明显,交通便利,基础设施配套相对完善,资源环境承载能力和国土空间开发适宜性总体较高(李元希等,2020),是青海省矿产资源开发重点区域,是重点城镇化开发建设区域。2020年,本次统计东部地区有矿山44家,占全省矿山(209家)的21.05%,其中生产矿山26家,筹建矿山5家,停产矿山13家,大型矿山16家,中型矿山22家,小型矿山6家,如图3-1所示。为服务于国家兰西城市群、西宁-海东都市圈、黄河流域高质量发展,主要开展以综合城市群建设为主的城市地质调查和非金属建材的开发利用,打造国家清洁能源产业高地,建成国家清洁能源示范省,加快共和、贵德、西宁、海东地区地下热水、干热岩等清洁能源矿产的开发利用及试验研究;进一步加强水泥用灰岩、溶剂用灰岩、玻璃用石英岩等矿产的开发;积极拓展石英岩、石膏、芒硝的开发;进一步强化矿产品精深加工、矿产品贸易的

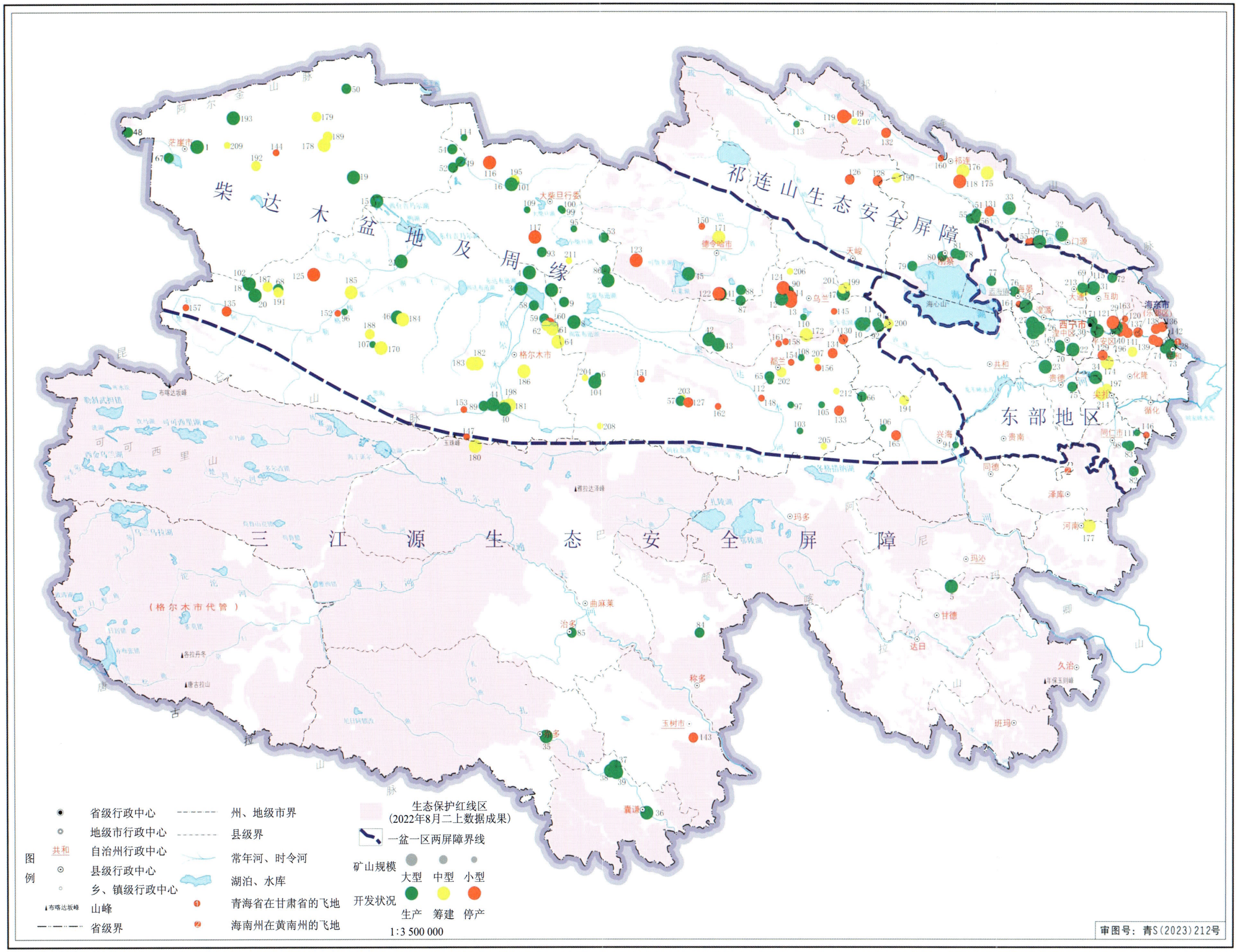

图 3-1 青海省矿产资源开发利用图

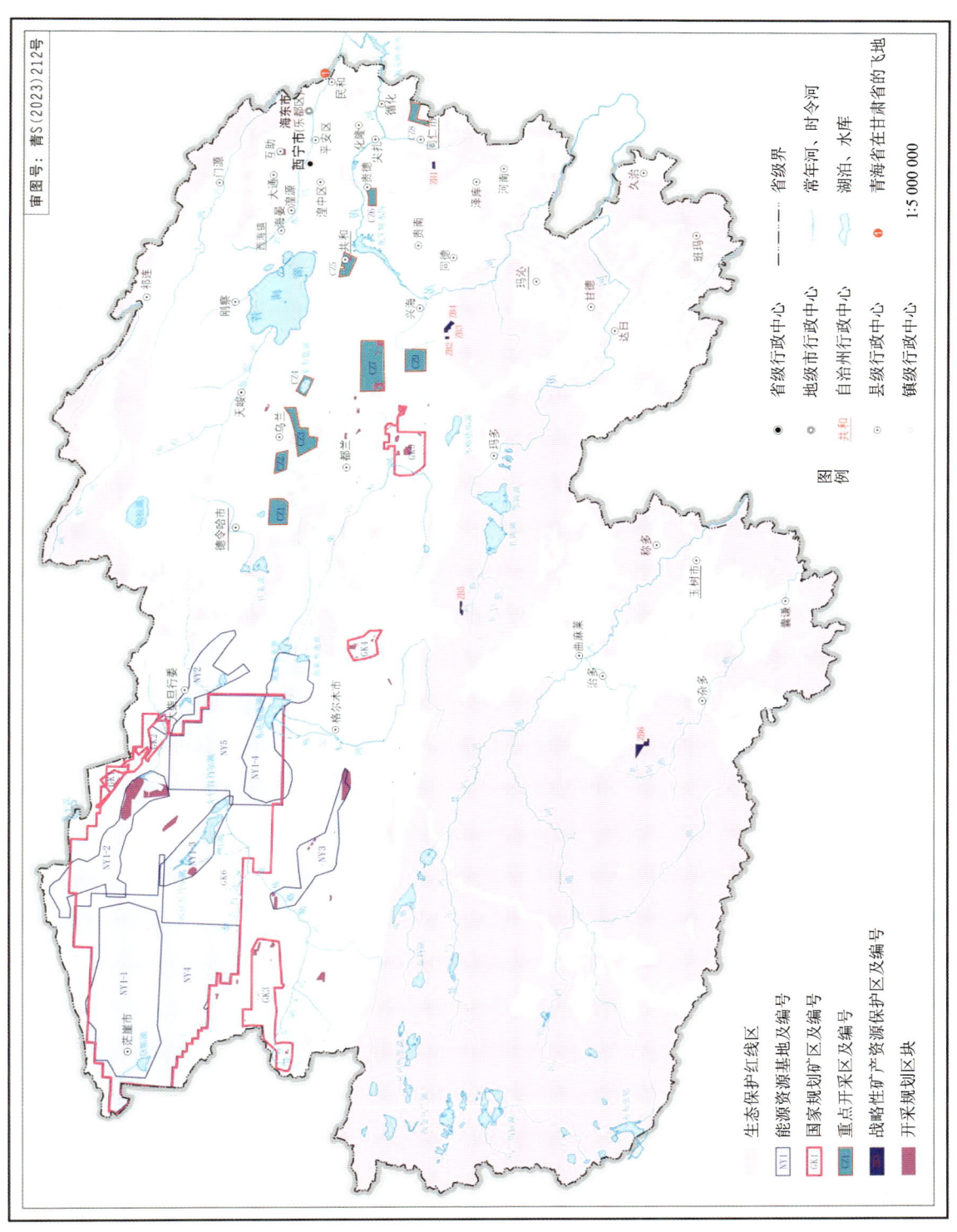

图 3-2 青海省矿产资源开采规划图

中心地位。发挥该地区市场体系健全、产业基础扎实、开放程度高等优势，积极开展城市地质、农业地质、水工环地质等基础性、公益性调查评价工作，在保护好生态环境的前提下，优化矿产资源勘查开发布局，加强清洁能源矿产、地下水资源、重要非金属等矿产资源勘查开发，规范开发秩序，推进资源节约集约高效利用和绿色协调发展。加快海南共和地热重点开采区建设，稳步推进海南贵德地热重点开采区、黄南恰冬铜多金属矿重点开采区建设。

（三）祁连山南麓、三江源生态安全屏障区

青海南部三江源和青海北部祁连山两个重要生态安全屏障区，即"两屏障"，是全省生态保护红线主要分布区。"南北保护"要加强"两屏障"矿山生态保护与修复，突出"两屏障"生态战略地位，坚持生态保护优先，生态保护红线内勘查开发严格落实国家差别化管理相关要求，确保生态环境功能不降低，筑牢国家生态安全屏障，建设人与自然和谐共生的区域。

祁连山南麓生态安全屏障区，主要是稳固国家生态安全在青海的北部屏障区，突出其生态战略地位，是生态保护红线主要分布区，高水平建设祁连山国家公园，优化功能分区。2020年，本次统计祁连山南麓生态安全屏障区内有矿山25家，占全省矿山（209家）的11.96%，其中生产矿山11家，筹建矿山4家，停产矿山10家，大型矿山7家，中型矿山12家，小型矿山6家，如图3-1所示。

三江源生态安全屏障区，在保护生态环境的前提下，主要稳固国家生态安全在青海的南部屏障区，是生态保护红线主要分布区，高水平建设三江源国家公园，加快构建起以国家公园为主体的自然保护地体系，建设人与自然和谐共生的生态系统，坚持生态保护优先，统筹发展和安全（青海省人民政府办公厅，2021）。2020年，本次统计三江源生态安全屏障区内有矿山12家，占全省矿山（209家）的5.74%，其中生产矿山8家，筹建矿山2家，停产矿山2家，大型矿山8家，中型矿山3家，小型矿山1家，如图3-1所示。当前技术、经济或生态环境条件因素，暂时不宜开发的战略性矿产资源大中型矿产地或矿集区，作为战略性矿产资源保护区，以加强战略性矿产保护和储备的区域，由全国规划或者省级规划统筹确定。严格落实国土空间管控和"三线一单"生态环境保护要求，生态保护红线内勘查开发严格落实国家差别化管理相关要求，确保生态环境功能不降低。生态保护红线内自然保护地核心保护区仅允许开展已依法设立的铀矿矿业权勘查开采，已依法设立的油气矿业权在不扩大勘查区块范围条件下的勘查，已依法设立的矿泉水、地热采矿权在不扩大生产规模、不新增生产设施条件下的开采。生态保护红线内一般控制区仅允许开展基础地质调查和战略性矿产远景调查等公益性工作，铀矿矿业权勘查，已依法设立的油气探矿权在不扩大勘查区块范围条件下的勘查，铜、镍、锂、钴、锆、钾盐、（中）重稀土、铁、页岩气等战略性矿产已依法设立和新立探矿权的勘查。

第二节 能源资源供给保障布局

坚持生态环境保护优先，全面落实青海省空间规划"三区三线"管控要求，在已有矿产资源调查和成矿地质条件综合分析研究的基础上，结合青海省矿产资源勘查开发保护布局综合区划、勘查开发保护方向、矿种、市场供需形势和国家产业政策、矿业发展基础、近年来找矿成果和潜力评价、地质环境承载能力、矿产资源区位优势和市场优势等因素，落实全国矿产资源总体规划确定的能源资源基地和国家规划矿区，统筹兼顾，突出重点，坚持继承和发展相结合、引导与管控相结合、与相关规划衔接原则、可操作性原则，设定省级重点调查评价区、重点勘查区、重点开采区，明确空间范围，落实全国规划提出的管控要求，引导要素聚集，尽快查明资源储量，实现增储上产，提高资源开发的规模化集约化程度，确保资源稳定供给。强化地方优质资源的保护和储备，促进找矿突破，推动资源规模开发与集约利用，提高矿产资源保障程度。

一、能源资源基地

能源资源基地是以战略性矿产为主,作为保障国家资源安全供应的重要战略核心区域,成矿条件优越,资源储量丰富,大中型矿产地分布集中;规模以上矿山企业集中,产能产量在全国具有一定优势;资源开采条件较好,基础设施完备,能够形成规模效益;具有一定资源环境承载能力,适合资源规模开发的区域。在进行矿产资源开发利用规划研究时,通过对全省开发利用现状分析研究,结合"十三五"地质勘查成果,对全省矿产资源开发布局进行调整并进一步优化,使矿业经济发展能够更好地服务于全省经济社会发展,更有利于矿产资源合理开发并延长产业链,更好地发挥资源效益。

设置能源资源基地,加强战略性矿产资源的保障能力,实行统一规划,优化布局,优先保障战略性矿产资源开发,在生产力布局、基础设施建设、资源配置、重大项目安排及相关产业政策方面给予重点支持和保障,开采总量调控指标优先向基地内矿山企业配置,大力推进资源规模开发和产业集聚发展。

基于以上因素全省划定青海格尔木察尔汗-茫崖大浪滩钾盐基地、青海海西锡铁山-大柴旦硼矿基地、青海格尔木夏日哈木-它温查汉镍矿基地3个国家级能源资源基地(图3-2)。

(一)青海格尔木察尔汗-茫崖大浪滩钾盐基地

该基地地处柴达木盆地西北,行政区划隶属海西州茫崖市、格尔木管辖,总面积为25 732.4km²。区内矿产资源丰富,主要以盐湖矿产为主,钾盐、镁盐、盐矿、芒硝和锶矿等矿产资源保障程度高,油气资源丰富,还有石膏、黏土、晶质石墨、金、铜、硼等。据不完全统计,区内矿产地有92处(含矿点、矿化点),其中与盐湖有关的矿产地36处,石油、天然气矿产地32处。区内石油、天然气、盐湖矿产资源勘查程度较高,石油、天然气成型矿产地均达到勘探,盐湖的成型矿产地一般达到详查和普查。近年来开展的勘查项目有18个,深层卤水勘查前景较好,马海等凹地深部发现大厚度砂砾石层孔隙卤水钾盐矿层,为该区的进一步勘查提供了依据,也扩展了盆地找钾的新方向和新思路。基地内有矿区(不包括油气)18处,其中12处为盐湖矿产,3处锶矿,2处芒硝,1处煤炭。大型矿区11处,中型矿区4处,小型矿区3处。

该基地资源情况见表3-2,开发利用的矿产主要有石油、天然气、钾盐、锂矿、镁盐、硼矿、芒硝、盐矿和锶矿等。现有采矿权34个(不含州县发证的砂石、黏土等建材非金属矿采矿权和中国石油天然气公司青海油田分公司采矿权),其中生产矿山16个,筹建矿山4个,其他矿山3个,停产矿山11个。以钾盐为主的采矿权有16个,其中大型矿山6个,中型8个,小型2个;以锂矿为主的采矿权有3个,全部为大型矿山;芒硝矿采矿权5个,其中大型矿山2个,小型2个,小矿1个;锶矿1个,矿山规模为中型;以镁盐为主的采矿权5个,其中大型矿山1个,中型矿山2个,小型矿山2个;以盐矿为主的采矿权5个,其中大型矿山2个,中型矿山2个,小型矿山1个,详见表3-3。该基地总体上资源配套性好,基础设施完善,为下游加工及循环经济发展奠定了基础。

表3-2 青海格尔木察尔汗-茫崖大浪滩钾盐基地资源情况表

矿种	控制及以上资源量	推断资源量	可利用储量	保证规模(万t/a)
钾盐(固体)	5.33亿t	—	1.48亿t	424
镁盐	23.08亿t	1.70亿t	1.70亿t	1260
盐矿	3 249.29亿t	—	2 445.07亿t	171 550
芒硝	3.23亿t	4.83亿t	6.61亿t	450

续表 3-2

矿种	控制及以上资源量	推断资源量	可利用储量	保证规模（万 t/a）
锂矿（LiCl）	914.94 万 t	319.74 万 t	113.88 万 t	11.39
硼矿	512.5 万 t	239.7 万 t	679 万 t	25
锶矿	184.8 万 t	546.1 万 t	512.8 万 t	15.1

表 3-3 青海格尔木察尔汗-茫崖大浪滩钾盐基地矿山一览表

编号	采矿权名称	开发矿种	生产状态	产能（万 t/a）	生产规模	备注
1	青海金瑞矿业发展股份有限公司大风山锶矿	锶矿（天青石）	停产	30	中型	省部级
2	青海锦泰钾肥有限公司巴仑马海钾盐矿	钾盐	生产	6	中型	省部级
3	青海中航资源有限公司马海钾矿	钾盐	生产	25	中型	省部级
4	冷湖俄北钾肥有限责任公司北部新盐带钾矿	钾盐	停产	2	中型	省部级
		盐矿		10		
5	茫崖尕斯库勒盐化有限公司尕斯库勒石盐矿	盐矿	生产	2	小型	省部级
6	冷湖开源钾肥有限责任公司牛郎织女湖钾矿	钾盐	停产	2	小型	省部级
7	青海中信国安科技发展有限公司西台吉乃尔湖锂矿	锂矿	生产	3.5	大型	省部级
		钾盐		100		
		硼矿		3.5		
8	青海省冷湖昆湖钾肥有限责任公司冷湖钾镁湖钾矿	钾盐	停产	40	大型	省部级
9	茫崖兴元钾肥有限责任公司大浪滩钾矿	钾盐	生产	45	大型	省部级
10	青海省茫崖康泰钾肥开发有限责任公司大浪滩钾矿	钾盐	其他	25	大型	省部级
11	青海晶鑫钾肥有限公司茫崖尕斯库勒湖钾矿	钾盐	生产	15	中型	省部级
12	青海晶鑫钾肥有限公司茫崖尕斯库勒湖钾矿	钾盐	生产	15	中型	省部级
13	青海森盛矿业有限公司察汗斯拉图矿区碱北凹地钾矿	钾盐	停产	10	中型	省部级
14	中盐青海三晶化工有限公司海西州察汗斯拉图Ⅱ区芒硝矿	芒硝（含钙芒硝）	筹建	50	大型	省部级
15	五矿盐湖有限公司冷湖行委一里坪盐湖锂矿	锂矿	生产	1	大型	省部级
		钾盐		30		
		硼矿		1		
16	青海大沃矿业有限公司茫崖行委油泉子钾矿	钾盐	筹建	1	小型	省部级
17	青海柴达木杰青科技有限公司茫崖行委黄瓜梁矿床钾矿	钾盐	筹建	5	中型	省部级

续表 3-3

编号	采矿权名称	开发矿种	生产状态	产能（万 t/a）	生产规模	备注
18	青海东台吉乃尔锂资源股份有限公司格尔木市东台吉乃尔盐湖锂硼钾矿	锂矿	生产	1	大型	省部级
		钾盐		30		
		硼矿		1		
19	格尔木鼎森矿业有限责任公司茫崖大风山芒硝矿	芒硝	停产	2	小矿	州县级
20	青海众友矿业有限公司大风山芒硝矿	芒硝	停产	2	小型	州县级
21	青海裕林元明粉有限公司茫崖芒硝矿	芒硝	停产	0.8	小型	州县级
22	海西泓景化工有限公司察汗斯拉图Ⅲ区芒硝矿	芒硝	停产	50	大型	州县级
23	青海霍布逊地矿化工(集团)有限公司察尔汗盐湖霍布逊区段北段钾镁盐矿	钾盐	生产	10	中型	省部级
24	格尔木盐化(集团)有限责任公司察尔汗盐矿	盐矿	生产	25	大型	省部级
25	格尔木藏格钾肥有限公司察尔汗盐湖钾镁矿	钾盐	生产	200	大型	省部级
26	青海盐湖工业股份有限公司柴达木察尔汗钾镁盐矿别勒滩矿区	钾盐	生产	800	大型	省部级
27	青海盐湖工业股份有限公司察尔汗盐湖钾镁盐矿察尔汗矿区	钾盐	生产	400	大型	省部级
28	青海香江盐湖开发有限公司团结湖镁盐矿	镁盐	生产	20	小型	州县级
29	青海香江盐湖开发有限公司察尔汗盐湖团结湖镁盐矿	镁盐	生产	12	小型	州县级
30	青海西部镁业有限公司团结湖镁盐矿	镁盐	其他	50	中型	州县级
31	青海百事特镁业有限公司团结湖镁盐矿	镁盐	筹建	50	中型	州县级
32	格尔木富镁科技有限公司团结湖镁盐矿	镁盐	停产	120	大型	州县级
33	青海五彩碱业有限公司察尔汗钾镁盐矿田北霍布逊湖矿段	盐矿	其他	100	大型	州县级
34	青海昆仑镁盐有限责任公司团结湖镁盐矿	盐矿	停产	30	中型	州县级
合计		钾盐		1761		
		锂矿		5.5		
		硼矿		5.5		
		芒硝		104.8		
		镁盐		252		
		盐矿		167		
		锶矿		30		

目前矿产资源的开发利用情况总体运行基本平稳,有超半数的矿山处于生产(筹建)状态,区内总设计生产规模为 2 325.8 万 t/a,其中钾盐为 1761 万 t/a,锂矿为 5.5 万 t/a,硼矿为 5.5 万 t/a,芒硝为 104.8 万 t/a,镁盐为 252 万 t/a,盐矿为 12 万 t/a,锶矿为 30 万 t/a。从资源规模及上表矿产地情况看,已有采矿权设置较为合理,但从节约集约方面考虑,还需要进一步进行整合。

"十四五"期间,能源资源基地通过规模开发利用,提升盐湖产业的规模化生产钾盐的采矿权 15 个,新增 3 个拟设采矿权,钾盐产能增加 20 万 t/a。

(二)青海海西锡铁山-大柴旦硼矿基地

该基地位于柴达木盆地北缘,隶属青海省海西州大柴旦行委管辖,面积为 2 985.2km²。区内矿产资源非常丰富,以煤、硼矿、铅锌为主,还有金、锂、铁、铜、盐矿、芒硝、镁盐、钾盐、溴矿、石棉、金红石、石灰岩、云母等,并且还发现和评价了页岩气、油页岩等矿产,资源配套性也非常好,为矿产品的加工和综合利用等提供了良好的资源条件。区内开发利用程度较高,开发利用的矿产资源以铅、锌、煤和硼矿为主,在全省甚至全国地位较突出,鱼卡煤矿区是青海省内最大的动力煤矿区,锡铁山铅锌矿是国内开发规模最大的矿区之一,大柴旦湖硼矿区是全国著名的硼矿区。该基地找矿潜力大,近年来,该区深层卤水勘查前景较好,取得了一些成果,煤炭、金、钛、锰、镍、"三稀"和非金属等矿产也取得了一定进展,为该地区的进一步勘查提供了依据。

区内有矿产地 79 处,已有矿产地中煤的勘查程度较高,其他矿产的工作程度较低,多以预查为主,少量普查,总体上区内的矿产资源勘查程度较低,还需开展进一步的地质勘查工作。近年来开展的勘查项目主要有 21 个,勘查方向主要以煤炭和多金属为主,还有金红石、金、铜等多金属矿产。矿区(不包括油气)有 18 处,其中煤炭 7 处、地下水 6 处、硼矿 2 处、铅锌 2 处、石灰岩 1 处,大型矿区 5 处、中型 5 处、小型 8 处。

区内矿产资源情况和保障程度见表 3-4,矿产资源的开发利用优势比较明显,开发利用程度较高,开发规模大,特别是煤、铅、锌、硼矿的开发利用在全省地位突出,在省内甚至国内都具有举足轻重的作用。区内现有采矿权 13 个(表 3-5),其中大型矿山 4 个,中型矿山 2 个,小型矿山 7 个。以煤炭为主的采矿权有 8 个,其中大型矿山 2 个,中型矿山 1 个,小型矿山 5 个,设计生产能力为 820 万 t/a。区内煤炭资源的开发利用主要以长焰煤和不黏煤为主,目前青海省能源发展(集团)有限责任公司在一井田建有青海最为先进的矿井,设计生产规模为 400 万 t/a,是青海省煤矿山产能规模最大的矿井。

表 3-4 青海海西锡铁山-大柴旦硼矿基地资源情况表

矿种	控制及以上资源量	推断资源量	可利用储量	保证规模(万 t/a)
煤	15.47 亿 t	—	1.77 亿 t	330
硼矿	763.6 万 t	93.2 万 t	829 万 t	14
芒硝	2.03 亿 t	1.23 亿 t	2.89 亿 t	258
钾盐	383.4 万 t	—	358 万 t	10
锂矿	29.82 万 t	6.31 万 t	34.24 万 t	0.34
铅矿	310.6 万 t	—	264 万 t	30
锌矿	277.1 万 t	—	239 万 t	

表 3-5 青海海西锡铁山-大柴旦硼矿基地采矿权情况表

编号	采矿权名称	主矿种	开发规模	生产状态	产能(万 t/a)
1	西部矿业股份有限公司锡铁山铅锌矿	铅矿	大型	生产	150
2	义马煤业集团青海义海能源有限责任公司大煤沟煤矿	煤	中型	生产	90
3	大柴旦大华化工有限公司大柴旦湖(A区)硼钾矿	硼矿	中型	生产	22
4	青海隆安煤业股份有限公司大柴旦行委绿草沟煤矿	煤	小型	生产	15
5	青海大头羊煤业有限责任公司大头羊工区二矿	煤	小型	生产	15
6	青海大头羊煤业有限责任公司大头羊工区一矿	煤	小型	生产	15
7	青海鑫龙矿业开发有限责任公司绿草山煤矿宽沟斜井	煤	小型	停产	15
8	青海五彩通正荣煤炭有限公司大柴旦行委鱼卡煤矿	煤	小型	生产	30
9	青海中联矿业有限责任公司大柴旦行委双口山多金属矿	铅矿	小型	生产	5
10	青海中天硼锂矿业有限公司大柴旦湖硼矿	硼矿	大型	其他	80
11	青海省能源发展(集团)有限责任公司大柴旦行委鱼卡一井田	煤	大型	生产	400
12	西部矿业股份有限公司大柴旦行委中间沟-断层沟铅锌矿	铅矿	小型	筹建	20
13	青海省能源发展(集团)有限责任公司大柴旦行委鱼卡二井田	煤	大型	筹建	240
合计		铅矿			175
		硼矿			102
		煤			820

基地内盐湖矿产资源勘查工作起步很早,20世纪50年代就对大柴旦湖硼矿开展了地质勘查工作。青海中天硼锂矿业有限公司大柴旦湖硼矿2015—2019年总产值1.84亿元,大柴旦大华化工有限公司大柴旦湖(A区)硼钾矿2015—2019年总产值3.92亿元,区内盐湖矿产总产值达5.76亿元。以硼矿为主的采矿权有2个,其中大型矿山1个,中型矿山1个,设计生产能力为102万t/a,属于大柴旦湖硼矿区,是我国重要的硼矿生产地之一,也是在全国具有重要影响力的矿山,矿产资源开发利用的矿产主要有钾盐、锂矿和硼矿,年产氯化钾10万t,硼酸3万t,氯化锂8000t。

区内铅锌资源开发利用较早,清末民初便有小规模的民采活动。目前有以铅锌为主的矿山3个,其中大型矿山1个,小型矿山2个,设计生产能力为175万t/a。锡铁山铅锌矿床是国内著名的大型铅锌矿,也是青海省采选规模最大的铅锌矿山,并且矿床中伴生金、银、铟、镉、镓、锡等元素,锡铁山铅锌矿规模开发始于20世纪70年代,开采近地表富矿出售,20世纪80年代建成了锡铁山铅锌矿,现生产规模已扩至150万t/a,2016—2018年实现工业总产值43.07亿元,矿产品销售收入40.96亿元,为地区经济发展和国家建设作出了巨大贡献。

目前能源资源基地内矿产资源的开发利用情况总体运行平稳,盐湖矿产已有采矿权设置基本合理,矿产资源所产生的经济效益较好。

"十四五"期间,建议通过加大盐湖矿产资源的开发进程,加强资源综合利用水平,加强稀有元素开发利用技术研发。能源资源基地内的盐湖矿产中,还共(伴)生有大量的锂矿、盐矿、芒硝、镁盐、钾盐、碘、溴矿等,鼓励矿山企业根据市场及工艺技术条件开展综合利用,变一矿为多矿,提高矿山企业的经济效益。届时,该区硼矿产能将达到102万t/a,铅矿175万t/a,煤炭1030万t/a。

(三)青海格尔木夏日哈木-它温查汉镍矿基地

该基地地处柴达木盆地西南缘,行政区划隶属海西州格尔木市管辖,面积为 3 000.7km²。区内矿产资源非常丰富,多集中分布于那陵高里—夏日哈木一带,以镍、铁、晶质石墨为主,还有铅、锌、铜、金、钼、硫铁矿、玉石、冰洲石、石棉、水晶、石榴子石等,其中铁、镍、晶质石墨(估算资源量)及有色金属的查明资源量在全省地位突出。该基地内铁多金属矿的找矿潜力大,近年来取得成果较为明显的有夏日哈木镍多金属矿床、它温查汉铁多金属矿床等。

区内矿产地有 54 处(含矿点、矿化点),其中大型 2 处,中型 3 处,小型 7 处,矿点及矿化点 42 处。按勘查阶段划分,达到勘探 1 处,详查 3 处,普查 15 处,预查 23 处,勘查程度整体偏低。近年来开展的勘查项目有 26 个,主要以铁铜多金属矿为主,还有玉石、晶质石墨等矿产,取得了一定的成果,地质勘查前景较好,"十二五"至"十三五"期间,夏日哈木镍多金属矿床、它温查汉西矿区 C5—C11 异常区铁多金属矿取得了巨大的勘查成果,为该区的进一步勘查提供了依据,也扩展了所属成矿带找矿的新方向和新思路。

该基地矿产资源情况和保证程度见表 3-6,矿产资源保障程度较高,但开发利用程度和开发强度不高,仅全红山铁矿和拉陵灶火铁矿处于生产状态,夏日哈木 HS26 号异常区镍铜矿处于筹建阶段,生产和筹建矿山占比低。区内有矿区 13 个,其中大型矿区 1 个,中型矿区 3 个,小型矿区 9 个。格尔木市妥拉海河一带石墨矿还未上表,但潜在资源量巨大,推测为大型矿床。开发利用的矿种以铁、铜、镍、玉石为主,产能均低于保证开发规模。现有采矿权 8 个,大型矿山 1 个,中型矿山 3 个,小型矿山 4 个,见表 3-7。以铁为主采矿种的矿山 5 个,中型矿山 3 个,小型矿山 2 个,设计生产规模为矿石 185 万 t/a;以镍为主采矿种的矿山 1 个,为大型矿山,设计生产规模为 561 万 t/a。

表 3-6 青海海西夏日哈木镍铁石墨矿基地资源情况表

矿种	资源储量(万 t)	可利用储量(万 t)	保证规模(万 t/a)
镍矿	14 905.4	14 905.4	561
铁矿	10 600.2	8840	310
铜矿	1 279.6	855	60
锌矿	726.8	495	60

表 3-7 青海海西夏日哈木镍铁石墨矿基地矿山开发利用情况表

编号	开采区块名称	主矿种	规模	产能(万 t/a)	生产状态
1	青海黄河矿业有限责任公司格尔木市夏日哈木 HS26 号异常区镍铜矿	镍	大型	561	筹建
2	青海铭鑫格尔木矿业有限责任公司全红山铁矿	铁	小型	10	生产
3	青海金鹰矿业有限公司格尔木市那陵郭勒河东铁矿	铁	小型	20	停产
4	青海鸿丰伟业矿产投资有限公司格尔木市拉陵高里河下游铁多金属矿	铁	中型	30	停产
5	青海盛邦矿业有限公司格尔木市向阳沟玉石矿	玉石	小型	0.001 5	停产
6	青海昆龙伟业实业投资有限公司格尔木市拉陵灶火铁矿	铁	中型	50	生产

续表 3-7

编号	开采区块名称	主矿种	规模	产能(万 t/a)	生产状态
7	青海省哈西亚图矿业有限公司格尔木市哈西亚图 C11 磁异常铁多金属矿	铁	中型	75	其他
8	青海莽昆矿业有限责任公司向阳沟东支沟透闪石玉矿	玉石	小型	0.002	停产
合计		铁		185	
		镍		561	

目前重点矿区内矿产资源的开发利用情况总体运行平稳,基本符合相关规定、规范要求。

"十四五"期间,该基地可供开发利用的矿区有 8 个,主要以晶质石墨、铁、铜、铅、锌矿为主,具有建设 1 处大型、3 处中型、4 处小型生产矿山的资源条件,规划新增产能 266 万 t/a。基地内的矿山共伴生的金、银、钼等矿产资源的资源量比较可观,具有较高的综合利用价值,因此在未来的开发利用中,需要加大综合利用程度。届时,基地内铁矿产能可达 245 万 t/a,镍矿可达 561 万 t/a,铜铅锌矿可达 110 万 t/a。随着夏日哈木镍矿的投产,该基地将成为我国新的镍资源基地,有望建成全国有一定影响力的镍、晶质石墨和铁开发基地。

二、国家规划矿区

国家规划矿区是以战略性矿产为主,作为支撑资源安全稳定供应的重要保障区、接替区,规划矿种资源储量大、开发条件较好、配套设施较为完备,且在全国具有一定优势的大中型矿产地较为集中;区内优质资源的出让、矿业权投放,能够实现规模开发集约利用,能够打造成新型现代化资源高效开发利用示范区;具有一定资源环境承载能力;为能源资源基地奠定基础,为能源资源基地建设提供支撑保障。

国家规划矿区实行统一规划,优化布局,优先保障战略性矿产资源勘查开发,从最低开采规模标准、节约与综合利用、环境保护、绿色矿山建设等方面提高准入门槛,优化资源配置,推动优质资源的规模开发和集约利用,支撑能源资源基地建设,形成保障战略性矿产安全供给的接续区。原则上新建矿山规模应达到中型及以上,形成以大中型矿山为主体的开发格局,并提出鼓励、引导综合实力强、技术条件优越的大中型企业集团参与矿产资源开发。

基于以上因素,全省划定青海海西滩间山-胜利沟金矿、青海鱼卡煤炭、青海格尔木尕林格-野马泉铁矿、青海都兰五龙沟-大格勒沟金矿、青海都兰沟里-玛多抗得弄舍金矿等 5 个国家规划矿区(图 3-2)。

(一)青海海西滩间山-胜利沟金矿国家规划矿区

该区位于柴达木盆地北缘中部,行政区划隶属海西蒙古族藏族自治州大柴旦行委和茫崖市管辖,面积为 600.4 km²。该区矿产资源非常丰富,以煤、金为主,还发现和评价了油页岩、锰等矿产,全国闻名的金矿有滩间山金矿和青龙沟金矿,区内资源配套性非常好,为矿产品的加工和综合利用等提供了良好的资源条件。区内有矿产地 71 处(含矿点、矿化点),其中大型 2 处,中型 4 处,小型 2 处,矿点 22 处,矿化点 41 处。规模以上矿产地有 8 处,其中 4 处金矿,3 处煤矿,1 处硫铁矿。矿产地中 4 处达到勘探(煤),3 处详查,9 处普查,预查 55 处(占比 77.5%),可见煤矿勘查程度较高,金属矿产资源勘查程度较低,需开展进一步的地质勘查工作。

区内上表金矿石保有的资源储量 645.9 万 t,金属量 406.91 t,在不考虑开发利用条件的情况下,对各矿区进行理论测算,金矿石可以保证的开发规模为矿石 100 万 t/a,年产精矿粉含金 3.09 t;煤炭保有资源储量为 3.97 亿 t,可保证的开发规模为 360 万 t/a。

开发利用的矿产主要有金、煤炭,现有采矿权4个(不含州县发证的砂石、黏土等建材非金属矿采矿权),以煤为主的采矿权有2个,设计生产规模90万t/a;金矿采矿权2个,设计生产规模100万t/a。大型矿山2个,小型矿山2个,设计总生产规模达190万t/a,见表3-8。

表3-8　青海海西滩间山-胜利沟金矿国家规划矿区矿山一览表

序号	矿山名称	矿种	产能(万t/a)	规模	生产状态
1	青海大柴旦矿业有限公司滩间山金矿	金	60	大型	停产
2	青海昆源矿业有限公司高泉昆源煤矿	煤	45	小型	生产
3	青海省能源发展(集团)有限责任公司大柴旦行委团鱼山北部煤矿	煤	45	小型	筹建
4	青海大柴旦矿业有限公司青龙沟金矿	金	40	大型	生产

目前区内矿产资源的开发利用情况总体运行平稳,已设采矿权从资源规模看设置基本合理,但设计生产能力与矿区资源储量能够保证的开发规模差距较大。

"十四五"期间,已办理采矿权的维持原有开采规模和方式,可供开发利用的矿区有2个,主要针对该区煤、金矿的开发进行规划,具有建设1处中型和1处小型矿山的矿产资源条件,规划新增煤矿产能100万t/a,金矿产能5万t/a。届时,煤矿产能可达190万t/a,金矿产能105万t/a。金属矿产需要进一步加强勘查工作力度和进程,根据勘查工作进展,适时开发。

(二)青海鱼卡煤炭国家规划矿区

该区位于柴达木盆地北缘中部,行政区划隶属青海省大柴旦行委管辖,面积为568.6km²。区内矿产资源以煤为主,开发历史悠久。鱼卡煤矿是青海省内规模最大的煤矿区,目前青海省能源发展(集团)有限责任公司在一井田建有青海最为先进的矿井。区内还发现和评价了石油、页岩气、油页岩、铜等矿产。区内有17处矿产地(含矿点、矿化点),其中大型1处、矿点14处、矿化点2处,矿产地中工作程度达到勘探的有2处、普查2处、预查13处。已有矿产地中煤的勘查程度较高,其他矿产的工作程度较低,多以预查为主,少量普查,可见区内的矿产资源勘查程度较低,需开展进一步的地质勘查工作。近年来,开展的勘查项目主要有5个,取得了一些成果,为该区的进一步勘查提供了依据。

区内保有的煤炭资源储量为13.91亿t,在不考虑开发利用条件的基础上,可利用储量为10.29亿t,可保障的开发规模为1270万t/a,矿产资源情况及保障程度见表3-9。

表3-9　青海鱼卡煤炭国家规划矿区煤炭资源情况表

矿区	井田	井田规模	勘查程度	勘查开发现状	保有资源储量	可利用储量	保证开发规模	服务年限
鱼卡煤矿区	一井田	大型	勘探	可供进一步工作	5.34	3.54	400	52
	二井田及外围	大型	详查	推荐计划近期利用	1.74	1.06	180	35
	羊水河	大型	普查	可供进一步工作	3.70	1.59	180	52
	二井田	大型	勘探	开采矿区	3.10	2.10	240	44
	三井田	大型	详查	拟设采矿权	3.56	1.93	240	48
	云雾山北坡	小型	普查	可供进一步工作	0.16	0.07	30	14
合计					13.91	10.29	1270	

注:1.本计算表仅考虑了动力用煤的资源情况,未考虑开发利用条件。2.资源储量单位为亿t,保证规模单位为万t/a,资源量可信度60%。3.井田规模以上表单元界定。

目前有煤炭采矿权3个[青海省能源发展(集团)有限责任公司大柴旦行委鱼卡-井田、青海五彩通正荣煤炭有限公司大柴旦行委鱼卡煤矿和青海煤业集团有限责任公司鱼卡煤矿],设计总生产规模436万t。其中,青海省能源发展(集团)有限责任公司大柴旦行委鱼卡-井田是青海省在建煤矿山产能规模最大的矿井(产能400万t/a),其余2处为小型。

"十四五"期间,可供开发利用的矿区2个,具有建设1处大型、1处小型矿山的矿产资源条件,产能新增180万t/a,通过规模开发利用,届时采矿权数量达到5个,总产能达到616万t/a。

(三)青海格尔木尕林格-野马泉铁矿国家规划矿区

该区位于柴达木盆地西南缘,行政区划隶属海西州格尔木市和茫崖市管辖,面积为3316km²。区内矿产资源非常丰富,以铁、铅、锌、铜为主,还有锡、镍、钴、金、银、镉、铋、硫铁矿、萤石等,铁多金属的成矿地质条件非常优越,铁及有色金属的查明资源量在全省地位突出,在肯得可克—尕林格一带矿产地较为集中。区内有83处矿产地(含矿点、矿化点),其中大型2处、中型9处、小型13处、矿点和矿化点59处。其中以铁为主的矿产地40处、铜为主的36处、铅为主的31处。按勘查程度划分,达到勘探的矿产地3处、详查7处、普查23处、预查50处,已有矿产地中铁多金属的勘查程度较高,其他矿产的工作程度较低,可见区内整体工作程度偏低,还需开展进一步的地质勘查工作。近年来开展的勘查项目主要有48个,部分勘查项目取得了较大的进展,取得成果较为明显的有尕羊沟铁铅锌矿床和尕林格铁矿床等。

矿区(不包括油气)有24处,其中11处以铁矿为主,5处铜矿,4处锌矿,2处地下水。大型矿区2处,中型矿区9处,小型矿区13处。主要矿产资源情况和保障程度见表3-10,共伴生资源上表锡矿石保有的资源储量4 105.8万t,锡金属量1.01万t;钼矿石保有的资源储量4 105.8万t,钼金属量0.60万t;金矿石保有的资源储量303.6万t,金金属量10.01t;银矿石保有的资源储量456.4t,银金属量0.31t。

表3-10 青海格尔木尕林格-野马泉铁矿国家规划矿区资源情况表

矿种	资源储量	可利用储量	保证开发规模(万t/a)
铁	2.06亿t	1.61亿t	475
铜	18.01 / 2 355.51	15.01 / 1899	95
铅	65.03 / 5 291.554	51 / 4112	278
锌	151.69 / 6 433.104	122.18 / 4 974.5	

注:分数项,分子为金属量,分母为矿石量,单位为万t。

开发利用的矿种主要以铁、铜、铅、锌、银为主,产能均低于保证开发规模,开发利用程度和开发强度较低,现有采矿权8个,其中大型矿山1个,中型矿山5个,小型矿山2个,见表3-11。以铁为主采矿种的矿山3个,大型1个,中型2个,设计生产能力为345万t/a;以铜铅锌为主采矿种的矿山5个,中型3个,小型2个,矿山设计生产能力为218万t/a。综上所述,铁、铜、铅、锌的资源储量和保证程度较高。

目前矿产资源的开发利用情况总体运行平稳,基本符合相关规定、规范要求。该基地内近年来取得成果较为明显,以尕林格铁矿床为代表。

表 3-11　青海格尔木尕林格-野马泉铁矿国家规划矿区开发利用情况表

编号	矿山名称	主矿种	产能(万 t/a)	规模
1	青海金涌矿业开发有限责任公司茫崖行委虎头崖多金属矿	铅	40	中型
2	格尔木融金矿业开发有限公司野马泉 M4、M5 磁异常铁锌矿	铁	50	中型
3	格尔木胜华矿业有限责任公司索拉吉尔铜矿	铜	10	小型
4	茫崖新星矿业有限公司景忍山可特勒高勒铜多金属矿	铜	3	小型
5	格尔木庆华矿业有限责任公司肯德可克铁矿	铁	250	大型
6	格尔木垚鑫矿业有限责任公司格尔木市群力铁矿Ⅰ矿群	铁	45	中型
7	青海鸿鑫矿业有限公司格尔木市牛苦头矿区 M1 磁异常多金属矿	铅	75	中型
8	青海长河矿业有限责任公司格尔木市四角羊-牛苦头矿区 C3 磁异常区多金属矿	锌	90	中型
合计		铁	345	
		铜铅锌	218	

"十四五"期间,区内可供开发利用的矿区有 7 处,以铁为主的矿区 3 处,具有建设 2 处中型、1 处小型矿山的矿产资源条件;以铜为主的矿区 4 处,都具有建设小型矿山的矿产资源条件,规划新增产能 225 万 t/a。届时,产能有望达到 788 万 t/a,其中铁矿产能可达 510 万 t/a,有望建成青海乃至全国有一定影响力的铁、铅、锌开发基地。区内矿山共伴生矿产资源比较可观,具有很高的综合利用价值,因此,需要加强综合利用工作。

(四)青海海西五龙沟金矿国家规划矿区

该区地处柴达木盆地南缘,行政区划隶属海西州都兰县管辖,面积达 768.9km^2。区内矿产资源非常丰富,尤其是金矿,查明资源量和开发利用优势在全省地位突出,是青海省主要的金矿开采矿区之一,开发利用潜力大,经济效益好,有著名的五龙沟金矿、红旗沟-深水潭金矿等,但开发利用程度和开发强度不高,大部分矿床还未开发利用,该基地需要进一步加大加快金矿的开发规模和进程。

区内有 65 处矿产地(含矿点、矿化点),其中大型 1 处,中型 1 处,小型 6 处,矿点 34 处,矿化点 24 处;工作程度达到详查的有 3 处,普查 9 处,预查 53 处(占比 81.5%),未开发利用的多以预查为主,已开发利用的以详查和普查为主,国家规划矿区总体的勘查工作程度偏低,仍需加大国家规划矿区的地质勘查工作力度和进程。近年来开展的勘查项目主要有 24 个,其中金矿 21 个。区内现有矿区(不包括油气)8 处,其中金矿 6 处,多金属 2 处,大型矿区 1 处,中型矿区 1 处,小型矿区 6 处。

资源情况和保障程度见表 3-12。其中的打柴沟、哈西哇、百顿沟、无名沟、黑风口等金(多金属)矿床点的勘查工作近年来取得了较大进展,但工作程度依然很低,目前的工作程度还不能提供开发论证。

表 3-12　青海海西五龙沟金矿国家规划矿区资源情况表

矿种	资源储量	可利用储量	保证开发规模(万 t/a)	精矿含金属量
金	$\frac{55.25}{1\,542.138}$	$\frac{50.07}{1150}$	73	3324
铜	$\frac{3.64}{417.26}$	$\frac{2.82}{318}$	30	1974

续表 3-12

矿种	资源储量	可利用储量	保证开发规模(万 t/a)	精矿含金属量
铅	$\dfrac{3.37}{243.43}$	$\dfrac{2.30}{174}$	25	2204
锌	$\dfrac{3.32}{115.23}$	$\dfrac{1.99}{69}$		1128

注：分数项，分子为金属量，分母为矿石量，矿石量单位万 t，开发规模单位为万 t/a，金属量单位为 t。

该区岩金发现于 20 世纪 80 年代末，90 年代中期进行地表氧化矿的开发，采用堆浸工艺提金，随着地表氧化矿消耗殆尽，后转入原生矿的开发。现有采矿权 4 个，开发利用主要以金矿为主，金矿设计总生产能力为 98.9 万 t/a，设计总生产规模为 101.95 万 t/a，见表 3-13。

表 3-13　五龙沟金矿国家规划矿区采矿权一览表

编号	矿山名称	主矿种	规模	产能(万 t/a)
1	格尔木超越工程有限责任公司都兰县五龙沟黑石山 58 号锌铜矿	锌矿	小型	3.05
2	都兰金辉矿业有限公司都兰县五龙沟矿区红旗沟-深水潭金矿	金矿	大型	92.4
3	都兰西金矿业有限公司都兰打柴沟金矿	金矿	小矿	2
4	都兰县五龙沟金矿有限责任公司五龙沟金矿	金矿	小型	4.5
	合计			101.95

目前区内矿产资源的开发利用情况总体运行平稳，基本符合相关规定、规范要求；从已设采矿权所属矿区的资源储量规模看，国家规划矿区中的开采规模与现有矿区资源储量规模相适应。但五龙沟、红旗沟-深水潭经生产探矿或外围及深部的进一步勘查，资源储量规模有较大提升，为"十四五"期间扩大生产规模奠定了资源基础。

"十四五"期间，已办理采矿权的矿区维持原有开采规模，五龙沟、红旗沟-深水潭金矿在进行论证的基础上适度扩能。区内规划新增可供开发利用的矿区 2 个，主要针对金、铜多金属矿开发，具有建设 2 处小型矿山的矿产资源条件，届时金矿产能可达到 113.9 万 t/a，设计总生产规模可达 116.95 万 t/a。

（五）青海海西沟里-玛多抗得弄舍金矿国家规划矿区

该区地处柴达木盆地东南缘，行政区划隶属青海省海西州都兰县管辖，面积 1 718.1km^2。区内矿产资源非常丰富，主要矿产有金、银、铁、锰、铜、铅、锌、镍、钒、钼、锑、稀有、稀土、晶质石墨、滑石、萤石、白云岩、大理岩等。金银查明资源量和开发利用优势在全省地位突出，有果洛龙洼金矿、那更康切尔沟银矿等。

区内有 58 处矿产地（含矿点、矿化点），其中大型 2 处，中型 2 处，小型 15 处，矿点 25 处，矿化点 14 处；工作程度达到详查的有 5 处，普查 19 处，预查 34 处（占比达 59.6%），勘查工作程度偏低。该区金属矿产找矿前景较好，金银勘查程度较高，金属矿产资源勘查工作程度较低，需开展进一步的地质勘查工作。近年来开展的勘查项目主要有 32 个，其中金矿 20 个，银矿 6 个，铜矿 3 个，多金属 2 个，镍矿 1 个，取得成果较为明显的有那更康切尔沟银多金属矿床、抗得弄舍金矿床等，其他矿产的工作程度较低，未开发利用的多以预查为主，少量普查，已开发利用的以详查和勘探为主，总体上区内的矿产资源勘查程度偏低，还需加大区内的地质勘查工作力度和进程。区内分布矿区（不包括油气）19 处，其中金矿 9 处，多金属 6 处，大型矿区 2 个，中型矿区 2 个，小型矿区 15 个。

该区矿产资源情况和保障程度见表3-14。矿产资源开发所利用的矿产主要以金、铜矿为主,采矿权仅有2个(都兰香加恰当矿业有限责任公司恰当铜矿和青海山金矿业有限公司都兰县果洛龙洼金矿),并且全部为小型矿山,设计生产规模仅有4万t/a,开发利用程度和资源条件极不匹配,开发利用强度远远低于资源保证程度。虽然金、银等矿产资源保障程度较高,但开发利用程度和开发强度低,大多矿床还未开发利用,该区矿产资源的开发利用需要进一步加大加快。

"十四五"期间,可供开发利用的矿区7处,主要针对金、银贵金属矿进行开发利用,具有建设2处大型、1处中型、4处小型矿山的矿产资源条件,规划新增产能134万t/a,届时总产能可达到138万t/a。

表3-14 青海海西沟里-玛多抗得弄舍金矿国家规划矿区资源情况表

矿种	资源储量	可利用储量	保证开发规模(万t/a)	精矿含金属量	备注
银	$\frac{2\,137.21}{552.245}$	$\frac{1282}{331}$	30	89	
铜	$\frac{20\,442.55}{106.687}$	$\frac{16\,470}{85}$	5	1454	
金	$\frac{52\,750.19}{1\,521.991}$	$\frac{43\,387}{1298}$	72.5	2336	
铅	$\frac{435\,579.27}{4\,555.87}$	$\frac{339\,879}{3586}$	140	12 176	
锌	$\frac{536\,173.87}{3\,451.29}$	$\frac{455\,306}{2854}$		16 529	

注:分数项分子为金属量,分母为矿石量,矿石量单位为万t,金属量单位为t。

三、战略性矿产资源保护区

根据国家矿产资源保护政策措施,结合全省优势矿种特点和生态保护要求,以战略性矿种为主,划定战略性矿产资源保护区。战略性矿产资源保护区主要是未纳入能源资源基地、国家规划矿区、重点开采区且应进行重点保护而不得被压覆或占用的战略性矿产大中型矿产地或矿集区;当前技术、经济或生态环境条件因素下,暂时不宜开发的大中型矿产地或矿集区,符合条件可纳入国家矿产地储备管理的区域,作为加强战略性矿产保护和监管,防止被压覆或破坏,并纳入省级国土空间规划,在空间上保障不被压占,夯实国家战略性矿产资源储备与保护的区域。

基于以上因素,全省划定了6个战略性矿产资源保护区(图3-2),总面积232.37km²,被列入自然保护区的矿区,应作为战略性矿产资源保护区,暂不进行开发,见表3-15。

表3-15 战略性矿产资源保护区一览表

序号	编号	名称	所在行政区	主要矿种
1	ZB1	青海泽库瓦勒根金矿储备区	黄南州	金
2	ZB2	青海兴海日龙沟锡多金属矿储备区	海南州	锡、铜
3	ZB3	青海兴海铜峪沟铜矿储备区	海南州	铜
4	ZB4	青海兴海赛什塘铜矿储备区	海南州	铜、铁
5	ZB5	青海曲麻莱扎家同哪金矿储备区	玉树州	金
6	ZB6	青海杂多纳日贡玛铜钼矿储备区	玉树州	钼、铜

（一）青海泽库瓦勒根金矿储备区

行政区划隶属黄南州同仁市泽库县麦秀镇管辖，面积20.97km²，为瓦勒根金矿区，该区与青海三江源麦秀国家级自然保护区重叠，矿区未开发利用。瓦勒根金矿大地构造位置处于泽库前陆盆地，属西秦岭Pb-Zn-Cu(Fe)-Au-Hg-Sb成矿带，矿床规模为中型，成矿类型属构造蚀变岩型，工作程度为详查，累计查明金金属量18.61t，是西秦岭成矿带内发现的典型微细粒浸染型金矿床，为"358地质勘查工程"实施期间取得新进展的矿床。

（二）青海兴海日龙沟锡多金属矿储备区

行政区划属海南州兴海县温泉乡管辖，面积10.81km²，为日龙沟锡多金属矿区，该区与青海三江源中铁军功国家级自然保护区重叠，矿区未开发利用。矿区大地构造位置处于东昆仑造山带苦海-赛什塘蛇绿混杂岩带，属东昆仑Fe-Pb-Zn-Cu-Co-Au-W-Sn-石棉成矿带，成矿类型属沉积变质热液改造（类）矽卡岩型，矿床规模为中型，工作程度为详查，矿区主要矿产有锡、铜、铅、锌、砷、金、银、铋、镉等，累计查明资源储量：主要矿产锡金属量2.22万t，伴生锡金属量0.01万t，伴生铜金属量1.92万t，伴生锌金属量3.51万t，伴生铋金属量0.05万t，伴生金金属量0.09t，伴生银金属量85.31t，伴生镉金属量0.10万t。

（三）青海兴海铜峪沟铜矿储备区

行政区划属海南州兴海县温泉乡管辖，面积10.23km²，为兴海县铜峪沟铜矿区，该区与青海三江源中铁军功国家级自然保护区重叠，矿区未开发利用。矿区大地构造位置处于东昆仑造山带苦海-赛什塘蛇绿混杂岩带，属东昆仑成矿带之智益-铜峪沟成矿亚带，矿床规模为中型，工作程度为普查，矿区主要矿产为铜、锡、铅、锌、金、银、锗、镓、镉、硒等，累计查明资源储量：主要矿产铜金属量23.24万t，伴生铜金属量1.26万t，伴生镉金属量0.22万t，伴生金金属量3.05t，伴生硫铁矿矿石2 939.1万t，伴生铅金属量4.89万t，伴生锌金属量3.64万t，伴生银金属量415t，伴生锗金属量160t等。

（四）青海兴海赛什塘铜矿储备区

行政区划隶属海南州兴海县温泉乡管辖，面积54.98km²，为赛什塘铜矿区，该区与青海三江源中铁军功国家级自然保护区重叠，开发利用情况为停采状态。矿区大地构造位置处于东昆仑造山带苦海-赛什塘蛇绿混杂岩带，属东昆仑Fe-Pb-Zn-Cu-Co-Au-W-Sn-石棉成矿带，成矿类型属热水沉积勘查基础上叠加的斑岩型复合矿床，矿床规模为中型，工作程度为勘探，矿区主要矿产为铜、铁、铅、锌、金、银、砷、镓、镉、硒等，累计查明资源储量：主要矿产铜金属量32.50万t，伴生铜金属量4.14万t，伴生铁矿石1 565.9万t，伴生铅金属量2.66万t，伴生锌金属量7.16万t，伴生金金属量10.10t，伴生银金属量376.56t等。2014年由青海赛什塘铜业有限责任公司进行矿产开发，2015年由于环保要求停止采矿。

（五）青海曲麻莱扎家同哪金矿储备区

行政区划隶属玉树州曲麻莱县管辖，面积32.94km²，主要为曲麻莱扎家同哪金矿区，该区与青海三江源约古宗列国家级自然保护区重叠，矿区位于大场金矿南东约10km处，大地构造位置处于北羌塘-三江造山系巴颜喀拉地块玛多-玛沁前陆隆起，属北巴颜喀拉-马尔康Au-Ni-Pt-Fe-Mn-Pb-Zn-Li-Be-白云母成矿带,扎家同哪金矿为"358 地质勘查工程"实施期间取得新突破的矿床,通过"十一五"至"十三五"期间的勘查,矿区显现了巨大的资源潜力和找矿潜力,工作程度为详查,累计查明金金属量 21.79t。

(六)青海杂多纳日贡玛铜钼矿储备区

行政区划隶属玉树州杂多县管辖,面积 102.3km²,为杂多纳日贡玛铜钼矿区,矿床规模为大型,该区空间上与青海三江源果宗木查国家级自然保护区、三江源国家公园有重叠。该矿区于 2015 年之后停止了勘查工作,未开发利用。矿区大地构造位置处于开心岭-杂多陆缘弧带,属昌都-普洱(地块/造山带)Cu-Pb-Zn-Ag-Fe-Hg-Sb-石膏-菱镁矿-盐类成矿带,成矿类型属斑岩型铜钼矿床,工作程度为详查,主要矿产为铜、钼、银等,累计查明主要矿产钼金属量 23.63 万 t,共生铜金属量 44.23 万 t,伴生铜金属量 3.69 万 t,伴生银金属量 131t,伴生硫铁矿矿石 27 712.9 万 t(青海省自然资源厅,2021c)。

第三节 矿产资源勘查开发工作布局

根据青海省矿产资源禀赋,结合基础地质和矿产资源调查现状、开发利用现状、产业发展、技术经济条件和矿产资源管理的实际,优化并划定基础地质调查区、矿产资源调查评价区重点勘查区和重点开采区,作为重点工作任务安排部署区域。

一、基础地质调查区

(一)1∶2.5 万地质矿产调查区

针对制约地质矿产问题,围绕东昆仑、柴北缘和阿尔金等地区,提高对重要矿集区、重要地质矿产问题的认识,加强大比例尺地质矿产调查工作,以居洪图-茶卡北山稀有稀土、丁字口-锡铁山金多金属等 8 处调查评价区为重点,1∶2.5 万地质矿产调查主要部署在乌兰县阿哈大洼、乌兰县生格、格尔木市肯得阿勒大湾东和茫崖市喀雅克登塔格北地区,部署项目 4 个,部署面积 2157km²(图 3-3),"十四五"期间完成 1000km²,着力解决重大基础地质问题,提升基础地质及理论研究水平,围绕重要地质问题开展含矿地层、控矿构造、构造环境及成矿作用的调查研究工作,总结成矿地质背景和成矿规律,开展找矿预测,寻找成矿有利地段,为矿产勘查工作提供靶区和依据,指导下一步矿产勘查工作,实现找矿突破。

(二)1∶2.5 万地球化学测量区

针对柴周缘地区适合开展 1∶2.5 万地球化学测量工作的找矿重点地段,以地质找矿为目标,深入探究地球化学元素背景分布模式,聚焦战略性矿产和民生保障,完善地球化学专业数据体系,部署 1∶2.5 万地球化学测量 30 项,部署面积 14 754km²(图 3-3、表 3-16),"十四五"期间完成面积 14 000km²,预期可测面积(55 000km²)覆盖率由"十三五"末的 40% 提高至 65%,以居洪图-茶卡北山稀有稀土、丁字口-锡铁山金多金属等 8 处调查评价区为重点,主要部署在阿尔金、柴北缘、祁漫塔格、大格勒等地区,进一步提高柴周缘地区 1∶2.5 万地球化学测量覆盖率,查明元素分布规律、主要成矿元素及伴生元素地球化学特征,圈定一批有前景的地质异常和找矿靶区,提升元素分布规律认识,圈定找矿靶区 70~80 处,指导下一步地质矿产勘查工作。

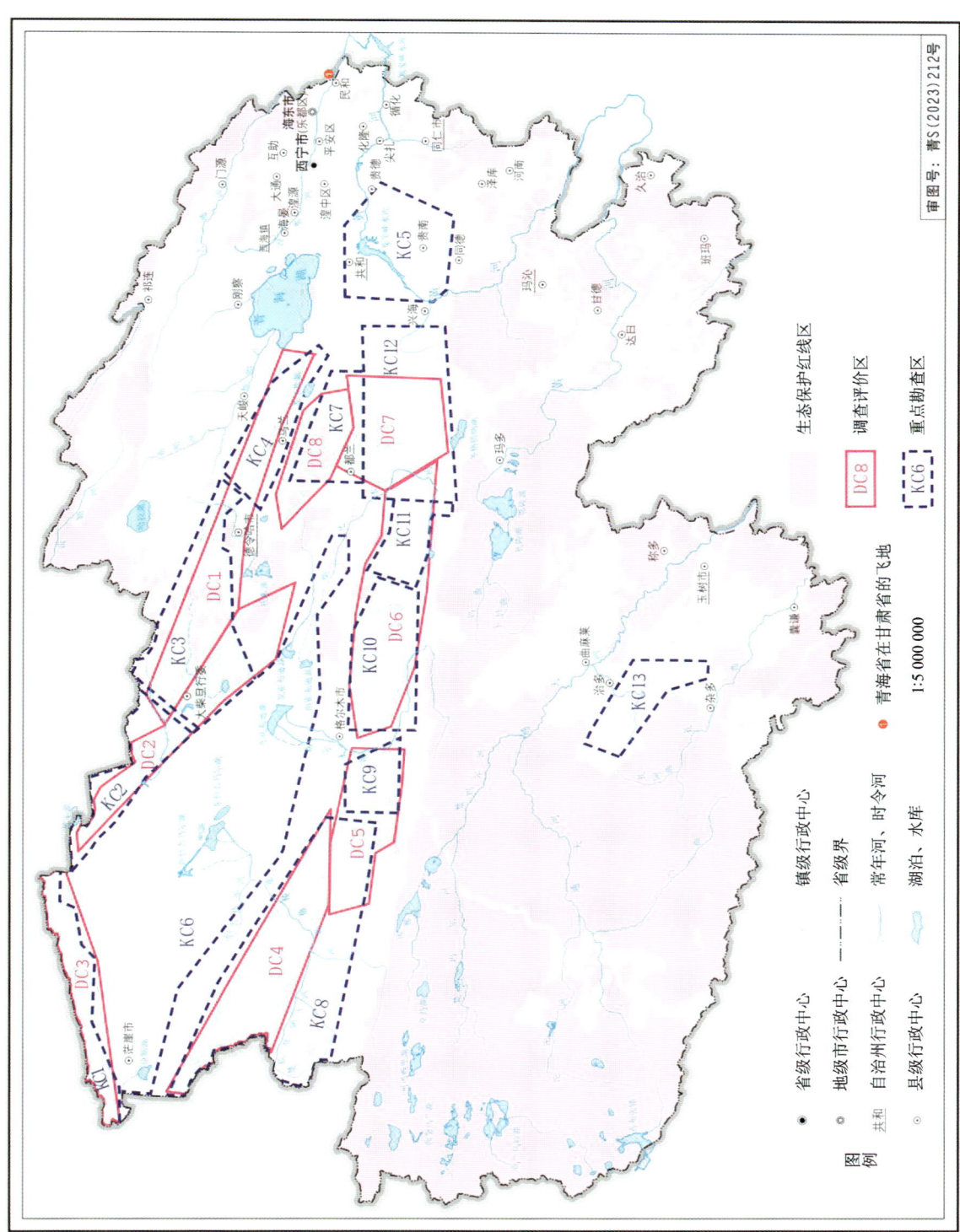

图 3-3 青海省调查评价及勘查规划图

表 3-16 青海省 1∶2.5 万地球化学测量工作部署一览表

序号	项目名称	面积（km²）
1	青海省格尔木市尕牙合地区 1∶2.5 万地球化学测量	394
2	青海省格尔木市大水沟地区 1∶2.5 万地球化学测量	402
3	青海省乌兰县沙柳泉地区 1∶2.5 万地球化学测量	575
4	青海省茫崖市打柴沟地区 1∶2.5 万地球化学测量	535
5	青海省茫崖市俄博梁北山地区 1∶2.5 万地球化学测量	462
6	青海省德令哈市尕海北地区 1∶2.5 万地球化学测量	619
7	青海省德令哈市喀克吐郭勒地区 1∶2.5 万地球化学测量	503
8	青海省大柴旦行委鱼卡河地区 1∶2.5 万地球化学测量	480
9	青海省大柴旦行委东地区 1∶2.5 万地球化学测量	459
10	青海省大柴旦行委大羊头沟地区 1∶2.5 万地球化学测量	362
11	青海省大柴旦行委土尔根大阪山西地区 1∶2.5 万地球化学测量	440
12	青海省大柴旦行委宗务隆山地区 1∶2.5 万地球化学测量	537
13	青海省大柴旦行委宗务隆山北地区 1∶2.5 万地球化学测量	600
14	青海省德令哈市巴音山西地区 1∶2.5 万地球化学测量	497
15	青海省德令哈市蓄集北地区 1∶2.5 万地球化学测量	428
16	青海省德令哈市硫磺沟南地区 1∶2.5 万地球化学测量	537
17	青海省德令哈市委蓄集山西地区 1∶2.5 万地球化学测量	428
18	青海省德令哈市布依坦乌拉山地区 1∶2.5 万地球化学测量	339
19	青海省大柴旦行委大煤沟地区 1∶2.5 万地球化学测量	919
20	青海省大柴旦行委铅石山地区 1∶2.5 万地球化学测量	870
21	青海省乌兰县布果特山地区 1∶2.5 万地球化学测量	446
22	青海省格尔木市开木棋河西地区 1∶2.5 万地球化学测量	412
23	青海省茫崖市滩北雪峰地区 1∶2.5 万地球化学测量	581
24	青海省茫崖市十字沟东地区 1∶2.5 万地球化学测量	540
25	青海省茫崖市红柳泉南地区 1∶2.5 万地球化学测量	418
26	青海省茫崖市玛兴大湾地区 1∶2.5 万地球化学测量	451
27	青海省茫崖市肯得阿勒大湾地区 1∶2.5 万地球化学测量	417
28	青海省格尔木市大灶火河西地区 1∶2.5 万地球化学测量	347
29	青海省格尔木市开木钦图勒格地区 1∶2.5 万地球化学测量	345
30	青海省格尔木市那宁达乌格地区 1∶2.5 万地球化学测量	411
	合计	14 754

（三）多目标地球化学调查区

1. 1∶25万牧草地土地质量地球化学调查区

推动特色农牧业产业发展，以查明区域生态地球化学背景为目标，建设地球化学专业数据体系，建立区域农业地球化学评价模型和指标体系，推进重要农牧区1∶25万多目标地球化学调查工作，在玛沁县和玉树市农牧区探索性部署1∶25万牧草地土地质量地球化学调查2项，面积12 900km²（图3-2），"十四五"期间完成面积12 000km²，为生态科学管护、生态环境治理、区域农牧业发展和经济结构调整、地方病防治提供基础数据支撑，助力绿色有机农畜产品输出地建设。

2. 1∶5万牧草地土地质量地球化学调查区

推进优质特色土地资源利用，以民生保障为导向，查明土壤中元素空间分布规律、异常成因及其生态效应，摸清重要的生态地球化学问题，推进粮食主产区、农牧区1∶5万多目标区域地球化学调查，在刚察县沙流河—哈尔盖、湟源—多巴、互助北地区部署1∶5万土地质量地球化学评价3项，部署面积1718km²（图3-3），"十四五"期间完成面积1000km²。总结土壤中元素空间分布规律，分析元素异常成因及其生态效应，为特色农作物种植、种植结构调整、农业经济区划、民生环境改善等提供基础数据支撑。

二、矿产资源调查评价区

按照"生态优先、优化布局、节约集约"的原则，规划重点调查评价区主要部署在柴达木盆地周边的重要成矿带上的重要成矿远景区。原则是区内具有优越的成矿地质条件，存在国家急需、开发效益好、市场前景广阔的优势矿种和类型，具有巨大找矿潜力，通过调查评价，扩大找矿规模。本次规划经过研究，重点调查评价区坚持生态环保第一的原则，调查评价区避开自然保护区，全部部署在柴周缘地区，划定了8个重点调查评价区（表3-17、图3-4），总面积达9.56万km²。

主要任务是系统开展1∶2.5万矿产地质调查、1∶2.5万水系沉积物测量工作，在8个调查评价区内投入路线地质调查1600km，槽探50 000m³，查明区内成矿地质背景，提高地质研究程度，摸清资源潜力，开展成矿预测，圈定找矿靶区，指导矿产勘查工作。

表3-17 矿产资源调查评价区一览表

序号	编号	名称
1	DC1	居洪图-茶卡北山稀有稀土调查评价区
2	DC2	丁字口-锡铁山金多金属调查评价区
3	DC3	阿尔金金铜镍调查评价区
4	DC4	祁漫塔格铜多金属、稀有稀土调查评价区
5	DC5	拉宁灶火-沙松乌拉铜多金属、石墨调查评价区
6	DC6	五龙沟-香日德金多金属调查评价区
7	DC7	沟里-那更康切金银铜镍多金属调查评价区
8	DC8	赛坝沟铜多金属调查评价区

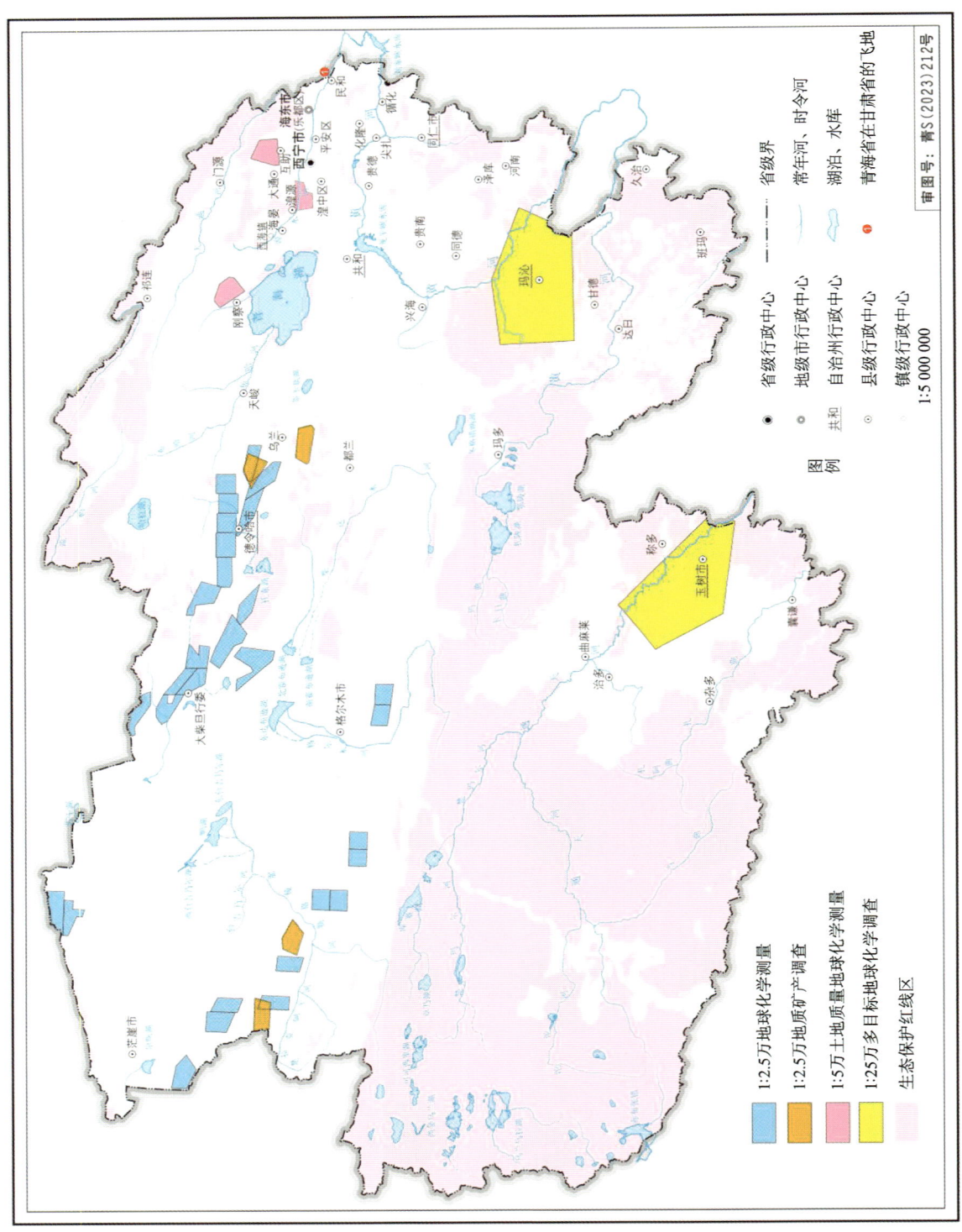

图 3-4 青海省基础地质工作部署图

（一）居洪图-茶卡北山稀有稀土调查评价区

居洪图-茶卡北山稀有稀土调查评价区东起橡皮山、西至擦勒特以西、南达柯鲁柯镇、北止生格镇，东西长约413km，南北宽31～56km，总面积15 733km²，行政区划隶属海西州德令哈市、天峻县、乌兰县管辖。

该区位于南祁连Pb-Zn-Au-Cu-Ni-Fe-Cr-P-萤石-玉石成矿带，区内矿床（点）多达248处，其中小型及以上20处，主要矿床有德令哈市高特拉蒙钛（磷）矿、蓄积山铅银矿、察汉森石灰岩矿、乌兰县向前沟石墨矿等，主要矿种涉及新材料的萤石、高纯石英、石墨、"三稀"矿产及青海省优势重要的铜金等有色金属。"十三五"期间开展了1∶2.5万地球化学测量和1∶2.5万区域地质矿产调查项目3个，共完成1 746.38km²，占比11.1%，新发现茶卡北山、锶墨格、俄当岗等一批"三稀"矿产地，已成为青海省重要的"三稀"矿产基地，此外在调查评价区的西北新发现牙马、延森哈达等萤石、脉石英矿产地。"十四五"期间，加大区内1∶2.5万地球化学测量和1∶2.5万地质矿产调查工作，拟设勘查规划区块15个，调查评价项目50个，预期可发现各类异常150个，并通过异常查证，使该区成为青海省"十四五"规划"三稀"、萤石和高纯石英的目标的主要提供区域。

（二）丁字口-锡铁山金多金属调查评价区

丁字口-锡铁山金多金属调查评价区呈北西-南东向展布，北西起丁字口、南东至达肯乌拉山南、西南起马海、东北到达肯达坂，走向长约368km，南北宽12～65km，总面积12 256km²，行政区划隶属海西州德令哈市、天峻县、乌兰县管辖。

该区属于柴北缘Pb-Zn-Mn-Cr-Au-白云母成矿带，是青海省优势重要矿产基地，主要矿产为煤矿、金矿、铅锌矿等，区内各类矿床（点）252处，其中小型及以上44处，主要矿床有大柴旦镇大柴旦湖硼矿、青龙沟金矿、鱼卡煤田、大头羊西沟高纯石英岩矿、锡铁山铅锌矿、绿梁山落凤坡铬矿等。"十三五"期间完成1∶2.5万地球化学测量3221km²，占比26.28%，新增矿床（点）12处。"十四五"期间为进一步拓展找矿空间，拟设勘查规划区块3个，预计可完成1∶2.5万地球化学测量面积2128km²，占该区面积的17.36%，预期提交各类异常信息50处，申请调查评价项目10个，通过工作最终提交普查基地2～3处。

（三）阿尔金金铜镍调查评价区

阿尔金金铜镍调查评价区东起打柴沟、西至老茫崖、南达牛鼻子梁、北止阿尔金山脉新青交界，东西长约278km，南北宽13～35km，总面积7723km²，行政区划隶属海西州茫崖市管辖。

该区属阿尔金Au-Cr-石棉-玉石成矿带，区内分布各类矿产地57处，其中小型及以上44处，主要矿床有茫崖镇大浪滩钾矿、茫崖石棉矿、采石沟金矿、冷湖镇盐湖西北部地下水水源地等。"十三五"期间主要开展了1∶2.5万地球化学测量项目5个，完成面积2864km²，占比37.08%，新增矿床（点）24处。

该区找矿成果一直未有大的突破，"十四五"期间应继续加强1∶2.5万地球化学测量工作，拟设勘查规划区块6个，面积达997km²，占比12.91%，预计可提交各类异常30个，拟提交调查评价项目6个，提交金铜镍普查基地1～2处。

（四）祁漫塔格铜多金属、稀有稀土调查评价区

祁漫塔格铜多金属、稀有稀土调查评价区东起大灶火、西至青新省界、南达那陵格勒、北止乌图美

仁,东西长约343km,南北宽约60km,总面积14 610km²,行政区划隶属海西州茫崖市、格尔木市管辖。

该区位于东昆仑Fe-Pb-Zn-Cu-Co-Au-W-Sn-石棉成矿带,带内地质构造复杂,岩浆活动频繁且强烈,褶皱、断裂构造非常发育,成矿地质条件优越,为青海省优势重要的铁铜铅锌矿基地,分布有各类矿床(点)168处,其中小型及以上38处,主要矿床有尕林格矿区铁多金属矿、肯德可克铁铅锌矿、野马泉地区铁多金属矿、拉陵灶火中游铜钼矿、牛苦头矿区多金属矿、黑柱山地区重晶石矿等。"十三五"期间开展了1:2.5万地球化学测量项目3个,完成面积1596km²,占比10.92%,新增矿床(点)39处。"十四五"期间继续加强1:2.5万地球化学测量和1:2.5万地质矿产调查工作,进一步完成面积3877km²,占该区面积的26.54%,拟设勘查区块7个,预计提交各类异常100余处,设置调查评价项目30余个,通过工作提交可供进一步普查基地5～6处。

(五)拉陵灶火-沙松乌拉铜多金属、石墨调查评价区

拉陵灶火-沙松乌拉铜多金属、石墨调查评价区东起格尔木河、西至雪鞍山、南达黑刺沟、北止托拉海,东西长约172km,南北宽44～63km,面积9495km²,行政区划隶属海西州格尔木市管辖。

该区位于东昆仑Fe-Pb-Zn-Cu-Co-Au-W-Sn-石棉成矿带,大地构造位置跨秦祁昆造山系和康西瓦-修沟-磨子潭地壳对接带,成矿地质条件非常复杂,为青海省主要镍矿和石墨滑石等新材料矿产主要产地,分布有各类矿床(点)127处,其中小型及以上13处,主要矿床有格尔木市低山头西花岗岩矿、夏日哈木HS26号异常区铜镍钴矿、哈西亚图多金属矿、三岔口玉石矿等。"十三五"期间开展了1:2.5万地球化学测量项目2个,完成面积817km²,占比8.6%,新增矿床(点)26处。"十四五"期间进一步加强部署,拟设勘查区块3个,进一步完成面积1103km²,占比11.62%,预计可提交各类化探异常50处,提交可供进一步普查基地3～4处。

(六)五龙沟-香日德金多金属调查评价区

五龙沟-香日德金多金属调查评价区东起香日德镇、西至格尔木市、南达马尔争、北止大格勒乡,东西长约273km,南北宽约70km,总面积16 394km²,行政区划隶属海西州格尔木市、都兰县管辖。

该区大地构造位置跨秦祁昆造山系和康西瓦-修沟-磨子潭地壳对接带,成矿条件优越,成矿时代跨度大,成矿类型复杂,区内钴、铜、金等地球化学异常显著,分布有各类矿床(点)285处,其中小型及以上28处,主要矿床有都兰县五龙沟金矿、大干沟钒钼矿、巴勒木特尔石墨矿、洪水河铁矿等,是青海省重要的金矿基地。"十三五"期间,开展了1:2.5万地球化学测量项目15个,完成面积8159km²,占比49.77%,新增各类矿点31处。近年来德里特萤石矿、八宝山页岩气、三通沟北锰矿和石头肯得镍矿床的发现,为该区在寻找新材料和新能源矿产方面提供了重要依据。"十四五"期间进一步加强1:2.5万地球化学测量工作,拟设勘查规划区块2个,完成面积796km²,占比4.86%,提交普查基地4～5处。

(七)沟里-那更康切金银铜镍多金属调查评价区

沟里-那更康切金银铜镍多金属调查评价区东起鄂拉山、西至香日德镇、南达抗得弄舍、北止夏日哈镇,东西长约122km,南北宽约96km,总面积10 737km²,行政区划隶属海西州都兰县管辖。

该区位于东昆仑成矿带,地质构造复杂,成矿条件优越,沟里地区一直是青海省重要金矿基地,分布有各类矿床(点)230处,其中小型及以上42处,主要矿床有海寺Ⅱ号硅灰石矿、果洛龙洼金矿、抗得弄舍金多金属矿、什多龙铅锌银矿、那更康切尔沟银多金属矿、东大海滩石墨矿、热水钼矿、沟里乡抓尕滑石矿等。"十三五"期间开展了1:2.5万水系沉积物测量项目4个,1:5万矿产地质综合调查项目

(一)青海泽库瓦勒根金矿储备区

行政区划隶属黄南州同仁市泽库县麦秀镇管辖,面积20.97km²,为瓦勒根金矿区,该区与青海三江源麦秀国家级自然保护区重叠,矿区未开发利用。瓦勒根金矿大地构造位置处于泽库前陆盆地,属西秦岭Pb-Zn-Cu(Fe)-Au-Hg-Sb成矿带,矿床规模为中型,成矿类型属构造蚀变岩型,工作程度为详查,累计查明金金属量18.61t,是西秦岭成矿带内发现的典型微细粒浸染型金矿床,为"358地质勘查工程"实施期间取得新进展的矿床。

(二)青海兴海日龙沟锡多金属矿储备区

行政区划属海南州兴海县温泉乡管辖,面积10.81km²,为日龙沟锡多金属矿区,该区与青海三江源中铁军功国家级自然保护区重叠,矿区未开发利用。矿区大地构造位置处于东昆仑造山带苦海-赛什塘蛇绿混杂岩带,属东昆仑Fe-Pb-Zn-Cu-Co-Au-W-Sn-石棉成矿带,成矿类型属沉积变质热液改造(类)矽卡岩型,矿床规模为中型,工作程度为详查,矿区主要矿产有锡、铜、铅、锌、砷、金、银、铋、镉等,累计查明资源储量:主要矿产锡金属量2.22万t,伴生锡金属量0.01万t,伴生铜金属量1.92万t,伴生锌金属量3.51万t,伴生铋金属量0.05万t,伴生金金属量0.09t,伴生银金属量85.31t,伴生镉金属量0.10万t。

(三)青海兴海铜峪沟铜矿储备区

行政区划属海南州兴海县温泉乡管辖,面积10.23km²,为兴海县铜峪沟铜矿区,该区与青海三江源中铁军功国家级自然保护区重叠,矿区未开发利用。矿区大地构造位置处于东昆仑造山带苦海-赛什塘蛇绿混杂岩带,属东昆仑成矿带之智益-铜峪沟成矿亚带,矿床规模为中型,工作程度为普查,矿区主要矿产为铜、锡、铅、锌、金、银、锗、镓、镉、硒等,累计查明资源储量:主要矿产铜金属量23.24万t,伴生铜金属量1.26万t,伴生镉金属量0.22万t,伴生金金属量3.05t,伴生硫铁矿矿石2 939.1万t,伴生铅金属量4.89万t,伴生锌金属量3.64万t,伴生银金属量415t,伴生锗金属量160t等。

(四)青海兴海赛什塘铜矿储备区

行政区划隶属海南州兴海县温泉乡管辖,面积54.98km²,为赛什塘铜矿区,该区与青海三江源中铁军功国家级自然保护区重叠,开发利用情况为停采状态。矿区大地构造位置处于东昆仑造山带苦海-赛什塘蛇绿混杂岩带,属东昆仑Fe-Pb-Zn-Cu-Co-Au-W-Sn-石棉成矿带,成矿类型属热水沉积勘查基础上叠加的斑岩型复合矿床,矿床规模为中型,工作程度为勘探,矿区主要矿产为铜、铁、铅、锌、金、银、砷、镓、镉、硒等,累计查明资源储量:主要矿产铜金属量32.50万t,伴生铜金属量4.14万t,伴生铁矿石1 565.9万t,伴生铅金属量2.66万t,伴生锌金属量7.16万t,伴生金金属量10.10t,伴生银金属量376.56t等。2014年由青海赛什塘铜业有限责任公司进行矿产开发,2015年由于环保要求停止采矿。

(五)青海曲麻莱扎家同哪金矿储备区

行政区划隶属玉树州曲麻莱县管辖,面积32.94km²,主要为曲麻莱扎家同哪金矿区,该区与青海三江源约古宗列国家级自然保护区重叠,矿区位于大场金矿南东约10km处,大地构造位置处于北羌塘-三江造山系巴颜喀拉地块玛多-玛沁前陆隆起,属北巴颜喀拉-马尔康Au-Ni-Pt-Fe-Mn-Pb-Zn-Li-Be-白云母成矿带,扎家同哪金矿为"358地质勘查工程"实施期间取得新突破的矿床,通过"十一五"至"十三五"期间的勘查,矿区显现了巨大的资源潜力和找矿潜力,工作程度为详查,累计查明金金属量21.79t。

(六)青海杂多纳日贡玛铜钼矿储备区

行政区划隶属玉树州杂多县管辖,面积102.3km^2,为杂多纳日贡玛铜钼矿区,矿床规模为大型,该区空间上与青海三江源果宗木查国家级自然保护区、三江源国家公园有重叠。该矿区于2015年之后停止了勘查工作,未开发利用。矿区大地构造位置处于开心岭-杂多陆缘弧带,属昌都-普洱(地块/造山带)Cu-Pb-Zn-Ag-Fe-Hg-Sb-石膏-菱镁矿-盐类成矿带,成矿类型属斑岩型铜钼矿床,工作程度为详查,主要矿产为铜、钼、银等,累计查明主要矿产钼金属量23.63万t,共生铜金属量44.23万t,伴生铜金属量3.69万t,伴生银金属量131t,伴生硫铁矿矿石27 712.9万t(青海省自然资源厅,2021c)。

第三节 矿产资源勘查开发工作布局

根据青海省矿产资源禀赋,结合基础地质和矿产资源调查现状、开发利用现状、产业发展、技术经济条件和矿产资源管理的实际,优化并划定基础地质调查区、矿产资源调查评价区重点勘查区和重点开采区,作为重点工作任务安排部署区域。

一、基础地质调查区

(一)1∶2.5万地质矿产调查区

针对制约地质矿产问题,围绕东昆仑、柴北缘和阿尔金等地区,提高对重要矿集区、重要地质矿产问题的认识,加强大比例尺地质矿产调查工作,以居洪图-茶卡北山稀有稀土、丁字口-锡铁山金多金属等8处调查评价区为重点,1∶2.5万地质矿产调查主要部署在乌兰县阿哈大洼、乌兰县生格、格尔木市肯得阿勒大湾东和茫崖市喀雅克登塔格北地区,部署项目4个,部署面积2157km^2(图3-3),"十四五"期间完成1000km^2,着力解决重大基础地质问题,提升基础地质及理论研究水平,围绕重要地质问题开展含矿地层、控矿构造、构造环境及成矿作用的调查研究工作,总结成矿地质背景和成矿规律,开展找矿预测,寻找成矿有利地段,为矿产勘查工作提供靶区和依据,指导下一步矿产勘查工作,实现找矿突破。

(二)1∶2.5万地球化学测量区

针对柴周缘地区适合开展1∶2.5万地球化学测量工作的找矿重点地段,以地质找矿为目标,深入探究地球化学元素背景分布模式,聚焦战略性矿产和民生保障,完善地球化学专业数据体系,部署1∶2.5万地球化学测量30项,部署面积14 754km^2(图3-3、表3-16),"十四五"期间完成面积14 000km^2,预期可测面积(55 000km^2)覆盖率由"十三五"末的40%提高至65%,以居洪图-茶卡北山稀有稀土、丁字口-锡铁山金多金属等8处调查评价区为重点,主要部署在阿尔金、柴北缘、祁漫塔格、大格勒等地区,进一步提高柴周缘地区1∶2.5万地球化学测量覆盖率,查明元素分布规律、主要成矿元素及伴生元素地球化学特征,圈定一批有前景的地质异常和找矿靶区,提升元素分布规律认识,圈定找矿靶区70~80处,指导下一步地质矿产勘查工作。

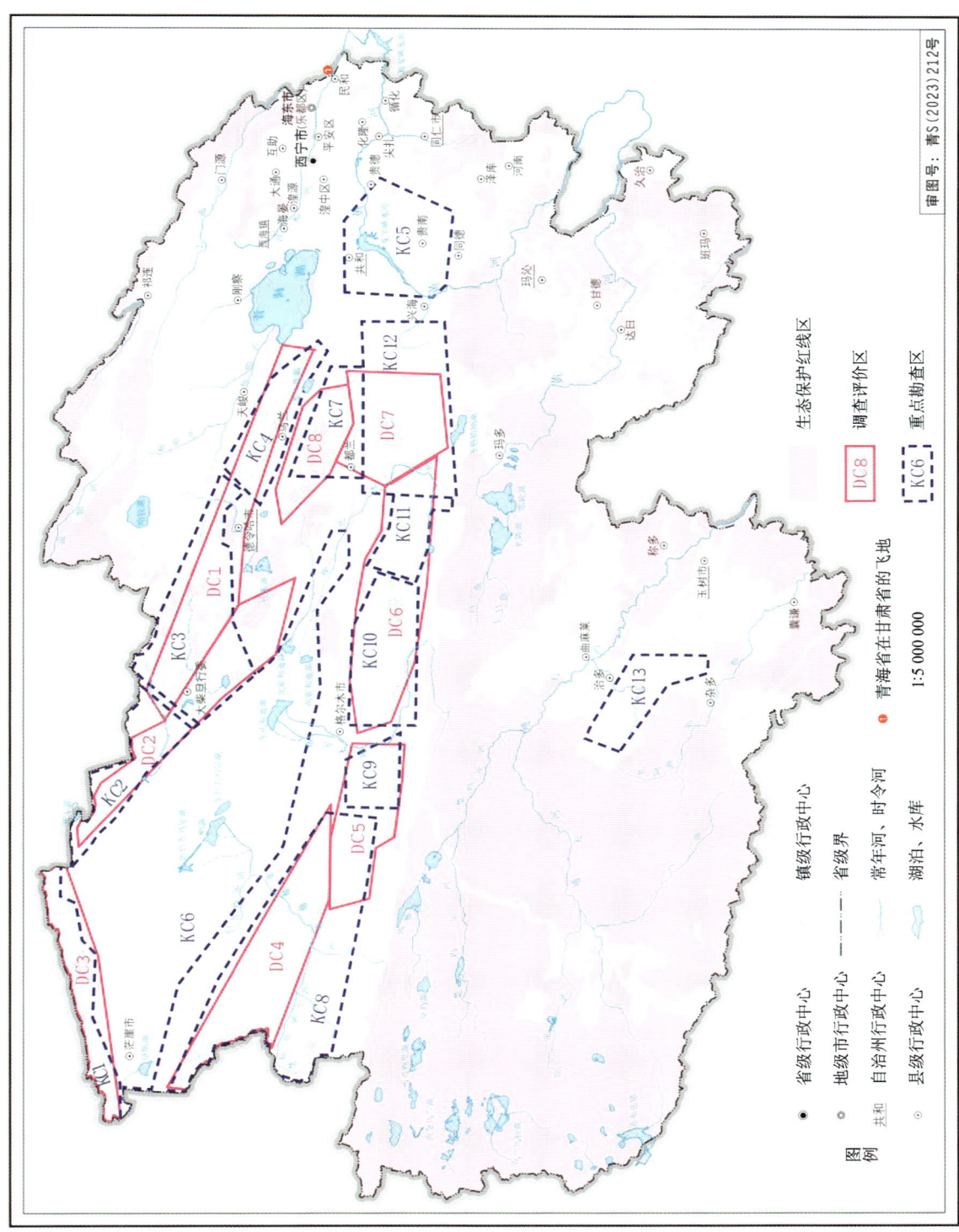

图 3-3 青海省调查评价及勘查规划图

表 3-16 青海省 1：2.5 万地球化学测量工作部署一览表

序号	项目名称	面积（km²）
1	青海省格尔木市尕牙合地区 1：2.5 万地球化学测量	394
2	青海省格尔木市大水沟地区 1：2.5 万地球化学测量	402
3	青海省乌兰县沙柳泉地区 1：2.5 万地球化学测量	575
4	青海省茫崖市打柴沟地区 1：2.5 万地球化学测量	535
5	青海省茫崖市俄博梁北山地区 1：2.5 万地球化学测量	462
6	青海省德令哈市尕海北地区 1：2.5 万地球化学测量	619
7	青海省德令哈市喀克吐郭勒地区 1：2.5 万地球化学测量	503
8	青海省大柴旦行委鱼卡河地区 1：2.5 万地球化学测量	480
9	青海省大柴旦行委东地区 1：2.5 万地球化学测量	459
10	青海省大柴旦行委大羊头沟地区 1：2.5 万地球化学测量	362
11	青海省大柴旦行委土尔根大阪山西地区 1：2.5 万地球化学测量	440
12	青海省大柴旦行委宗务隆山地区 1：2.5 万地球化学测量	537
13	青海省大柴旦行委宗务隆山北地区 1：2.5 万地球化学测量	600
14	青海省德令哈市巴音山西地区 1：2.5 万地球化学测量	497
15	青海省德令哈市蓄集北地区 1：2.5 万地球化学测量	428
16	青海省德令哈市硫磺沟南地区 1：2.5 万地球化学测量	537
17	青海省德令哈市委蓄集山西地区 1：2.5 万地球化学测量	428
18	青海省德令哈市布依坦乌拉山地区 1：2.5 万地球化学测量	339
19	青海省大柴旦行委大煤沟地区 1：2.5 万地球化学测量	919
20	青海省大柴旦行委铅石山地区 1：2.5 万地球化学测量	870
21	青海省乌兰县布果特山地区 1：2.5 万地球化学测量	446
22	青海省格尔木市开木棋河西地区 1：2.5 万地球化学测量	412
23	青海省茫崖市滩北雪峰地区 1：2.5 万地球化学测量	581
24	青海省茫崖市十字沟东地区 1：2.5 万地球化学测量	540
25	青海省茫崖市红柳泉南地区 1：2.5 万地球化学测量	418
26	青海省茫崖市玛兴大湾地区 1：2.5 万地球化学测量	451
27	青海省茫崖市肯得阿勒大湾地区 1：2.5 万地球化学测量	417
28	青海省格尔木市大灶火河西地区 1：2.5 万地球化学测量	347
29	青海省格尔木市开木钦图勒格地区 1：2.5 万地球化学测量	345
30	青海省格尔木市那宁达乌格地区 1：2.5 万地球化学测量	411
	合计	14 754

（三）多目标地球化学调查区

1. 1∶25万牧草地土地质量地球化学调查区

推动特色农牧业产业发展，以查明区域生态地球化学背景为目标，建设地球化学专业数据体系，建立区域农业地球化学评价模型和指标体系，推进重要农牧区1∶25万多目标地球化学调查工作，在玛沁县和玉树市农牧区探索性部署1∶25万牧草地土地质量地球化学调查2项，面积12 900km²（图3-2），"十四五"期间完成面积12 000km²，为生态科学管护、生态环境治理、区域农牧业发展和经济结构调整、地方病防治提供基础数据支撑，助力绿色有机农畜产品输出地建设。

2. 1∶5万牧草地土地质量地球化学调查区

推进优质特色土地资源利用，以民生保障为导向，查明土壤中元素空间分布规律、异常成因及其生态效应，摸清重要的生态地球化学问题，推进粮食主产区、农牧区1∶5万多目标区域地球化学调查，在刚察县沙流河—哈尔盖、湟源—多巴、互助北地区部署1∶5万土地质量地球化学评价3项，部署面积1718km²（图3-3），"十四五"期间完成面积1000km²。总结土壤中元素空间分布规律，分析元素异常成因及其生态效应，为特色农作物种植、种植结构调整、农业经济区划、民生环境改善等提供基础数据支撑。

二、矿产资源调查评价区

按照"生态优先、优化布局、节约集约"的原则，规划重点调查评价区主要部署在柴达木盆地周边的重要成矿带上的重要成矿远景区。原则是区内具有优越的成矿地质条件，存在国家急需、开发效益好、市场前景广阔的优势矿种和类型，具有巨大找矿潜力，通过调查评价，扩大找矿规模。本次规划经过研究，重点调查评价区坚持生态环保第一的原则，调查评价区避开自然保护区，全部部署在柴周缘地区，划定了8个重点调查评价区（表3-17、图3-4），总面积达9.56万km²。

主要任务是系统开展1∶2.5万矿产地质调查、1∶2.5万水系沉积物测量工作，在8个调查评价区内投入路线地质调查1600km，槽探50 000m³，查明区内成矿地质背景，提高地质研究程度，摸清资源潜力，开展成矿预测，圈定找矿靶区，指导矿产勘查工作。

表3-17 矿产资源调查评价区一览表

序号	编号	名称
1	DC1	居洪图-茶卡北山稀有稀土调查评价区
2	DC2	丁字口-锡铁山金多金属调查评价区
3	DC3	阿尔金金铜镍调查评价区
4	DC4	祁漫塔格铜多金属、稀有稀土调查评价区
5	DC5	拉宁灶火-沙松乌拉铜多金属、石墨调查评价区
6	DC6	五龙沟-香日德金多金属调查评价区
7	DC7	沟里-那更康切金银铜镍多金属调查评价区
8	DC8	赛坝沟铜多金属调查评价区

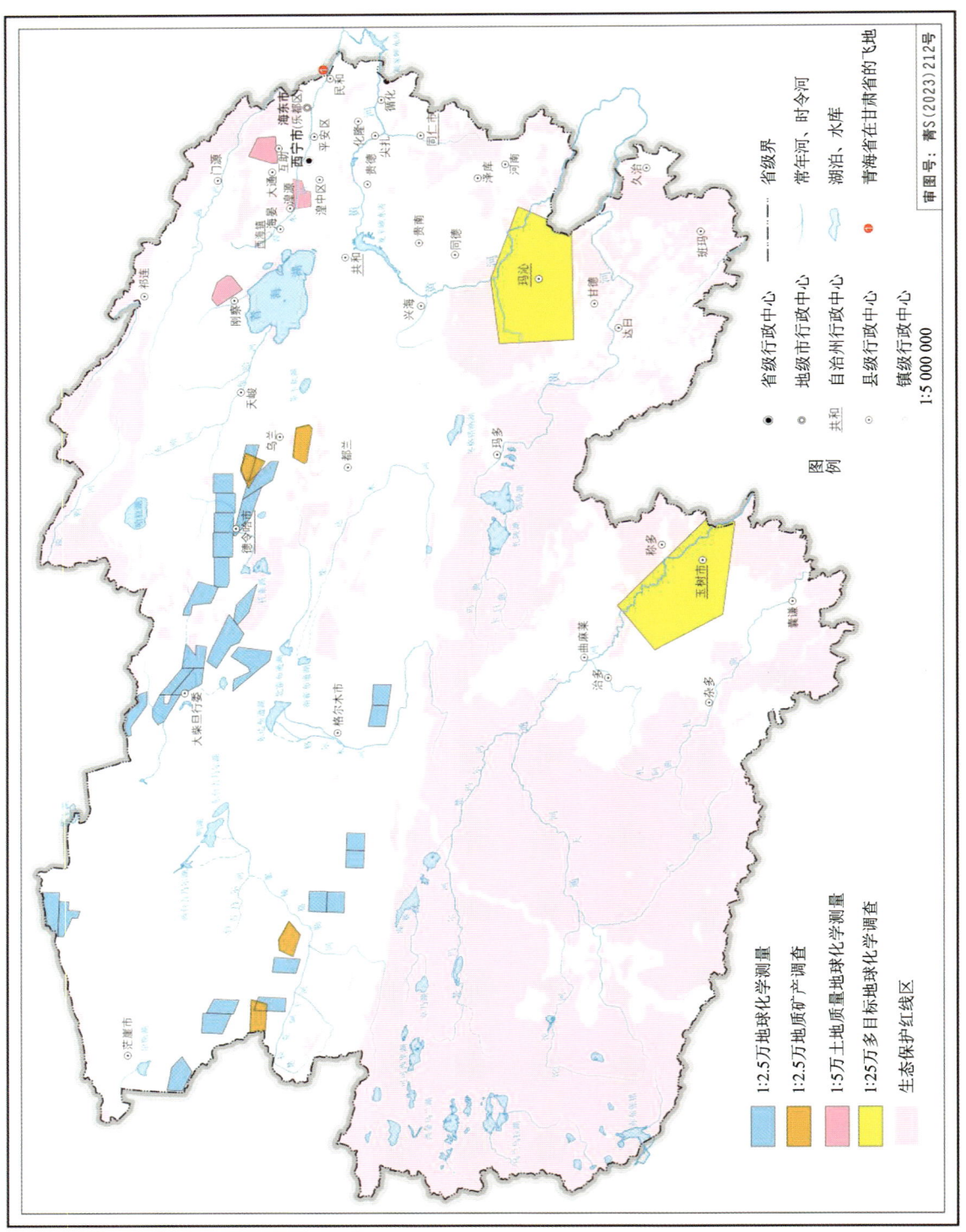

图 3-4 青海省基础地质工作部署图

(一)居洪图-茶卡北山稀有稀土调查评价区

居洪图-茶卡北山稀有稀土调查评价区东起橡皮山、西至擦勒特以西、南达柯鲁柯镇、北止生格镇,东西长约413km,南北宽31~56km,总面积15 733km²,行政区划隶属海西州德令哈市、天峻县、乌兰县管辖。

该区位于南祁连Pb-Zn-Au-Cu-Ni-Fe-Cr-P-萤石-玉石成矿带,区内矿床(点)多达248处,其中小型及以上20处,主要矿床有德令哈市高特拉蒙钛(磷)矿、蓄积山铅银矿、察汉森石灰岩矿、乌兰县向前沟石墨矿等,主要矿种涉及新材料的萤石、高纯石英、石墨、"三稀"矿产及青海省优势重要的铜金等有色金属。"十三五"期间开展了1∶2.5万地球化学测量和1∶2.5万区域地质矿产调查项目3个,共完成1 746.38km²,占比11.1%,新发现茶卡北山、锶墨格、俄当岗等一批"三稀"矿产地,已成为青海省重要的"三稀"矿产基地,此外在调查评价区的西北新发现牙马、延森哈达等萤石、脉石英矿产地。"十四五"期间,加大区内1∶2.5万地球化学测量和1∶2.5万地质矿产调查工作,拟设勘查规划区块15个,调查评价项目50个,预期可发现各类异常150个,并通过异常查证,使该区成为青海省"十四五"规划"三稀"、萤石和高纯石英的目标的主要提供区域。

(二)丁字口-锡铁山金多金属调查评价区

丁字口-锡铁山金多金属调查评价区呈北西-南东向展布,北西起丁字口、南东至达肯乌拉山南、西南起马海、东北到达肯达坂,走向长约368km,南北宽12~65km,总面积12 256km²,行政区划隶属海西州德令哈市、天峻县、乌兰县管辖。

该区属于柴北缘Pb-Zn-Mn-Cr-Au-白云母成矿带,是青海省优势重要矿产基地,主要矿产为煤矿、金矿、铅锌矿等,区内各类矿床(点)252处,其中小型及以上44处,主要矿床有大柴旦镇大柴旦湖硼矿、青龙沟金矿、鱼卡煤田、大头羊西沟高纯石英岩矿、锡铁山铅锌矿、绿梁山落凤坡铬矿等。"十三五"期间完成1∶2.5万地球化学测量3221km²,占比26.28%,新增矿床(点)12处。"十四五"期间为进一步拓展找矿空间,拟设勘查规划区块3个,预计可完成1∶2.5万地球化学测量面积2128km²,占该区面积的17.36%,预期提交各类异常信息50处,申请调查评价项目10个,通过工作最终提交普查基地2~3处。

(三)阿尔金金铜镍调查评价区

阿尔金金铜镍调查评价区东起打柴沟、西至老茫崖、南达牛鼻子梁、北止阿尔金山脉新青交界,东西长约278km,南北宽13~35km,总面积7723km²,行政区划隶属海西州茫崖市管辖。

该区属阿尔金Au-Cr-石棉-玉石成矿带,区内分布各类矿产地57处,其中小型及以上44处,主要矿床有茫崖镇大浪滩钾矿、茫崖石棉矿、采石沟金矿、冷湖镇盐湖西北部地下水水源地等。"十三五"期间主要开展了1∶2.5万地球化学测量项目5个,完成面积2864km²,占比37.08%,新增矿床(点)24处。

该区找矿成果一直未有大的突破,"十四五"期间应继续加强1∶2.5万地球化学测量工作,拟设勘查规划区块6个,面积达997km²,占比12.91%,预计可提交各类异常30个,拟提交调查评价项目6个,提交金铜镍普查基地1~2处。

(四)祁漫塔格铜多金属、稀有稀土调查评价区

祁漫塔格铜多金属、稀有稀土调查评价区东起大灶火、西至青新省界、南达那陵格勒、北止乌图美

仁,东西长约343km,南北宽约60km,总面积14 610km²,行政区划隶属海西州茫崖市、格尔木市管辖。

该区位于东昆仑 Fe-Pb-Zn-Cu-Co-Au-W-Sn-石棉成矿带,带内地质构造复杂,岩浆活动频繁且强烈,褶皱、断裂构造非常发育,成矿地质条件优越,为青海省优势重要的铁铜铅锌矿基地,分布有各类矿床(点)168处,其中小型及以上38处,主要矿床有尕林格矿区铁多金属矿、肯德可克铁铅锌矿、野马泉地区铁多金属矿、拉陵灶火中游铜钼矿、牛苦头矿区多金属矿、黑柱山地区重晶石矿等。"十三五"期间开展了1:2.5万地球化学测量项目3个,完成面积1596km²,占比10.92%,新增矿床(点)39处。"十四五"期间继续加强1:2.5万地球化学测量和1:2.5万地质矿产调查工作,进一步完成面积3877km²,占该区面积的26.54%,拟设勘查区块7个,预计提交各类异常100余处,设置调查评价项目30余个,通过工作提交可供进一步普查基地5～6处。

(五)拉陵灶火-沙松乌拉铜多金属、石墨调查评价区

拉陵灶火-沙松乌拉铜多金属、石墨调查评价区东起格尔木河、西至雪鞍山、南达黑刺沟、北止托拉海,东西长约172km,南北宽44～63km,面积9495km²,行政区划隶属海西州格尔木市管辖。

该区位于东昆仑 Fe-Pb-Zn-Cu-Co-Au-W-Sn-石棉成矿带,大地构造位置跨秦祁昆造山系和康西瓦-修沟-磨子潭地壳对接带,成矿地质条件非常复杂,为青海省主要镍矿和石墨滑石等新材料矿产主要产地,分布有各类矿床(点)127处,其中小型及以上13处,主要矿床有格尔木市低山头西花岗岩矿、夏日哈木 HS26号异常区铜镍钴矿、哈西亚图多金属矿、三岔口玉石矿等。"十三五"期间开展了1:2.5万地球化学测量项目2个,完成面积817km²,占比8.6%,新增矿床(点)26处。"十四五"期间进一步加强部署,拟设勘查区块3个,进一步完成面积1103km²,占比11.62%,预计可提交各类化探异常50处,提交可供进一步普查基地3～4处。

(六)五龙沟-香日德金多金属调查评价区

五龙沟-香日德金多金属调查评价区东起香日德镇、西至格尔木市、南达马尔争、北止大格勒乡,东西长约273km,南北宽约70km,总面积16 394km²,行政区划隶属海西州格尔木市、都兰县管辖。

该区大地构造位置跨秦祁昆造山系和康西瓦-修沟-磨子潭地壳对接带,成矿条件优越,成矿时代跨度大,成矿类型复杂,区内钴、铜、金等地球化学异常显著,分布有各类矿床(点)285处,其中小型及以上28处,主要矿床有都兰县五龙沟金矿、大干沟钒钼矿、巴勒木特尔石墨矿、洪水河铁矿等,是青海省重要的金矿基地。"十三五"期间,开展了1:2.5万地球化学测量项目15个,完成面积8159km²,占比49.77%,新增各类矿点31处。近年来德里特萤石矿、八宝山页岩气、三通沟北锰矿和石头肯得镍矿床的发现,为该区在寻找新材料和新能源矿产方面提供了重要依据。"十四五"期间进一步加强1:2.5万地球化学测量工作,拟设勘查规划区块2个,完成面积796km²,占比4.86%,提交普查基地4～5处。

(七)沟里-那更康切金银铜镍多金属调查评价区

沟里-那更康切金银铜镍多金属调查评价区东起鄂拉山、西至香日德镇、南达抗得弄舍、北止夏日哈镇,东西长约122km,南北宽约96km,总面积10 737km²,行政区划隶属海西州都兰县管辖。

该区位于东昆仑成矿带,地质构造复杂,成矿条件优越,沟里地区一直是青海省重要金矿基地,分布有各类矿床(点)230处,其中小型及以上42处,主要矿床有海寺Ⅱ号硅灰石矿、果洛龙洼金矿、抗得弄舍金多金属矿、什多龙铅锌银矿、那更康切尔沟银多金属矿、东大海滩石墨矿、热水钼矿、沟里乡抓尕滑石矿等。"十三五"期间开展了1:2.5万水系沉积物测量项目4个,1:5万矿产地质综合调查项目

1个,1:2.5万地质矿产调查项目1个,完成面积3 587.7km²,占比33.41%,覆盖了该区主要成矿地带,新发现那更康切尔沟大型独立银矿床、达热尔金矿、色日金矿、迈龙金矿、各玛龙金银矿、龙什更铜钴矿等30处,为下一步找矿工作提供了依据和参考。"十四五"期间,主要针对新增矿产地部署矿产调查评价项目,拟设勘查规划区块8～10个,预计可提交普查基地4～5处。

(八)赛坝沟铜多金属调查评价区

赛坝沟铜多金属调查评价区东起哈莉哈德山、西至旺尕秀、南达夏日哈镇、北止乌兰县,东西长约164km,南北宽29.5～55km,总面积6316km²,行政区划隶属海西州德令哈市、乌兰县、都兰县管辖。

该区位于东昆仑成矿带、柴北缘成矿带和西秦岭成矿带交汇部位,区域性东西向断裂和南北向断裂在此交汇,构成了复杂的构造格局,成矿条件优越,分布有各类矿床(点)167处,其中小型及以上26处,主要矿床有乌兰县柯柯盐矿、赛坝沟金矿、丁叉叉山南坡钛矿、夏日达乌铌钽铈矿、德令哈市旺尕秀石灰岩矿、旺尕秀煤矿西煤矿(Ⅰ工区)、都兰县沙柳河南钼矿等。"十三五"期间新增矿产地18处。

"十四五"期间应加强1:2.5万地质矿产调查工作,拟设勘查规划区块1个,面积606km²,占比9.6%。在新增矿产地基础上部署调查评价项目,拟设勘查规划区块8～10个,预计可提交普查基地4～5处。

三、重点勘查区

围绕全省经济社会发展需要,以重要成矿区带为对象,并根据资源潜力分析和预测结果加大投入,以寻找大中型矿床为主要目标,以市场紧缺、青海省优势且资源潜力大的煤炭、铁、铜、铅、锌、金、钾盐等重要矿种为重点,同时兼顾石墨、钛矿、铌钽矿等矿种,采用新理论、新技术、新方法,开展矿产资源绿色勘查、综合勘查、综合评价,提交一批可供进一步勘查、开发的矿产地,促进具有一定规模的勘查、开发基地的形成,保障经济社会发展对矿产资源的需求(王岩等,2018)。

2021—2025年通过在重点勘查区开展实施及拟设项目工作,实现矿产资源勘查新突破。预计新提交普查基地和矿产地30～40处,其中大中型矿产地10～15处;新提交矿产资源勘查开发基地6～8处。预计新增主要矿产资源储量:煤炭2亿t、铜镍铅锌200万t、金60t、银2000t,锰矿石2000万t,氧化锂铍10万t,氯化钾锂1亿t,晶质石墨1000万t,萤石100万t,滑石1000万t,高纯石英100万t。通过上述成果的提交,保证规划预期目标的实现。

(一)重点勘查区划分

根据国家新一轮矿产资源总体规划勘查布局要求,重点勘查区包括成矿条件有利、找矿前景良好的区域,大中型矿山的深部和外围等具有资源潜力的区域,其他能够实现找矿重大突破的区域。

根据省委省政府"一优两高"战略布局要求,围绕循环经济发展和"五个示范省"建设需求,综合分析全省地质背景、矿化信息和找矿前景,青海省矿产资源勘查工作部署主要部署在柴达木盆地及其周边的柴北缘和东昆仑成矿带,择优筛选出12个成矿地质背景有利、成矿地质条件优越、成矿信息众多、物化探异常良好、具有寻找大中型以上矿床潜力的远景区作为"十四五"矿产勘查的重点区域(图3-3)。

1.青海茫崖市采石沟-打柴沟金铜镍"三稀"矿重点勘查区

青海茫崖市采石沟-打柴沟金铜镍"三稀"矿重点勘查区东起打柴沟、西至老茫崖、南达大通沟南山、北止阿尔金山脉新青交界,东西向长约275km,南北向宽4～34km,总面积4 324.7km²,行政区划隶属海西州茫崖市管辖。

该区位于阿尔金Au-Cr-石棉-玉石成矿带,区内以金、铜镍矿产为重点勘查矿种,兼顾稀有稀土、钛矿产,目前已发现矿床(点)44处,其中小型及以上矿产地5处;勘查程度达到预查的27处、普查15处、详查及勘探2处,"十三五"期间新增矿床(点)15处,总体工作程度偏低。主要矿产地有茫崖石棉矿、采石沟金矿床、大通沟南山石墨矿等,累计查明石棉资源量1 664.7万t,金1.15t,石墨1.52万t。

区内现有探矿权19个,采矿权2个。通过近年来的勘查,在金、铜、石墨、稀有稀土矿的找矿上取得了明显的进展,"十四五"期间拟以金、铜镍矿产为重点勘查矿种,兼顾稀有稀土、钛矿产等,以已知矿床(点)和拟设项目为突破口,寻找构造蚀变岩金矿、变质岩型石墨矿、稀土矿及榴辉岩型钛矿等。拟设勘查规划区块16个,预期可提交小型金属矿产地1～2处,提交铜镍等有色金属资源量5万t,"三稀"资源量1万t。

2. 青海茫崖市尕斯库勒-察汗斯拉图石油天然气钾锂盐矿重点勘查区

青海茫崖市尕斯库勒-察汗斯拉图石油天然气钾锂盐矿重点勘查区东起碱山、西至尕斯库勒、南至老茫崖水站、北止俄博梁,东西长约203km,南北宽27～103km,总面积14 633.2km²,行政区划隶属海西州茫崖市管辖。

该区位于柴达木盆地Li-Be-K-Na-Mg-盐类-石膏-石油-天然气成矿带,目前已发现矿床(点)67处,其中小型及以上28处;勘查程度达到预查的30处、普查17处、详查及勘探20处,总体工作程度较高。主要矿产地有尕斯库勒油田、花土沟油田、尕斯库勒钾矿、大浪滩钾矿等,累计查明石油资源量1.47亿t,钾矿(固体0.21亿t,液体0.13亿t),锂矿(固体)15.35万t,镁矿0.76亿t,盐矿1 403.67亿t(固体1318亿t,液体85.67亿t),锶矿2 311.59万t,芒硝1.01亿t。

区内现有探矿权7个,其中6个勘查矿种为钾盐,1个为油砂。开发利用多以商业性的油田、锂矿为主,设置采矿权8个,开采矿种为钾盐、芒硝和盐矿。

"十四五"期间以石油、天然气、钾盐矿产为重点勘查矿种,兼顾锂矿(LiCl)、硼等,石油以尕斯库勒、花土沟、昆北、英东等油田为依托,加强深部及外围勘查力度,争取实现新的突破。盐湖资源除察汗斯拉图深层卤水钾矿预查外,借鉴青海油田已有的"地下富钾卤水与原油、天然气垂向上密切伴生,平面上相互重叠"等成果经验与丰富资料,依托主力产油区已实施的钻探工程,进一步深化合作,提高大浪滩、黑北凹地控制程度,扩大已有矿床规模;进一步拓展阿拉巴斯套、柴达木大门口等新区,拓展砂砾孔隙卤水找矿空间。拟设勘查规划区块4个,预期可提交矿产地2～3处,新增氯化钾锂资源量500万t。

3. 青海茫崖市昆特依-马海钾锂盐矿重点勘查区

青海茫崖市昆特依-马海钾锂盐矿重点勘查区东起马海河、西至俄博梁、南至一里坪、北止打柴沟,东西长约175km,南北宽29～92km,总面积9 636.5km²,行政区划隶属海西州茫崖市、大柴旦行委管辖。

该区位于柴达木盆地Li-Be-K-Na-Mg-盐类-石膏-石油-天然气成矿带,目前已发现矿床(点)27处,其中小型以上矿产地12处;勘查程度达到预查的12处、普查8处、详查及勘探7处,总体工作程度较高。主要矿产地有冷湖镇昆特依钾矿、冷湖镇马海钾矿、大柴旦镇巴仑马海钾矿、冷湖镇牛郎织女湖钾矿等,累计查明资源量石油243万t,天然气2亿m³,钾盐(固体614.9万t,液体7.7万t),镁矿0.31亿t,盐矿28.11亿t(固体24.79亿t,液体3.32亿t)。

区内现有探矿权3个,勘查矿种全部为钾盐,开发利用也以商业性的钾盐为主,设置采矿权5个,开采矿种全部为钾盐。

该区以俄博梁反"S"形背斜带为分界,以柴东北部的昆特依钾矿、马海钾矿成矿事实为依据,依托冷湖镇昆特依矿区深层卤水钾矿普查、冷湖镇马海西部深层卤水钾矿预查等项目，扩大勘查范围，提高工作程度；拓展花海子北、小赛什腾山南等新区，扩大砂砾孔隙卤水找矿空间，同时兼顾鄂博梁、葫芦山等背斜构造裂隙孔隙卤水，提升资源储量。拟设勘查规划区块3个，预期可提交矿产地1~2处，新增氯化钾锂资源量500万t。

4. 青海茫崖市凤凰台-船形丘钾锂盐矿重点勘查区

青海茫崖市凤凰台-船形丘钾锂盐矿重点勘查区西北为老茫崖、东南至甘森泉湖，整体呈北西-南东向展布，长约112km，南北宽58~88km，总面积5 022.5km²，行政区划隶属海西州茫崖市管辖。

该区位于柴达木盆地Li-Be-K-Na-Mg-盐类-石膏-石油-天然气成矿带，目前已发现矿床（点）11处，小型及以上仅1处；勘查程度达到预查的5处、普查6处，总体工作程度偏低。主要矿产地有茫崖行委老茫崖地区石盐矿床、茫崖镇凤凰台天然气矿化点、黄石锶矿化点、茫崖石油矿点等，累计查明资源量固体盐矿1 047.53万t。

现有探矿权4个，勘查矿种全部为盐湖资源，区内没有开发利用的钾盐，也未设置采矿权。区内的大沙坪、黄石、斧头山一带的各个背斜构造均有深层卤水锂矿成矿条件，并且背斜构造地区深部均有断裂发育，为卤水的储存和运移提供了良好的地质条件，针对层位埋藏相对较浅的构造裂隙孔隙卤水采用新的理念进行调查评价、勘查，摸清矿床规模。"十四五"规划期内拟设勘查规划区块1个，已有探矿权提高勘查程度3个，预期可提交深层卤水锂资源勘查基地1处，提交氯化钾锂资源量200万t。

5. 青海大柴旦镇滩间山-锡铁山金铅锌煤矿重点勘查区

青海大柴旦镇滩间山-锡铁山金铅锌煤矿重点勘查区北西起赛什腾山南麓野骆驼泉、南东止锡铁山，呈北西-南东走向展布，长约220km，宽5~58km，面积6 957.2km²，行政区划隶属茫崖市、大柴旦行委管辖。

该区位于柴北缘Pb-Zn-Mn-Cr-Au-白云母成矿带，目前已发现矿床（点）188处，其中小型及以上38处；勘查程度达到预查的125处、普查35处、详查及勘探28处，总体工作程度较高，"十三五"期间新增矿床（点）3处。现有探矿权48个，采矿权18个，以煤炭和金矿为主要开采矿种。主要矿产地有锡铁山铅锌矿、滩间山金矿、青龙沟金矿、细金沟金矿、大头羊煤矿、大煤沟煤矿、红柳泉煤矿、鱼卡煤矿区、团鱼山北部煤矿、双口山铅银锌矿等。全区累计查明资源量煤炭9.87亿t，铅锌500万t，岩金30.91t，铜86t，硼43.87万t，锂（液体）76.6万t，盐矿（液体）0.68亿t。

"十三五"期间，勘查区主要勘查矿种为煤炭、金矿、有色金属及金红石等，找矿效果较明显。"十四五"期间以金和煤层气为重点勘查矿种，兼顾铜、铅锌矿产，金矿主攻构造蚀变岩型，以滩间山地区白云滩-长白山金银及多金属矿、赛西泉北金多金属矿、青山地区金矿等项目为依托，加大勘查力度，拓展深部及外围找矿，提高金矿控制程度；铅锌以锡铁山铅锌矿为对象，在主矿区深部及中间沟-断层沟等外围具有资源潜力的区域，加大研究与勘查力度；煤及煤层气以柴达木盆地鱼卡煤田为重点和突破口，进行煤层气勘查开发利用评价，争取实现新的突破。拟设勘查规划区块33个，预期可提交中大型煤炭矿产地1处，资源量1亿t。预期新提交金属矿产地2~3处，金资源量10t，铜铅锌50万t。

6. 青海德令哈市牙马-茶卡北山"三稀"萤石矿重点勘查区

青海德令哈市牙马-茶卡北山"三稀"萤石矿重点勘查区东起橡皮山、西至居洪图以西、南达宗务隆山、北止青海南山，长约350km，宽17~45km，面积10 978.4km²，行政区划隶属德令哈市、天峻县、乌兰县、共和县管辖。

该区位于南祁连Pb-Zn-Au-Cu-Ni-Fe-Cr-P-萤石-玉石成矿带、西秦岭Pb-Zn-Cu(Fe)Au-Hg-Sb成矿带，目前已发现矿床（点）189处，其中小型及以上15处；勘查程度达到预查的166处、普查15处、详查

8处,总体工作程度较低。"十三五"期间新增矿床(点)27处,主要矿产地有德令哈市蓄积山铅银铜矿床、德令哈市莫河贝雷台铅锌矿床、德令哈市乌兰希勒玻璃用石英岩矿、天峻县锶墨格山地区锂铍矿、天峻县茶卡北山地区锂铍矿、天峻县俄当岗地区锂铍矿等。累计查明资源量铅锌5万t,铜30t,银14t,石英岩153.27万t。现有探矿权56个,主要勘查矿种为"三稀"、金、铜铅锌和萤石、大理石、高纯硅用石英岩等,采矿权5个,开采矿种为铁矿和铅矿。

"十四五"期间以锂铍、萤石为重点勘查矿种,兼顾高纯硅用石英岩、金多金属矿产。以茶卡北山地区锂稀有稀土金属矿预查、德令哈市牙马地区萤石及稀有金属矿预查等项目为依托,加大勘查力度,争取实现锂铍等稀有金属矿产新的突破,提交茶卡北山一带锂铍稀有金属矿大中型矿产地,使该区成为青海省"三稀"资源基地,为青海省新材料产业发展提供新的支撑。拟设勘查规划区块28个,主要以找"三稀"、金、萤石等矿产为主,预期可提交"三稀"大中型矿产地2～3处,萤石、高纯石英岩矿产地2～3处,新增氧化锂铍资源量5万t,萤石矿100万t,高纯石英岩100万t。

7. 青海格尔木市卡尔却卡-夏日哈木铁铜镍石墨矿重点勘查区

青海格尔木市卡尔却卡-夏日哈木铁铜镍石墨矿重点勘查区位于柴达木盆地西南缘,南东起于托拉海河一带、北西至新青省界,呈北西-南东走向展布,东西长330～362km,南北宽30～90km,总面积19 348.8km²,行政划隶属海西州格尔木市、茫崖市管辖。

该区位于东昆仑Fe-Pb-Zn-Cu-Co-Au-W-Sn-石棉成矿带,目前已发现矿床(点)224处,其中小型及以上规模矿产地50处;勘查程度达到预查的153处、普查55处、详查及勘探16处,勘查程度中等,"十三五"期间新增矿床(点)69处。主要矿产地有格尔木市牛苦头地区铜铅锌矿床、尕林格铁矿床,肯德可克铁铅锌矿床,野马泉M4、M5铁锌矿床,茫崖镇虎头崖铜铅锌铜矿床,格尔木市夏日哈木镍多金属矿床,格尔木市它温查汉铁铜钼铅锌矿床,格尔木市妥拉海河一带石墨矿等,累计查明资源量金12.06t,银670t,铁3.78亿t,铜48.92万t,铅锌307.72万t,镍118.9万t,钼0.33万t,钴4.59万t。

该区位处祁漫塔格地区,是青海省主要铁矿、铜矿、镍矿开发利用基地,区内矿产地众多,成型的矿产地仅有少数勘查程度达到了详查以上,其余大部分仍处在普查阶段或是正在进行详查工作,进一步找矿的潜力很大。目前设置有探矿权114处,勘查矿种以铁、铜、镍、石墨为主,兼顾铅锌等有色金属;采矿权20处,开采矿种有铁、铜、镍等。

"十四五"期间以铁、铜、镍多金属矿及石墨为主要勘查方向,兼顾铅、锌等资源,以勘查区内已有的大中型铁铜多金属矿山为依托,开展深边部找矿。提高勘查区金铜多金属及稀有稀土矿的勘查程度,力争实现找矿新的突破。对已有的尕林格、野马泉、迎庆沟、卡尔却卡、夏日哈木等铁镍多金属矿区进一步开展综合勘查、综合评价工作,提高已有矿山的经济价值;对那西郭勒、可特勒高勒、图拉格图、鸭子沟、乌兰乌珠尔、卡尔却卡周围、夏日哈木周围等主要多金属靶区加大勘查力度,争取实现找矿突破,并进一步加强新材料的勘查力度;以妥拉海河、那西郭勒项目为依托开展石墨矿勘查工作,提高勘查程度,提升石墨资源储量,并加大勘查力度,实现区域找矿突破。拟设勘查规划区块41个,预期可提交大型铁矿产地1～2处,资源量1亿t;中小型铜铅锌镍矿产地3～5处,新增铜镍铅锌资源量100万t,金2t,大型石墨矿产地1～2处,新增晶质石墨500万t。

8. 青海格尔木市昆仑河-铜金山钨金多金属滑石矿重点勘查区

青海格尔木市昆仑河-铜金山钨金多金属滑石矿重点勘查区东起雪水河、西至加日马西、南达纳赤台、北止沙松乌拉山,东西向长约135km,南北向宽11～35km,总面积3 077.8km²,行政区划隶属格木市管辖。

该区属于东昆仑Fe-Pb-Zn-Cu-Co-Au-W-Sn-石棉成矿带,目前已发现矿床(点)81处,其中小型及以上规模矿产地9处;勘查程度达到预查的66处、普查9处、详查及勘探6处,勘查程度较低,"十三五"

期间新增矿床(点)17处。主要矿产地有石灰窑矿区西矿段大理岩矿床、格尔木市铜金山钨及滑石矿床等，累计查明资源量金0.3t，玉石0.31万t。

目前设置有探矿权31处，勘查矿种以石墨和滑石为主，兼金、建材非金属等；采矿权2处，开采矿种为玉石矿。

"十三五"期间依托昆仑河整装勘查区在金矿勘查方面取得了一定的成果，晶质石墨和滑石矿勘查方面取得了重大突破，但总体勘查程度仍较低，"十四五"期间，该区南部以开木棋陡里格-窑洞山-纳赤台Au、Cu、W多金属成矿远景区为基础，针对找矿前景较好的区段加快勘查进度。在黑刺沟、三岔河、万宝沟、小干沟等矿区开展金矿普查、详查工作，力争提交1~2处中小型金矿资源基地，并对已知的铜金山铜钨滑石矿加大资金投入，进一步扩大矿床规模；勘查区北部以石墨为主要勘查矿种，进一步加快区域石墨调查评价项目，力争提交1~2处矿产基地；以妥拉海河石墨矿普查项目为依托，加大勘查资金投入，加快勘查进度，力争提交大型石墨矿勘查基地1处，为进一步开发利用提供资源保障。拟设勘查规划区块4个，预期可提交中小型金矿地1处，资源量2t；滑石、钨矿中大型矿产地1~2处，提交滑石资源量2500万t，钨资源量10t。

9. 青海都兰县五龙沟-巴隆金锰镍萤石矿重点勘查区

青海都兰县五龙沟-巴隆金锰镍萤石矿重点勘查区西起雪水河一带、东至新隆—哈图一带、北至大格勒农场、南达开荒一带，总体呈东西向展布，东西向长约215km，南北向宽12~54km，总面积7 882.9km²，行政区划隶属海西州都兰县、格尔木市管辖。

该区属于东昆仑Fe-Pb-Zn-Cu-Co-Au-W-Sn-石棉成矿带，目前已发现矿床(点)188处，其中小型及以上19处；勘查程度达到预查的150处、普查26处、详查及勘探12处，勘查程度偏低。主要矿产地有都兰县无名沟-百吨沟金矿、都兰县五龙沟金矿床等，累计查明资源量金51.35t，银5.15t，铜3.7万t，铅锌8.38万t，铁5000万t。

目前设置有探矿权98处，勘查矿种主要为金，兼顾铜铁多金属等；采矿权9处，开采矿种有金、铁、铅、锌。

"十三五"期间金矿主要以五龙沟矿田为依托进行深边部及外围的找矿勘查，并取得了较好的进展。"十四五"期间以提高资源储量为目标，主要以金、锰矿为重点勘查矿种，兼顾萤石、铅锌矿产，拟继续对新老金矿床进行深边部的勘查；对区内新发现的铀矿、锰矿、页岩气进一步加大勘查力度，提高勘查程度；以三通沟北地区金多金属矿、鑫拓金多金属矿、石头坑德铜镍矿(估算镍资源量10万t以上，为重要的镍矿勘查开发后备基地)等项目为依托，加大勘查力度，拓展深部及外围找矿，扩大规模。对其他金矿化点及1:2.5万水系沉积物金异常进行检查和查证，寻找新的金矿资源地。矿床类型主攻构造蚀变岩型金矿、矽卡岩型铁矿、热液型铅锌矿、沉积型锰矿等。拟设勘查区块42处，预期可提交中小型金矿产地2~3处，资源量20t；铜铅锌矿产地2~3处，资源量30万t，小型铀矿产地1处，资源量1000t，大型锰矿产地1处，资源量500万t。

10. 青海都兰县沟里-那更康切尔金银多金属矿重点勘查区

青海都兰县沟里-那更康切尔金银多金属矿重点勘查区区东起瓦严哈拉、西到香日德农场、南起尕日当一带、北止夏日哈镇，东西长约104km，南北宽约100km，总面积9 454.7km²，行政区划隶属海西州都兰县管辖。

该区属于东昆仑Fe-Pb-Zn-Cu-Co-Au-W-Sn-石棉成矿带，目前已发现各类矿床(点)253处，其中小型及以上规模矿产地48处，"十三五"期间新增矿产地49处。勘查程度达到预查的172处、普查57处、详查及勘探24处，勘查程度偏低。主要矿产地有都兰县果洛龙洼金矿、瓦勒尕金矿、阿斯哈金铜矿、督冷沟铜钴矿、都兰县哈日扎铅锌矿床、都兰县那更康切尔沟银矿床等，累计查明资源量金27.95t、银

400t、铜 12.3 万 t、铅锌 7.45 万 t、铁 2 858.2 万 t、晶质石墨 35.7 万 t。

该区是青海省主要的金银矿集区,目前设置有探矿权 152 处,勘查矿种以金、银、镍为主,兼顾铅锌等有色金属;采矿权 24 处,开采矿种有金、铜、铅锌、铁等多金属。"十三五"期间取得找银重大突破,新发现都兰县那更康切尔沟银矿床,成为青海省首个超大型独立银矿床,显示出金银巨大潜力。

"十四五"期间主要以金银锰矿为重点勘查矿种,兼顾铜铅锌等矿产,主要以达热尔金矿预查、都兰县色日地区金矿普查、各玛龙地区银多金属矿预查、都兰县那更康切尔北银多金属矿预查、扎玛休玛铜多金属矿预查、枪口南银多金属矿预查等项目为依托,并开展都兰县果洛龙洼金矿、都兰县瓦勒尕金矿、都兰县阿斯哈金铜矿、都兰县按纳格金矿、玛多县抗得弄舍金多金属矿、都兰县哈日扎铅锌银多金属矿、都兰县那更康切尔沟银矿、兴海县什多龙铅锌银矿床等成型矿床的深部、边部及外围的勘查工作,提高工作程度,扩大矿床规模;以 1∶2.5 万地球化学测量成果为基础,形成以果洛龙洼—达热尔一带金矿,勘查区南部督冷沟、龙什更一带找铜钴石墨,勘查区西部那更、各玛龙一带找银的勘查格局。拟新设勘查区块 42 处,预期提交中型金矿产地 1~2 处,资源量 20t;中型银矿床 1 处,资源量 1000t;中小型铅锌矿产地 2~3 处,铅锌资源量 20 万 t;其他锰、钴石墨等矿产地 1~2 处。

11. 青海共和-贵德盆地地下热水干热岩重点勘查区

青海共和-贵德盆地地下热水干热岩重点勘查区东起贵德县常牧镇、西至共和县沙珠玉、南临贵南县过马营镇、北止共和县甘德,东西长约 122km,南北宽 33~51km,总面积 4 785.9km²,行政区划隶属海南州贵德县、共和县管辖。

该区属西秦岭 Pb-Zn-Cu(-Fe)-Au-Hg-Sb 成矿带,目前已发现矿床(点)38 处,其中小型及以上 17 个;勘查程度达到预查的 12 处、普查 19 处、详查及勘探 7 处,勘查程度中等。工作部署主要涉及共和盆地和贵德盆地,主攻矿种以地下热水、干热岩为主。主要矿产地有共和县恰卜恰地区地下热水、贵德县贵德地区地下热水、青海共和盆地干热岩等。共和、贵德盆地已勘查出埋深 200~1800m,水温井口温度 35~105℃的地下热水资源,主要类型为隆起山地对流型地热资源(又称构造裂隙型)。贵德盆地、共和盆地出露温泉约 13 处,水温 40~90℃。

该区现有探矿权 2 个,主要勘查矿种为铜和地热资源等,采矿权 4 个,开采矿种以地下热水为主。青海省目前中深部地下热水资源开发利用程度较低,仍停留在地热资源开发利用初级阶段,开发利用多以洗浴、供暖为主。

"十四五"期间重点在共和—贵德等地热资源勘查情况翔实的地区进行进一步的地热资源开发利用,以共和盆地的共和县恰卜恰镇的干热岩地热能的开发利用为重点,继续开展干热岩开发利用关键技术研究工作,2021 年前在共和盆地开展另外 2 口 4000m 深井施工和压裂储层建造实验工作,争取通过"三井模式"(一注两采),实现试验性发电,至 2025 年,力争实现 50MW 经济性、规模化发电。拟设勘查规划区块 3 个,预期可提交可供开发的大型地热资源 2~3 处。

12. 青海治多县多彩地区铜铅锌矿重点勘查区

青海治多县多彩地区铜铅锌矿重点勘查区位于多彩—当江一带,西起俄昌公仁、东到赛依曲玛龙、北起治多县、南到东地涌,长约 121km,宽约 47km,面积 5 189.4km²,行政区划隶属治多县、玉树县管辖。

该区位于著名的三江多金属成矿带的北西段,属三江多金属成矿带通天河印支期铜、铅、锌成矿亚带,是青海省重要优势金属铜铅锌矿产富集区,区内铜铅锌资源丰富,目前已发现矿产地 24 处,小型及以上 3 处;勘查程度达到详查的 2 处、普查 6 处,其余全部为预查,勘查程度低,找矿前景大,主要矿产地有治多县多彩地区铜多金属矿床、尕龙格马(东区)铜铅锌矿床、当江铜多金属矿床和查涌铜多金属矿床等。现有探矿权 16 个,勘查矿种为铜铅锌多金属矿,采矿权 1 个,为治多县尕龙格玛铜多金属(东)矿,采矿权面积达 0.025km², 勘查矿种为铜。

"十三五"期间,由于受保护区设置影响,该区整装勘查仅实施一年,限制了项目成果进一步显现。其中,查涌、撒纳龙哇矿区取得突破性进展,资源量大幅提高;米扎那能、当江和多日茸找矿前景进一步扩大。

"十四五"规划期,根据外部环境,适时通过已有探矿权进行勘查,提高勘查程度,进一步扩大资源量。拟设勘查规划区块 5 个,进一步扩展勘查区矿种,以期发现新的矿产地。预期提交铜铅锌中大型矿产地 2~3 处,新增铜铅锌资源量 200 万 t、金 20t。

(二)重点勘查区管理

重点勘查区按照"整体勘查、整体评价"的原则,合理设置探矿权,实施科学、有序的矿产资源勘查工作,引导各类资金投入,加大找矿力度,优选具有大中型远景的找矿靶区实施重点勘查。"十四五"期间,建议从以下 3 个方面继续加强管理。

1. 引导各类资金投入,加大找矿力度

引导财政和其他资金投入,国家和地方公益性地质投入优先向重点勘查区倾斜,在部署找矿突破战略行动时优先在重点勘查区内安排找矿项目。着力打造以市场为导向的多元投资平台,鼓励和引导社会各方资金和力量参与勘查,支持矿山企业开展接替资源勘查,力争战略性矿产资源储量有较大突破,新增一批矿产地。

2. 严格勘查区块退出机制,防止"圈而不探"

服务和引导商业性矿产勘查。区内优先投放探矿权,全面加强基础性地质工作和找矿前期工作,提高研究程度,降低找矿风险。鼓励战略性矿产勘查,提高高风险勘查的资金投入,充分发挥地质勘查基金分担勘查风险和政策调控的作用。实行财政出资项目信息公开制度,服务和引导商业性矿产勘查。进一步确立社会资金在商业性矿产勘查中的投入主体地位,加大力度引进社会资金参与矿产资源勘查工作,鼓励有实力的地勘单位和矿业集团参与地质勘查,通过合理规划勘查布局和政策引导,让企业成为勘查投资主体。

3. 积极推进绿色勘查

部署实施绿色勘查示范项目,大力发展和推广航空物探、遥感等新技术和新方法,健全绿色勘查技术体系。探索推广绿色勘查手段,调整对生态环境影响较大的勘查技术方法,积极引导和鼓励勘查单位采用新技术、新设备、新手段,健全绿色勘查技术体系,严格落实勘查施工环境保护措施,尽量降低勘查工作对环境的扰动和影响。

四、重点开采区

为保障矿业持续健康发展,根据新形势、新要求和省级"十四五"矿产资源总体规划编制思路及政策要求,结合全省矿产资源禀赋、开发利用现状、产业状态、生态保护要求等,以青海省重要优势矿产为重点,划定了对地方经济和社会发展有重要支撑作用的重点开采区,促进矿产资源开发利用方式更加低碳环保,开发利用格局更加稳定,促进矿产资源开发利用走向绿色化、智能化、规模化可持续性发展(周飞,2010),达到合理开发、有效保护的目的,促进青海省社会经济高质量发展。

(一)重点开采区划分

重点开采区是指能源资源基地和国家规划矿区之外,矿产资源成矿条件较好,主要以区域优势特色矿产为主的,或者是重要矿产资源相对丰富,有大中型矿产地、重要矿产集中分布;具有一定开发利用基础,矿产资源的开发利用条件较好,开发利用强度较大,在全国或全省具有一定优势的大中型矿产地和矿区较为集中,开发潜力较大;具有一定资源环境承载能力;可以作为支撑资源安全稳定供应的重要后备保障区(谷树忠等,2014);可促进矿产资源规模开采、集约利用和有序开发,对地区经济社会发展有重要支撑作用的矿产资源集中开采区域。

根据以上原则,全省划定重点开采区9个(图3-2),见表3-18。

表3-18 青海省重点开采区一览表

编号	名称	主要矿种	面积(km^2)	已设探矿权数(处)	已设采矿权数(处)	拟设采矿权数(处)	已设采矿权设计生产规模(万t/a)	大中型矿区数(处)	大中型矿山数(处)
CZ1	青海海西旺尕秀石灰岩矿	石灰岩、煤	548.9	4	7	1	855	2	6
CZ2	青海海西柯柯盐湖盐矿	盐矿	268.5	0	3	0	230	1	3
CZ3	青海海西丁叉叉山钛矿	钛	709.8	14	4	1	62.5	1	1
CZ4	青海海西茶卡盐湖盐矿	盐矿	191.8	0	2	0	120	1	2
CZ5	青海海南共和地热	地热	294.3	0	2	0	4.83	1	1
CZ6	青海海南贵德地热	地热	308.9	0	3	0	14.1	1	0
CZ7	青海海南满丈岗金铅锌矿	金、铅、锌	1 362.3	15	2	1	23.5	3	2
CZ8	青海黄南恰冬铜多金属矿	铜	309.7	8	3	0	31	0	0
CZ9	青海海南索拉沟铜铅锌矿	铜、铅、锌	536.3	3	2	0	63	0	0
合计			4 530.5	44	28	3	1 403.93	10	15

1. 青海海西旺尕秀石灰岩矿重点开采区

该区位于青海省德令哈市东南,交通、电力等基础设施条件好,是柴达木循环经济区主要的制碱用灰岩、电石用灰岩、水泥用灰岩开发基地。

区内主要矿产有石灰岩、煤等,矿产地有19处(含矿点、矿化点),其中大型1处,中型1处,小型4处,矿点9处,矿化点4处。保有的制碱用石灰岩资源储量为8.57亿t,电石用石灰岩14.52亿t,水泥用石灰岩4.14亿t。矿区(不包括油气)设置有6处,其中煤矿2处(停产),石灰岩1处,铁矿1处(未利用);旺尕秀石灰岩大型矿区1处,尕海南黏土中型矿区1处,巴勒格坦铁矿等小型矿区4处。

近年来海西州关闭了位于德令哈市北部的柏树山石灰岩矿,旺尕秀石灰岩矿继而成为重要的资源接替区。区内石灰岩的开发利用程度较高,开发利用主要以石灰岩为主,采矿权7个(不含州县发证的砂石、黏土等建材非金属矿采矿权),设计生产规模为855万t/a,其中设计生产规模最大的旺尕秀地区石灰岩矿14矿为370万t/a,目前除州县发证的采矿权外,没有其他采矿权。现有矿山中,有旺尕秀地区石灰岩矿02(生产)、03(筹建)、07(生产)、14矿(生产)大型矿山4家,旺尕秀地区石灰岩矿01矿(生产)、旺尕秀石灰岩矿(筹建)中型矿山2家,旺尕秀石灰岩矿(关闭)小型矿山1家。"十四五"期间将规范化合理利用区内的石灰岩资源,石灰岩开采规划由州县级规划部署,拟设铁矿开采规划区块1个,具有建设小矿的矿产资源条件,规划生产规模为20万t/a。

2. 青海海西柯柯盐湖盐矿重点开采区

该区位于乌兰县柯柯镇西南部,交通便利,供水供电能满足生产需要。区内矿产地只有乌兰县柯柯盐矿1处。保有的盐矿(固体NaCl)资源储量为16.81亿t,盐矿(液体NaCl)资源储量为0.31亿t。

柯柯盐湖是青海省乃至全国重要的工业用盐和食用盐生产基地之一,柯柯盐厂的开发始于20世纪70年代,开发利用的矿产为盐矿(NaCl)。区内有青海省盐业股份有限公司柯柯盐厂(生产)、中盐青海昆仑碱业有限公司柯柯盐矿(停产)、青海发投碱业有限公司盐湖东部盐矿(停产)采矿权3个,规模均为大型,盐矿的设计生产规模为230万t/a,但有2个矿区自2015年以来均处于停产状态,只有青海省盐业股份有限公司柯柯盐厂处于生产状态。"十四五"期间,区内不再新设采矿权,建议通过加大开发进程,停产矿区尽快恢复生产,通过科技创新等方式提高矿山企业的经济效益。

3. 青海海西丁叉叉山钛矿重点开采区

该区位于海西州乌兰县境内,成矿条件相对优越,矿产资源以铌钽、金及多金属为主,区内矿产地有45处(含矿点、矿化点),其中大型1处,小型6处,矿点9处,矿化点29处。矿区(不包括油气)有7处,其中金矿2处,钛矿1处,铁多金属矿4处,乌兰县丁叉叉山南坡钛矿大型矿区1处,阿移项铁矿等小型矿区6处。截至2020年底,上表保有钛矿(金红石TiO_2)资源储量87.66万t,石榴子石矿石量6 336.7万t,铁矿石量129.36万t。

矿产资源开发所利用的矿产主要以铁、金为主,现有采矿权4个:丁叉叉山南坡钛矿大型矿山(筹建)1个,阿移项铁矿(生产)、赛坝沟金矿(生产)小型2个,其柔铁矿(停产)小矿1个;岩金采矿权1个,铁矿采矿权2个,钛矿采矿权1个,设计生产规模62.5万t/a,其中钛矿为50万t/a。"十四五"期间,达到开发利用条件的只有青海省乌兰县赛坝沟金矿外围金多金属矿,该规划区块为原有采矿权的外围探矿,故不再新设开采规划区块。

4. 青海海西茶卡盐湖盐矿重点开采区

该区位于柴达木盆地东缘,行政区划隶属海西蒙古族藏族自治州乌兰县茶卡镇管辖,交通非常便利,供水供电能满足生产需要。

茶卡盐湖是青海省乃至全国著名的工业用盐和食用盐生产基地,所产"青盐"历史悠久,闻名国内外,但真正规模开发始于20世纪60年代,在20世纪80年代,青藏铁路修建时,从察汗诺—茶卡修建有运盐专线铁路,近年来随着旅游的日趋兴旺,盐湖资源逐渐以特殊的旅游资源而兴起,每年夏秋季来矿区观光旅游的中外游客络绎不绝。

区内矿产资源单一,主要矿产地为茶卡盐湖,保有的盐矿(固体NaCl)资源储量为3.39亿t,盐矿(液体NaCl)资源储量为63.1万t。区内设置有采矿权2个,青海省盐业股份有限公司茶卡制盐分公司茶卡盐湖盐矿(生产)大型矿山1个,青海省海西州莫河骆驼场茶卡盐湖盐矿(生产)中型矿山1处,矿产资源开发利用的矿产以盐矿为主,盐矿设计生产规模为120万t/a。目前重点开采区内的矿产资源的开发利用情况总体运行较平稳,已有采矿权设置较合理,符合规模开发、集约利用的条件,矿产资源所产生的经济效益好。"十四五"期间,根据矿产资源勘查开发利用现状,区内不再新设采矿权,根据市场需求,可适当扩大现有采矿权的开采规模以满足市场需求。建议将青海省海西州莫河骆驼场茶卡盐湖盐矿的开采规模扩建为15万t/a。鼓励企业对盐湖中共(伴)生矿产进行综合利用,通过科技创新等方式提高矿山企业的经济效益。

5. 青海海南共和地热重点开采区

该区位于共和盆地,行政区划隶属青海省海南州共和县管辖。区内主要矿产地有共和县恰卜恰地区地下热水、青海共和盆地干热岩等,成矿条件十分优越,地下热水、干热岩等矿产资源具有很大的找矿潜力和资源优势。区内矿产地有6处,其中大型1处,中型1处,小型2处,矿点2处。

上表地下热水允许开采水量4.83万t/d,热量105.78×10^8 kJ/d。重点开采区地下热水开发始于21世纪初,现有龙羊峡镇阿乙亥村黏土矿一厂等采矿权2个,均为小型黏土矿。"十四五"期间,拟设地热开采规划区块1个,为青海省共和县恰卜恰镇地下热水,规划生产规模为14.1万t/a,具有建设1处大型矿山的矿产资源条件。

6. 青海海南贵德地热重点开采区

该区行政区划隶属青海省海南州共和县、贵德县管辖,成矿条件优越,主要矿产有地下热水、石英岩、饰面用大理岩、石灰岩等,开发利用的主要矿产为地下热水、大理岩。区内有矿产地5处,并且勘查程度较低,找矿空间巨大。上表地下热水资源量267.1万m^3,有贵德县贵德地区地下热水、贵德县罗汉堂地区地下热水上表矿区2处,其余矿点、矿化点因工作程度低未上表。

区内有贵德温泉宾馆扎仓地热1号、2号井、贵德县温泉福利浴疗院扎仓地热3号井、贵德温泉浴疗山庄采矿权3个(不含州县发证的砂石、黏土等建材非金属矿采矿权),全部为关闭状态,地下热水的设计生产规模为14.1万t/a,其中扎仓地热3号井为9.2万t/a。"十四五"期间区内金属矿产资源无可供开发的矿区,应加强重点矿区内干热岩等矿产资源的勘查工作,为区内矿产资源开发利用提供依据。

7. 青海海南满丈岗金铅锌矿重点开采区

该区位于海南州兴海县,成矿地质条件十分优越,主要矿产为金、铜、铅、锌等,具有很大的找矿潜力和资源优势。区内矿产地有45处(含矿点、矿化点),其中有中型3处,小型3处,矿点19处,矿化点20处。上表保有铅金属量6.55万t,锌金属量36.83万t,金金属量1.27t。重点开采区内的矿区(不包括油气)有6处,其中铜多金属4处,金矿(岩金)1处,饰面用花岗岩1处;兴海县满丈岗金矿、什多龙铅锌银矿、都兰县清水河花岗岩矿中型矿区3处,兴海县什多龙北山铅锌矿、共和县扎龙加当根铜金银矿、共和县都贡玛铜矿小型矿区3处。

开发所利用的矿产以金、铅、锌矿为主,有兴海县什多龙铅锌矿(生产)、兴海县满丈岗金矿(筹建)采矿权2个(不含州县发证的采矿权),均为中型,铅锌矿设计生产规模为10万t/a,金矿设计生产规模为13.5万t/a。"十四五"期间,拟设开采规划区块1个,为很琼沟脑铁铜矿,具有建设小型矿山的矿产资源条件,规划生产规模5万t/a。

8. 青海海黄南恰冬铜多金属矿重点开采区

该区属青海省黄南州同仁市、海东市循化县管辖,成矿条件优越,矿产资源主要有铁、铜、金等。区内有矿产地49处,小型4处,矿点14处,矿化点31处。勘查程度很低,矿产资源勘查有非常大的找矿空间。上表保有金金属量 1.40t,铜金属量 0.45 万 t,铁矿石保有资源储量为 190.59 万 t。

矿产资源开发利用的矿产主要以铜、金为主,矿产资源开发为促进地方经济发展作出了较大的贡献。区内有同仁市恰冬铜矿、同仁市双朋西铜金矿、循化县谢坑铜金矿采矿权 3 个,均为以铜为主的采矿权,矿山规模均为小型生产矿山,设计生产规模为 31 万 t/a。"十四五"期间,上表矿区规划已办理采矿权的维持原有开采规模和方式,由于金属矿产探矿权较多,部分已开展详查工作,预留采矿权青海省循化县谢坑铜金矿谢坑深部(3332m 标高以下)为原有采矿权外围,此次不再设置开采区块。应加强重点矿区内矿产资源的勘查工作,为区内矿产资源开发利用提供依据。

9. 青海海南索拉沟铜铅锌矿重点开采区

该区属青海省海南州兴海县管辖,成矿地质条件十分优越,主要矿产为铜、铅、锌等,开发利用主要以铁、铜矿为主,金、铜、铅、锌等矿产资源具有很大的找矿潜力和资源优势。区内有矿产地 14 处,中型 1 处,小型 2 处,矿点 3 处,矿化点 8 处。上表保有铁矿石资源储量 130.12 万 t,铜金属量 5.39 万 t,铅金属量 1.91 万 t,锌金属量 3.55 万 t。

区内现有兴海县白尕湖铁矿(生产)、索拉沟铜多金属矿(停产)采矿权 2 个,中型矿山 1 个,小型矿山 1 个,2 个采矿权开采矿种分别是铁和铜,铁矿设计生产规模为 30 万 t/a,铜矿设计生产规模为 33 万 t/a。"十四五"期间,不再新设开采规划区块,已办理采矿权的矿区在维持原有开采规模,已设的探矿权也较多,多金属矿产的找矿潜力巨大。

(二)重点开采区管理

重点开采区采用统一规划开采,科学合理地设置矿业权,从而优化和调整矿产资源开发结构和布局,调控矿产资源开发总量和开发强度(王岩等,2018),做到有序开发,以保证经济发展对重要矿产资源在中长期时段内的需求,以免造成大中型矿产地被分段开发、资源浪费、开发秩序混乱、生态环境破坏等现象。"十四五"期间,建议从以下 4 个方面继续加强管理。

1. 优化矿山布局,引导规模化开采

鼓励企业利用市场化的方式依法做好矿产资源开发整合,逐步淘汰资源利用水平低、安全和环保问题突出的矿山,引导资源向大型、特大型现代化矿山企业集中,优化矿山布局和企业结构,促进重要矿产规模化开采。提高矿产资源的开发利用水平、资源精深加工水平,鼓励矿山企业加大科技投入,全面提高采、选、冶水平,鼓励在矿产品市场前景好、有后续加工产业的矿种分布的区域开展矿产资源开发活动。

2. 创新多矿种协调开发机制和模式

采取差别化管理,促进多种资源科学开发、有序开发和综合开发。加快基础设施建设,保障区内矿产资源开发必要的用地需求。规范开发秩序,鼓励采矿废石利用,实现高效利用,形成集约、高效、协调的矿山开发格局。促进矿产资源开发利用合理布局,科学划分开采规划区块,合理确定大矿周边安全距离,指导采矿权合理设置,原则上一个开采规划区块一个主体,防止将矿产地化大为小和分割出让,促进规模开发、整体修复,推进整山开采,不留残山残坡。严格矿区生态修复主体责任,加强矿区生态保护与修复。全面推进矿业权竞争性出让,调整与竞争性出让相关的采矿权审批方式。积极推进"净矿"出让,加强矿业权出让前期准备工作,优化矿业权出让流程,提高服务效率。

3. 政策倾斜与约束机制并举

根据重点矿区建设需求和矿业经济发展状况,适时将开采总量调控指标向重点开采区倾斜。省内实行总量调控矿种的矿业权投放及开采指标优先向重点开采区配置。优先在重点开采区内安排矿产资源开发与保护、资源节约与综合利用重大工程项目。加强矿山地质环境生态修复,率先开展绿色矿山建设,优先建成绿色矿业格局。

4. 加强重点开采区矿产资源开发利用监管

坚持放管结合、并重,落实监管责任,健全监管规则,创新监管方式,强化事中事后监管。不断完善"双随机、一公开"监管相关配套制度和工作机制,建立健全集矿产资源"探、采、储、治、查、监"一体化管理模式的综合监管平台,及时掌握矿产储量增减、资源利用水平、矿山地质环境等动态变化情况,强化对重点开采区内矿产开采活动的监督。加强矿山生产指标、矿山环境生态修复等考核,形成市场自律、政府监管、社会监督互为支撑的协同监管格局。

第四章　矿产资源差别化管理研究

本章主要对青海省内重要矿产资源，在资源态势、生态安全、市场供需、开发利用水平影响等方面，运用综合分析方法，研究确定全省"十四五"期间矿产资源勘查开发的重点方向。

第一节　矿产资源差别化管理现状分析

一、差别化管理现状

"十三五"青海省矿产资源工作严格落实全国矿产资源规划要求，认真贯彻执行《青海省绿色勘查管理办法（试行）》《保护性开采的特定矿种勘查开采管理暂行办法》《开采总量矿种和指标管理的暂行办法》等文件，坚持规划引领，加强规划审查，推进找矿突破战略行动，坚持绿色勘查、和谐勘查，提高矿产资源勘查及开发准入条件，强化矿产资源勘查开发监督，实施储量动态监管。以柴达木盆地、柴达木盆地北缘、东昆仑、阿尔金等成矿区（带）为主攻地区，兼顾地方政府支持、群众愿意、勘查开发条件好的其他地区。

"十三五"期间，青海省矿产资源工作紧紧围绕全省经济社会发展的需要，将市场紧缺、找矿潜力大的石油、天然气、有色金属、贵金属、钾盐、铀矿、"三稀"矿产等列为重点勘查矿种，兼顾页岩气、煤层气、油页岩、地热、干热岩、晶质石墨、钛、矿泉水等矿产勘查；限制钨、锡、锑、钼、稀土、砂铁等矿产勘查；禁止汞矿、砂金、泥炭等矿产勘查。稳定石油、天然气、煤炭、铅、锌、钾盐、硼、石棉等矿产的开采规模；适度加大铜矿、金矿、锂矿、锶矿、镁盐、制碱用灰岩、湖盐、地热、矿泉水等矿产的开采规模；积极推进镍、钛矿（金红石）、晶质石墨等矿产的开发利用进程；鼓励芒硝、石膏、石英岩、饰面石材等矿产的开发利用；限制开采国家产业政策限制、市场供过于求的矿种，重点限制钨、锡、锑、钼、稀土开采；禁止开采会造成严重环境、社会问题的汞矿、砂金、泥炭、可耕地砖瓦用黏土等矿种。按照保持矿产资源开采总量与经济社会发展水平和需要相适应的原则，合理制定满足国家开采总量调控要求、符合青海省实际的优势矿产开采总量指标，对国家实行保护性开采的特定矿种实行总量调控，加强对产量过剩的钨矿的开采管理，严格控制钨等矿种的新设采矿权数量，钨矿的开采总量控制在国家下达的指标以内（青海省人民政府，2018）。

"十四五"规划期，结合青海省生态环境和资源状况，全省的勘查开发活动主要集中于具有一定生态环境承载能力的柴达木盆地及其周缘地区，区域内以建设世界级盐湖产业基地为目标，开展第四系现代盐湖可采储量现状调查，加快深层卤水勘查与可利用性评价。持续稳定钾，扩大锂，突破镁，开发钠，培育硼，提高共伴生元素溴、碘、铷综合高效利用水平。围绕柴达木循环经济和发展新材料产业的需求，在盆地周缘地区重点开展镍、钴、锂、铍、金、铂族等紧缺矿产资源勘查，兼顾晶质石墨、萤石、滑石等新材料矿产资源勘查，进一步加大石油、天然气、黑色金属、有色金属、贵金属等矿产的勘查开发力度，提高综合开发、循环利用和精深加工水平,进一步提升矿产资源开发利用效益,推进矿业转型升级、提质增效和循环发展。提交一批可供进一步勘查和开发的矿产地,为经济社会发展提供优质高效的资源保障(青海省人民政府,2022)。

二、必要性和可行性分析

根据自然资源部《省级矿产资源总体规划编制技术规程》(自然资办发〔2020〕19号)及自然资源部、国家林业和草原局《关于生态保护红线自然保护地内矿业权差别化管理的通知》的要求,落实国家区域发展战略、主体功能区战略,综合考虑省域范围内不同区域的区位优势、经济发展、资源态势、开发现状、产业转型和资源环境承载能力等特点,明确不同区域差别化的发展定位,强化矿业功能区布局,着重体现勘查开发方向的差异性、重点开采矿种的差异性、资源型产业发展的差异性等(王庆民等,2022)。结合青海省资源产业现状和社会经济发展需求,针对不同矿种、不同区域提出差别化的勘查开发利用方向,明确重点和禁止开采的矿种和区域,推动资源开发与生态环境保护相协调。

矿产资源规划对于矿产资源勘查、开发利用等做的总体部署,只有通过不同矿种、不同区域采取的精准化、差别化管理政策,将矿产资源宏观调控政策分解为作用于不同受控客体的有差别的经济调节参数,才能得到真正的落实和实施。不同矿种、不同地区实施差别化管理政策,提出重点和禁止等有差别的政策措施,是对矿产资源勘查、开发进行宏观调控的重要抓手,是进行矿政管理的重要依据,也是实现矿产资源宏观调控目标的重要政策保障。因此,继续实行矿产资源差别化管理是十分必要的。

矿产资源差别化管理是指为了提高矿产资源管理效率,针对不同矿种、不同区域而实施的具有针对性的不同管理措施、政策等,是矿产资源宏观调控的微观化、精细化管理。经过几轮规划的实施,相关政府部门在差别化管理方面积累了丰富的经验,取得了显著的成效,并制定出了不同的差别化管理办法、政策等。因此,继续实行矿产资源差别化管理是可行的。

结合青海省重要的能源资源地位、生态环境地位、经济发展状况等特点,依据国家产业政策和生态文明建设要求,明确重点、限制和禁止勘查、开发的矿种资源,立足于"一盆一区两屏障",构建"南北保护,西部开发,东部协调发展"的规划分区新格局,保障能源资源安全,协调生态环境保护,优化矿山开发结构,驱动科技创新转化,加快矿业产业转型。

三、差别化管理形势分析

"十四五"期间,国家紧缺战略性矿产、青海省优势矿产需求总体呈上升趋势,盐湖矿产产量在全国占有绝对优势,能源矿产除天然气外均不能满足省内需求,金属矿产供需矛盾突出,建材等传统非金属矿产资源除电石用灰岩供需基本平衡外,其他大多无法满足市场需求。

国家能源资源安全保障对矿产资源提出了新需求。青海省盐湖矿产、石油、天然气、镍、铜、铅、锌、金、干热岩等优势矿产在全国具有重要战略意义,需进一步加大矿产勘查开发力度,不断提升矿产资源综合利用水平,在保障国家能源资源安全中发挥重要作用,尤其在盐湖矿产资源方面,保障世界盐湖产业基地建设。

高质量发展对矿产资源保障提出新要求。以"碳达峰、碳中和"目标为矿产资源转型变革的重要方向,在加强传统优势矿产资源勘查开发的基础上,紧密围绕柴达木循环经济体系和新材料产业发展,注重锂、镍、钴、石墨、萤石等新材料矿产资源勘查,提高矿产资源的综合利用和节约集约水平,增强与延伸循环经济产业链,促进产业转型升级。

"四地"建设为矿产资源工作提供了新机遇。建设世界级盐湖产业基地需加大盐湖矿产勘查开发力度,实现盐湖资源增储,夯实资源基础;打造国家清洁能源产业高地需加强地下热水、干热岩、页岩气、砂岩型铀矿等清洁能源资源的勘查开发力度,助推"清洁能源示范省"建设;打造国际生态旅游目的地需加强生态环境地质、地质遗迹调查及城市地质调查等工作,为建设"国家公园示范省""高原美丽城镇示范省"提供地学支撑;打造绿色有机农畜产品输出地需加强生态农(牧)业地质工作,开展土地质量调查评价,为建设"绿色有机农畜产品示范省"奠定基础。

生态文明建设对矿产资源工作提出了新挑战。资源约束趋紧、工作范围压缩的严峻形势,给青海矿产资源勘查开发带来巨大挑战,也为地质勘查产业结构调整与转型升级带来机遇,积极应对挑战,以打造生态文明高地为目标,实施绿色勘查、建设绿色矿山,主动适应生态文明要求,谋求自身可持续发展,开拓创新,努力实现勘查开发新突破,矿产资源管理体制改革为矿产资源管理提供了新遵循,自然资源部关于矿业权出让登记、油气勘查开采、矿产资源储量评审备案、规范财政出资勘查工作等方面的改革,为青海省矿产资源管理工作提供了新的遵循,需进一步深化矿产资源管理改革,提升依法依规管理矿产资源的能力和水平。

第二节　主要矿产资源差别化管理研究

根据国家生态安全和能源资源安全战略,遵从青海省"一优两高"战略部署,围绕产业"四地"建设,综合考虑国民经济与社会发展布局,结合青海省矿产资源现状,资源环境承载能力和国土空间开发适宜性评价、资源禀赋特点和地质工作实际,针对青海省的主要能源矿产、战略金属、非金属矿产、优势重要矿产等提出差别化的勘查开发利用方向,明确重点勘查开采矿种,保障国家能源资源安全,推动资源开发与生态环境保护、区域发展相适应。本次针对国家战略矿产、全省优势重要矿产及"十四五"矿产资源总体规划主要指标矿产开展研究,优选盐湖、煤炭、铁矿、金矿、铜矿、镍矿、铅锌等矿种进行差别化研究。

一、盐湖矿产

(一)资源态势

盐湖矿产是青海省重要优势矿产和特色矿产,在全国占有绝对优势,钾盐、锂矿、镁盐保有资源储量居全国第一位,占全国的77.5%、56.7%和95.4%,盐矿(氯化钠)居全国第二位,硼矿居全国第三位。

以单矿种计,青海省上表盐湖主要矿产有钾盐(氯化钾)、镁盐(氯化镁、硫酸镁)、盐(氯化钠)、芒硝、硼矿、天然碱(碳酸钠、碳酸氢钠),盐湖还有稀有金属锂矿(氯化锂)、锶矿(天青石)等共计8种,10个亚种,伴生铷、碘、溴等3种,除锶矿、天然碱外,其他矿种均是以固液共存或液体矿的形态赋存于各盐湖中。其中,5个以盐(氯化钠)为主,4个以锶矿为主,其余均为钾、镁、盐共存的多组分共伴矿床。

以主矿种为矿区单元计,共有产地46个,其中以锂为主要矿产的矿区3个,锶矿4个,芒硝1个,天然碱3个,以盐(氯化钠)为主的矿区7个,以镁盐为主的矿区1个,以钾盐为主矿产的矿区21个,以硼为主的矿区6个。46个矿区中有大型28个,中型9个,小型3个,矿点6个。开采矿区24个,停采矿区2个,未利用矿区20个(魏小林等,2023)。

青海省盐湖矿产资源矿产地集中分布在海西蒙古族藏族自治州的柴达木盆地,矿床类型均为蒸发沉积型。柴达木盆地是一个北西向近似菱形的断陷盆地,北面为祁连山地槽褶皱带,南面为祁漫塔格地槽褶皱带和布尔汗布达山山坡隆升带。盆地出露的地层主要有古近系路乐河组($E_{1-2}l$)、下干柴沟组(E_3g)、新近系上干柴沟组(N_1g)、下油砂山组(N_2^1y)、上油砂山组(N_2^2y)、狮子沟组(N_2^3s)和第四系。盆地内盐类矿床开始于盆地形成期,新构造运动控制了盆地的发展及演化,也控制着盐类沉积的分布、沉积的厚度及各种元素的富集。构造沉降部位同时沉积盐类,而且沉降越大,盐类沉积的厚度越大,相对集中的盐湖资源开发利用条件相对较好,适合进行规模化、集约化开发利用。

(二)供需态势

盐湖内的钾盐(KCl)和锂矿(LiCl)作为青海省的优势战略性矿产资源,"十三五"期间国内供需基本平衡。钾盐资源已是我国重要的资源开发基地,省内钾盐类开发利用相关产业已逐步成熟,开发经济效益较好,在国民经济中占有重要地位,其产品是我国主要的农业化肥供应原料,在我国战略性粮食安全保障中具有重大价值。青海省海西州有中国最大、世界第二大的察尔汗盐湖,盐矿资源储量达600亿t以上,锂矿资源也逐步发展为我国新能源的重要接续地。全省探明的锂资源储量1 787.46万t,占中国锂资源储量的83%。随着新兴产业和新能源产业的快速发展,锂资源的市场需求越来越大,对国民经济有重大带动意义,是未来主要保障我国资源安全的重要性矿种。2019年青海省全年生产1128万只锂离子电池,同比上年增长252.5%(青海省统计局,2021)。青海省把加快锂电产业发展作为推动该省产业转型升级、促进绿色发展的重要抓手,先后制定出台了《青海省千亿元锂电产业发展规划》《青海省新能源汽车推广应用实施方案》《青海省"十三五"新材料产业发展规划》等政策。比亚迪股份有限公司、中信国安实业集团有限公司、北大先行科技产业有限公司等锂电企业在青海均有布局。由此可见,未来全省的锂矿资源将迎来持续的需求增长。

(三)开发利用水平

柴达木盆地是我国最大的盐湖开发和化工基地,青海省作为全国主要的钾盐(肥)供应基地,其钾盐开发规模在全国拥有绝对优势,且拥有全国最大的单体采选企业。钾盐采选工艺技术水平在国内一直位居前列。截至2020年底,青海省开发利用的钾盐矿山16家,其中大型5家、中型6家、小型5家。

全省钾盐矿山的开发利用水平较高,钾盐"三率"指标均在全国平均指标以上,盐田采收率达标率80%,选矿回收率达标率100%,矿山尾水的利用率基本在90%以上。但钾盐矿山的综合利用水平不高,由于市场及工艺技术水平低,基本未对共伴生的盐(氯化钠)、镁盐等矿产进行综合利用,近年来各矿山对低品位固体钾矿的综合利用进行了探索,其中最具代表的是青海中航资源有限公司马海钾矿,在地表固体富矿开采殆尽后,将低品位固体矿的可采纳入了议事日程,经攻关研究,目前矿山采用淡水驱动溶解低品位钾矿,取得了良好的效果。

青海盐湖企业为进一步提高对盐湖资源的合理开发和综合利用,在察尔汗盐湖、西台吉乃尔盐湖和马海盐湖建设动态监测网络体系,建立盐湖资源动态数据库模型,实现了对卤水动态变化的实时监测,为科学合理开发盐湖资源提供了科学依据;察尔汗盐湖开展察尔汗盐湖低品位固体钾矿溶解转化开采-反浮选冷结晶法生产100万t/a氯化钾、利用含钾尾矿制取钾石盐热溶结晶法生产10万t/a精制氯化钾、盐湖卤水提钾后尾液电解法生产10万t金属镁一体化示范工程、吸附法从高镁锂比尾卤中提取1万t/a碳酸锂示范工程、盐湖资源开发副产物再利用生产100万t纯碱,察尔汗盐湖采矿回收率提高5%~10%,选矿回收率提高7%,镁盐综合利用率达5.8%,钠盐综合利用率达85%,锂盐综合利用率达15%,尾盐矿石再利用434万t/a,盘活承压卤水钾矿2277万t。巴仑马海盐湖投资约3000万元开展盐湖低品位固体矿固液转化实验。西台吉乃尔开展并完成了硫酸盐型卤水钾硼锂镁综合利用一体化示范基地建设。大柴旦大华化工有限公司开展了氯化锂、溴素等盐湖资源综合利用研究,建设年产1万t高纯氯化锂和2.5万t硼酸项目,建设年产6000t溴素产品生产线,实现了我国盐湖提取溴素工业化生产装置和溴素产品零的突破,填补了盐湖提溴和青海溴素产品的空白。

（四）生态环境安全评估

柴达木盆地是我国巨大的内陆盆地之一,面积12万 km^2,其中星罗棋布地分布着33个大小不等的卤水湖、半干涸盐湖和干涸盐湖,面积约3.18万 km^2,占盆地总面积的26.5%,其中蕴藏着极其丰富的盐湖矿产资源,是青海省得天独厚的优势资源,在国民经济建设中有重要地位。主要的钾镁盐矿床分布在盆地中、西部;硼矿床和锂矿床分布在盆地中部;锶矿床分布在盆地西部;湖盐矿床则遍布柴达木盆地。

柴达木盆地属于高原温性荒漠生态系统,主要是保护原生态地表地貌,恢复沙区林草植被,保护好土壤盐壳。

根据大气环境影响预测与评价结果,且矿产资源的开采主要分散在柴达木地区的人烟稀少区域,大气流动性较强,通过采取有效的废气处置措施,污染在一定程度上是可控的。因此规划实施对青海省大气环境影响相对较小。

（五）综合分析

盐湖矿产集中分布于柴达木盆地,是青海省最富特色,也最具有前景的矿产资源。在多种元素共伴生的盐湖矿产中,目前只有钾盐初步实现了大规模开发,液体钾盐矿的开发规模已基本接近规划期内资源储量所允许的最大规模,湖盐的开发稍具规模,而其他共伴生的锂、硼、锶、镁及芒硝的开发刚刚起步,开发潜力较大。

液体钾盐矿开发潜力主要体现在3个方面:一是多种共、伴生有益组分综合回收利用,提高资源综合回收率;二是产品向多元化发展;三是通过科技攻关,探寻开发固液转化的产业化工艺,使大量固体钾盐资源得以开发。

湖盐的开发潜力在于改变单一生产食盐的传统,走转化、合成的盐化工新路,开发纯碱、烧碱及氯酸盐等产品。

锂、锶及硼矿的用途比较广泛,市场有较大需求,开发潜力在于通过完善提取、转化工艺,研制生产系列产品。

镁盐的开发可充分利用提钾后老卤富镁的特点,加速研制无水氯化镁的生产工艺,开发系列产品。

盐湖矿产特殊的高原荒漠区产出特点,注定其开发利用对生态环境的影响较小,因此,需加强对盐湖矿产资源规模性、集约性、保护性和综合性开发,助力国家世界级盐湖产业基地建设。

二、煤炭

（一）资源态势

青海省地域辽阔,但煤炭资源相对贫乏,已发现的矿产地中以矿点为主。截至2020年底,《青海省矿产资源量简表》有煤矿区(井田)120处,其中大型3处(>5亿t),中型2处(2亿～5亿t),其余均为小型矿区;按井田划分,共有大型井田区段32处(>1亿t),中型9处(0.5亿～1亿t)。累计查明的煤炭资源量79.94亿t,其中海西州68.32亿t,占85.46%;海北州9.25亿t,占11.57%。两州煤炭资源储量77.57亿t,其中占全省的97.04%。其他查明资源储量的州(地)的累计查明资源储量和保有资源储量均不足3%。

全省煤炭资源分布极不均衡,主要分布在海西、海北两个自治州,其余各州、地仅有零星分布的小规模煤矿床(点)。而且煤炭资源以焦煤为主,累计查明31.66亿t,占全省已查明煤炭资源量的39.61%。其次为不黏煤,累计查明20.08亿t,占全省的25.12%。两种煤类合计约占全省总量的65%。

(二)供需态势

2000—2020年,青海省煤炭需求总量基本保持增长趋势,且需求占总能源需求的比重波动幅度较大,特别是西部大开发战略实施后的影响,致使2004—2009年间涨幅明显,2011年度回落到1 258.46万t,2016年达历史最高的2 087.77万t,此后逐年下降,整个"十三五"期间年均增长率为-6.8%。

青海省煤炭资源开发强度较低,2019年全省生产煤炭801.86万t,整个"十三五"期间,煤炭不能自给,平均每年需从甘肃、宁夏等省区调入煤炭300余万吨。同时,由于本省钢铁、铁合金、碳化硅等产业的需求,每年从陕西、内蒙古等地购进约100万t焦炭,"十四五"时期随着热电厂、钢铁、铁合金、碳化硅等行业生产规模的扩大,青海省原煤及焦炭的需求量还会进一步加大。从而形成一方面青海省的煤炭资源得不到有效开发,同时又大量调入原煤和焦炭,造成人力、物力的浪费,增加铁路运输的压力。根据《青海省国民经济和社会发展第十四个五年规划纲要》和能源工业发展规划,到2025年,煤炭产量将达到2225万t/a。"十四五"末全省煤炭开发总量控制在2225万t/a,其中焦煤产量1225万t,动力煤1000万t。到2035年将达到2500万t/a,其中焦煤1400万t,动力煤1100万t。因此,在"十四五"期间,青海省将通过加大煤炭资源勘查,适度发展煤炭开发加工产业,以"十四五"期间基本满足省内需求为目标来合理部署煤炭的开发工作,以改变省内煤炭及焦炭供应不足的矛盾。

通过对全省炼焦用煤、动力用煤、无烟煤资源储量进行分析,焦煤在煤炭总资源储量中占有较大优势,资源储量具有较高的保证程度,主要分布有江仓煤矿区、聚乎更煤矿区、弧山煤矿区、瓦乎寺煤矿区、阿仓河南、雪霍立、雷尼克、切吾曲和哆嗦公马煤矿区等9个矿区25个井田,大部分位于祁连山国家公园、自然保护区和生态环境脆弱区,从生态环保方面考虑,能够保证开发利用的不多,需求保障程度较低。动力用煤小型井田过多,大中型井田较少,不能保证较长时间内经济社会发展对动力用煤的需求,全省动力煤可供规模开发的井田、区段少,资源储量能够满足开发规模100万t/a以上的井田、区段仅有9处,通过鱼卡煤田、默勒煤矿区等的勘查新成果,资源储量有较大幅度增长,提高了动力煤的保证程度,到2035年产量达到1100万t,具较高的保证程度。无烟煤资源能够规模开发的井田更少,不能满足经济社会发展对无烟煤资源的需求,其保有资源储量有一定的增加,从2014年底的2.11亿t增加到2.38亿t,均为小型井田或矿点,无中型以上井田,缺乏能够进行大规模开发的大型井田,资源保证的服务年限较短。在10年服务年限内,资源储量能够保证的开发规模为135万t/a,15年时为90万t/a,20年时仅为45万t/a,20年后无烟煤资源储量不能保证开发需求,因此需要加大无烟煤的勘查力度。

(三)开发利用水平

煤炭资源是青海省优势战略性矿种,开发效益较好,但资源总量较少,仅占全国比重0.45%。青海省生产煤矿山"十三五"期间开发利用水平大幅提高,大中小型煤矿山的采区回采率均达到了设计和自然资源部最低要求。本次研究调查煤炭矿山共35家,其中生产矿山15家、停采13家、关闭5家、筹建2家。35家矿山中,大型矿山3家、中型7家、小型25家。35家矿山设计能力1609万t,实际生产能力656.18万t,产能利用率仅有40.78%,产能利用率低下;35家矿山配套建设洗(选)煤厂生产能力375万t,仅占设计采矿能力的21.75%,实际入选为零,煤矿洗选能力有待提高。15家生产矿山设计生产能力1075万t,实际生产能力656.18万t,产能利用率61.04%,产能利用率有待进一步提高。

(四) 生态环境安全评估

青海省属干旱气候,煤矿山的矿井(坑)废水提升地表经沉淀池沉淀后主要用于矿区绿化灌溉、喷洒降尘等,矿井(坑)废水全部利用,个别矿山因废水较少还需到其他地区运水使用。

青海煤矿山绝大多数均分布于偏远地区,周边人口稀少,远离城镇,给煤矸石及废弃岩土综合利用带来了不便,多数矿山除采坑回填、矿区修补道路外,煤矸石及废弃岩土基本无法利用,产生的煤矸石及废弃岩土主要堆置于排土场中。煤矿山距中心城镇较远,煤矸石无法最近加工,即使加工后,因销售市场较远,运费等费用叠加后,企业亏损,进而导致煤矸石的综合利用无法开展,只能就地堆存,待矿山闭坑后用作回填物料,只有少数矿山开展了煤矸石及废弃岩土综合利用的探索,大量尾矿堆存,不仅会对压覆土地造成污染,随着雨水的到来,也存在滑坡等地质风险。

(五) 综合分析

青海省煤炭资源分布极不均衡,煤炭资源集中分布在西部地区的大柴旦地区和天峻县木里、江仓及海北州的默勒、热水地区,或处在干旱的戈壁荒漠边缘地带,或分布于高寒山区,缺水缺电,交通极为不便。严酷的自然环境和脆弱的生态系统严重制约着矿区的规模开发。

(1) 资源总量不大,地域分布不均衡。全省保有煤炭资源储量79.16亿t,由于青海省人口较少,煤炭资源人均占有量近1260t。但是全省煤炭资源的分布极不均衡,主要集中分布于海西州,其保有资源储量占全省的87.36%,其次为海北州。而占青海省土地面积近一半的青南地区以及西宁、海东地区严重缺煤,仅几个小型矿区。

(2) 矿区(井田)较多,但大、中型矿区少。全省仅有32处大型井田(区段)、9处中型煤井田(区段)、38处小型井田(区段)、矿点41处。而且勘查程度总体偏低,全省120处已查明资源储量的煤矿(井田)中,勘探的有55处,占45.83%;详查的有20处,占16.67%;普查的有45处,占37.50%。

(3) 焦煤储量丰富,其他矿种较少,焦煤占全省已探明煤炭资源储量的39.61%,而用途广泛的无烟煤资源缺乏,且煤炭的可洗选性较差。

(4) 全省煤炭开发企业综合利用率均能达到部最低要求,但中大型企业的综合利用率明显优于小型企业。

(5) 全省焦煤资源保障程度相对充足,但受制于规模化开发的煤矿多处于生态红线内,不能大规模开发利用,导致社会和市场需求保障程度低,煤矿的开采,尤其露天煤矿的开采对生态环境的影响巨大,受大多数煤炭企业停产影响,将进一步加剧全省的煤炭供需矛盾。

综上,青海煤炭能源应加强有序开发,设置最低开发准入门槛,引入大型企业,实现青海煤炭的绿色开发、可持续发展。

三、铁矿

(一) 资源态势

截至2020年底,查明有资源储量并上表铁矿床(点)90处,共计8.24亿t,其中大型矿床2处(小沙龙和尕林格),累计查明资源储量2.59亿t,占31.37%;中型矿床16处,查明资源储量3.91亿t,占47.42%;小型矿床43处,查明资源储量1.63亿t,占19.79%;矿点29处,查明资源储量1167.64万t,

占1.42%。达到勘探的8处,达到详查的30处,处于普查阶段的51处,处于预查阶段的1处。

全省8个州(市)中,除黄南州外,其余7个州(市)均有查明并上表的铁矿资源量,7个有上表铁资源量的州(市)中,查明铁矿资源量最多的是海西州,共计5.14亿t,最少的是西宁市,只有103.40万t。

青海省铁矿成因类型复杂,几乎全部为复合成因的,没有单一成因类型的铁矿床,且以接触交代型和沉积变质型为主,其中接触交代型矿床查明资源量4.21亿t,占全省的51.11%;沉积变质型矿床查明资源量3.20亿t,占全省的38.86%。特别是接触交代型铁矿是目前开发的重点,此类型矿石质量较好,TFe品位一般在35%~50%之间,有害杂质硫、磷等一般低于工业要求。而且均共生铅、锌、钴、铋、金等有益元素,代表矿床有肯德可克、尕林格、野马泉、海寺、白石崖等。由于共、伴生组分可综合利用,极大地提高了开发价值(魏小林等,2023)。

(二)供需态势

青海省作为西部大开发的省份之一,正在加紧基础设施的建设,对钢铁的需求量很大。2020年全省铁矿石产量仅为370.97万t(具体见第二章第三节,铁矿石供需形势分析),尚难以满足省内需求,需要从省外供给。预计到2025年,全省将建成400万t/a的生铁厂,需要铁矿石约1500万t/a左右,但铁矿石年产量预计只有400万t/a左右,无法满足省内需要,不足部分需要省外供给。2021—2025年,预计哈西亚图、尕林格、那西郭勒、它温查汉等铁矿床得到开发,将使2025年全省铁矿石产量达到600万t,仍有900万t的缺口。

(三)开发利用水平

青海省铁矿资源量中富矿少,贫矿多,绝大多数铁矿是品位(TFe)低于50%的需选铁矿石,其中TFe大于50%的富矿3处,保有资源量568.68万t,占0.75%;中高品位(40%~<50%)的中富矿19处,保有资源量3 287.98万t,占4.33%;中低品位(25%~<40%)的中贫矿58处,保有资源量68 745.83万t,占90.51%;低品位(20%~<25%)的贫矿10处,保有资源量3 355.15万t,占4.42%。大量的中贫矿在青海省这样一个基础条件差、工业基础薄弱的省份开发利用较为困难。但"十三五"期间开发利用水平相比于"十二五"有了大幅提高,铁矿矿山的开采回采率均达到了自然资源部最低要求。铁矿的选矿回收率基本达标(按磁性铁估算);共伴生组分、尾矿及废弃岩土综合利用需逐步加强。

青海省绝大部分铁矿床(点)不同程度地共伴生各种有益元素,为开展综合利用提供了资源基础,大多数矿床(点)均共伴生铜、铅、锌等有色金属矿产,部分矿床(点)共伴生金、银、钴、铋等矿产。但全省铁矿综合利用情况不佳,综合利用产值与矿区共生有益组分应产生的值不成正比。全省2020年铁矿采选工业总产值108 918.63万元,综合利用产值仅201万元,综合利用产值仅占总产值的0.26%(自然资源厅,2021b),铁矿矿山在开发利用过程中,除矿床本身共伴生的有益组分外,主要产生固体废弃物(废弃岩石土、选矿尾矿)、矿井废水、选矿废水等。按矿山数计,目前已真正意义上开展综合利用的矿山7个,比例为41.18%,个别矿山(肯德可克)已开采十余年,但一直未开展综合利用,虽然企业解释对含共伴生组分的尾矿进行了保护,但长期暴露氧化后,尾矿中的铅锌氧化后将给再次利用带来困难。部分矿山虽计划近期开展综合利用工作,但推进缓慢。

(四)生态环境安全评估

青海省铁矿资源储量按县域分布统计,海西州格尔木市最多,其次为海北州祁连县。海西州地区多为荒漠区,主要考虑柴达木盆地土地沙化防控与生物多样性维护,其基础建设较落后,对生态环境要求较低,适宜铁矿资源的集中开采开发利用;海北州祁连县位于祁连山国家公园内,按照生态环境保护优先的原则,保护草原草甸湿地生态,加之该处铁矿资源本身粒度细,选矿困难,不利于开发利用,不作为开发基地。

(五)综合分析

青海省铁矿资源在成矿区带上主要分布于北祁连的大沙龙地区和东昆仑的祁漫塔格地区,资源分布较为集中;在查明的资源中,大中型矿床少,小型及小型以下的产地多,采选贫矿多,富矿少,开发难度大;部分铁矿的粒度细,选矿困难,选矿工艺技术条件差,共伴生矿物多,综合利用困难,应加强富铁矿勘查力度,提高已有矿山的铁矿综合开发利用水平,保障省内铁矿资源安全。

四、金矿

(一)资源态势

截至2020年底,青海省上表非伴生金矿区75处(单一金矿区5处,主要金矿区54处,共生金矿区16处),累计查明金矿资源储量465.28t,其中,大型矿床7处,查明资源储量231.73t,占49.80%;中型矿床15处,查明资源储量166.48t,占35.78%;小型矿床33处,查明资源储量62.38t,占13.41%;矿点19处,查明资源储量4.69万t,占1.01%。全省8个州(地、市)中,除西宁市外,其余7个州(地、市)均有查明并上表的金矿资源储量,查明金矿资源储量最多的是海西州,共计309.27t,最少的是海东市,只有7.18t。达到勘探的5处,达到详查的26处,处于普查阶段的44处(魏小林等,2023)。

青海省金矿成因类型复杂,但以构造蚀变岩型和热液型为主,这两种成因类型的矿床59处,其保有和查明的金矿资源量分别为280.82t和400.33t,占81.65%和86.04%。其中以构造蚀变岩型为主的矿床(点)36处(大型3处,中型5处,小型21处,矿点7处),保有和查明资源量分别为159.79t和197.90t,占46.46%和42.53%;以热液型为主的矿床(点)23处(大型3处,中型6处,小型8处,矿点6处),保有和查明资源量分别为121.02t和202.42t,占35.19%和43.51%。

全省开发的矿床(点)也以构造蚀变岩型和热液型为主,代表矿床有都兰县五龙沟金矿区、都兰县打柴沟金矿、都兰县红旗沟-深水潭金矿、大柴旦滩间山金矿金龙沟矿区、大柴旦行委青龙沟金矿等大型金矿床。

构造蚀变岩型矿床矿体以透镜状和脉状为主,矿体厚度一般在0.8~5m之间,矿体围岩一般为较稳固,矿石均为可选和易选,较易利用。

热液型矿床矿体以透镜状和脉状为主,矿体厚度一般在0.8~10m之间,矿体围岩为稳固—较稳固—不稳固,矿石均为可选和易选,开采难度中等,较易利用。

(二)供需态势

中国是全球最大的黄金进口国(王嫱等,2020),2019年,中国进口金粉、其他未锻造金、其他未制的金总计987.7t,比2018年减少518t,降幅达到34.4%。虽然进口量大幅下降,但2019年黄金对外依存度仍然高达62%。黄金价格方面,2019年上海期货交易所黄金年均价为314.4元/g,同比上涨14.8%,2020年黄金价格达到450元/g后维持震荡格局。受三年疫情、经济下滑、地缘因素影响,黄金价格持续上涨,需求进一步下降,预计未来一段时间,黄金价格将在高位维持震荡走势。

青海省大规模开采金矿起始于20世纪80年代末期的砂金开采,相继在班玛县多卡金矿、吉卡金矿、称多县扎朵金矿建成数条采金船。岩金矿正式建成选厂的矿区有大柴旦镇滩间山金矿、都兰县五龙沟金矿、开荒北金矿、乌兰县赛坝沟金矿、门源县松树南沟金矿等。2006—2013年,黄金产量变化较大,2013—2018年,青海省的黄金产量逐年下降,主要原因是滩间山金矿大幅度减产。

由于曲麻菜县大场金矿、泽库县瓦勒根金矿等大中型矿床在"十四五"期间作为战略性矿产资源保护区,金矿开采主要集中在滩间山、五龙沟、沟里等地区,全省岩金上表资源储量保证程度不高。经理论计算,金矿2025年能够保证的开发规模为矿石385.4万t/a,精矿含金12 589.5kg/a。截至2020年底,现有正常矿山设计生产能力202.1万t/a,拟设生产规模66万t/a,预测2025年全省铁矿设计生产能力可达到268.1万t/a。

根据目前青海省黄金产能,结合今后将要开发的金矿产地情况,预计2021—2025年,果洛龙洼金矿、满丈岗金矿、抗得弄舍金多金属矿区、东大滩金锑矿、德龙金矿、哈西哇金多金属矿、野骆驼泉西金钴矿、都兰县淡水沟金矿、都兰县红旗沟金矿、乌兰县赛坝沟金矿外围金多金属矿、按纳格金矿、阿斯哈(可热)地区金矿、瓦勒尕金矿、大格勒沟地区金多金属矿等一批金矿也将先后投入开发,再增加黄金产量2t,达到8t,年处理矿石量增至400万t左右。2025—2035年,随着金矿新的矿产地的发现和评价,青海省黄金产量将达到10~12t。

(三)开发利用水平

"十三五"期间,青海省生产岩金矿山的开采回采率均达到了部最低要求,选矿回收率达到了开发利用方案、部颁最低要求的指标标准;按开发利用方案要求,金矿中共伴生组分的综合利用亦达到了要求;尾矿利用情况较好。废弃岩土综合利用需逐步加强。

截至2020年底,开发利用的岩金矿山总数为15家,其中大型3家、中型2家、小型10家。由于金矿山分布偏远,废弃岩土及尾矿难以利用,目前基本处于未综合利用状态。废水综合利用率达到100%。选矿废水选厂基本上沉淀澄清后二次利用,利用率达到80%,符合部要求的"选矿厂废水综合利用率不低于80%,干旱戈壁沙漠等特殊地区选矿废水综合利用率不低于50%",随尾矿排放的极少量废水自然蒸发。

青海省金矿中伴生可供利用的元素主要有银、砷,各矿山并未直接利用,银、砷在浮选过程中随金一起富集至金精矿中,由冶炼厂在焙烧冶炼过程中回收利用,因此金矿中伴生组分的综合利用率可视为已达100%。青海省岩金矿在选矿技术上与岩金开采发达省份有一定差距,由于特殊的历史原因,早期大部岩金矿山的选矿回收水平较低,多数矿山遗留有品位较高的尾矿,随着选矿工艺技术水平的不断提高,矿山企业对尾矿利用的重视程度不断提高。

(四)生态环境安全评估

青海省开采的金矿绝大多数均分布于偏远地区,周边人口稀少,远离城镇,给尾矿及废弃岩土综合利用带来了不便,多数矿山的废弃岩土除采坑回填、矿区修补道路外,废弃岩土基本无法利用,产生的废弃岩土主要堆置于排土场中。

青海省属干旱气候,矿井(坑)废水提升地表经沉淀池沉淀后主要用于矿区绿化灌溉、喷洒降尘等,矿井(坑)废水全部利用,个别矿山因废水较少还需到其他地区运水使用。

（五）综合分析

（1）青海省岩金矿床具有大中型矿产地少、小型以下产地多，中低品位多、富矿少，多数矿床砷含量高、矿石选矿加工工艺技术较复杂，可供露天开采的矿床少，硐采的矿床多的特点。

（2）全省金矿资源主要集中于滩间山、五龙沟、沟里、瓦勒根和大场等几个矿集区，生态环境保护红线内的矿集区建立为矿产资源储备基地，其他高原荒漠区的矿集区适宜集中综合开发利用。

（3）青海省开发利用金矿山较少，资源保障能力较弱，共伴生组分的综合利用能力较低，需加大勘查力度，提高资源保障能力。

五、铜矿

（一）资源态势

截至2020年底，青海省上表非伴生铜矿区共105处，其中，单一铜矿区1处（茫崖行委红沟子西铜矿），主要铜矿区49处，共生铜矿区55处；上表伴生铜矿区36处。累计查明铜矿资源储量326.27万t，全省8个州（地、市）中，除西宁市外，其余7个州（地、市）均有查明并上表的铜矿资源储量，查明铜矿资源储量最多的是海西州，共计91.25万t，最少的是海东市，只有7 184.26 t。有大型矿床1处（德尔尼铜钴矿），查明资源储量50.42万t，占15.45%；中型矿床7处，查明资源储量154.83万t，占47.46%；小型矿床30处，查明资源储量99.38万t，占30.46%；矿点67处（资源量小于1万t），查明资源储量21.64万t，占6.63%（魏小林等，2023）。

从上表铜矿资源质量分析，富矿少，贫矿多，大多数为低品位矿石，其中铜品位大于1.5%的富矿16处，保有资源量13.95万t，占5.32%；中高品位（1%～<1.5%）的中富矿17处，保有资源量82.11万t，占31.33%；中低品位（0.4%～<1%）的中贫矿61处，保有资源量114.08万t，占43.52%；低品位（0.2%～<0.4%）的贫矿11处，保有资源量51.98万t，占19.83%。大量的中贫矿在青海省这样一个基础条件差、工业基础薄弱的省份开发利用较为困难。

青海省铜矿成因类型复杂，几乎全部为复合成因的，没有单一成因类型的铜矿床，且以接触交代型为主，查明资源量76.74万t，占全省的23.67%，但该矿床类型的大中型矿床较少，目前仅发现1处（格尔木市索拉吉尔铜矿），此类型矿石质量较好，Cu品位一般在0.4%～1.5%之间，有害杂质硫、磷等一般低于工业要求，而且均共生铅、锌等有益元素。

全省开发的矿床（点）以接触交代型、海相火山岩型和岩浆型为主，代表矿床有玛沁县德尔尼铜钴矿、兴海县赛什塘铜矿等。由于共、伴生组分可综合利用，极大地提高了开发价值。

（二）供需态势

中国是全球最大的铜消费国，其金属消费量仅次于铝，2019年精炼铜消费量约1280万t，占全球总量的53.6%。但是，中国铜工业产业链非常脆弱，资源严重短缺，对外依存度持续多年超过75%，资源形势严峻。青海省铜矿资源量居全国第11位，其突出特点是中小型矿床多、大型超大型矿床少，而且共伴生矿多、单一矿少，铜矿山建设规模普遍偏小，部分矿山资源储量大幅度减少，供需形势更为严峻，唯一的大型铜矿山德尔尼铜矿因资源枯竭闭坑停产，将进一步加剧青海省的铜矿供需紧张形势，导致上游的铜矿采掘业更加不能保障中游冶炼业发展的需要，而冶炼产品又不能满足下游对精炼铜的消费需要，铜的主要消费领域为电力行业,随着全省光伏、风电的大力发展,电网改造与新建电力项目的实施,将进一步推动铜消费量扩张。

青海省为了铜矿增储保量,采取了加大铜矿勘查、向铜矿种倾斜等一系列措施,但由于成矿地质背景及找矿空间压缩等问题,导致铜矿近年找矿成果收效甚微。截至2020年底,青海省非伴生铜矿保有铜探明资源量10.57万t,矿石量1 558.52万t;铜保有控制资源量101.34万t,矿石量19 739.189万t;铜保有推断资源量151.60万t,矿石量21 964.585万t;保有铜资源储量263.50万t,矿石量43 262.289万t。铜金属探明资源量占保有资源储量的4%,控制资源量占保有资源储量的38.46%,上表的资源量,推断类别的资源量较多。总体来看,青海省内铜矿规模小,规模最小的保有推断铜金属量仅有2.8t(都兰县瑙木浑沟口金矿)。青海省铜矿资源保证程度低,以中小型矿为主体的开发利用规模不能保证下游加工业的需求,须进一步加大铜矿资源的勘查力度。

(三)开发利用水平

青海省生产铜矿山"十三五"期间开发利用水平相比于"十二五"有了大幅提高,铜矿矿山的开采回采率均达到了自然资源部最低工业指标要求。选矿回收率达到了开发利用方案、部颁最低要求的指标标准,大中型矿山管理相对严格正规,开采技术水平较高,德尔尼铜矿的开采回采率水平代表了青海省铜矿大型矿山以及露天开采铜矿山的开采水平,实际开采回采率95%,省内中小型铜矿开采回采率基本上为85%~88%,个别矿山接近90%。按开发利用方案要求,铜矿中共伴生组分中的综合利用亦达到了要求,但硫铁矿、镉、硒、镓、钴等元素没有开展综合利用。尾矿及废弃岩土综合利用需逐步加强。

青海省铜矿山共伴生的元素很多,在现有的选矿条件下通常可综合回收的元素有金、银、铁、锌等,多数大中型矿山和选矿厂通过采用先进、高效的设备,改造选矿工艺流程,选用选矿药剂,提高选矿技术等措施来提高矿石中有益组分的综合利用,但是小型铜选厂则不够重视综合利用,除回收金、银外,对硫、铁等不予回收。省内铜矿山的铜矿石多为中低品位,且大部分共伴生有铅、锌、钴、金、银、硒、锗等有益元素。大部分生产的矿山按照开发利用方案的要求开展了综合利用,但对共伴生的硫铁矿、镉、硒、锡、钴等有益元素,因选矿工艺、经济条件、市场条件等制约而无法利用,导致铜矿综合利用困难,只能随尾矿堆存于尾矿库中,待技术成熟后再进行利用。

据2020年度全省矿产资源开发利用情况的通报,全省2020年铜矿采选工业总产值4.30亿元,综合利用产值仅9 259.32万元,综合利用产值仅占3.31%,数据也反映出青海省铜矿开发中综合利用情况不佳,综合利用产值与矿区共生有益组分应产生的值不成比例。由于全省铜矿山分布偏远,废弃岩土及尾矿难以利用,目前基本处于未综合利用状态。尾矿现均堆放保存于尾矿库中,尾矿中基本上含硫及稀有稀散元素,尾矿中的有益组分可供今后二次利用。

(四)生态环境安全评估

青海省属干旱气候,省内大部分铜矿床(点)分布于西部偏远地区,周边人口稀少,远离城镇,属于高原荒漠区,主要生态要求是保护原生态地表地貌,恢复沙区林草植被,对生态环境要求较低,矿井(坑)废水提升地表经沉淀池沉淀后主要用于矿区绿化灌溉、喷洒降尘等,矿井(坑)废水全部利用,个别矿山因废水较少还需到其他地区运水使用。废水综合利用率达到100%。选矿废水选厂基本上沉淀澄清后二次利用,随尾矿排放的废水自然蒸发。矿山交通条件不便,供水供电困难,给开发带来一定难度,尾矿及废弃岩土综合利用不便,多数矿山的废弃岩土除采坑回填、矿区修补道路外,废弃岩土基本无法利用,产生的废弃岩土主要堆置于排土场中。随着矿山的开发利用,将对周边的生态环境产生一定的影响。

（五）综合分析

青海省铜矿资源的主要特点：一是查明资源分布较为集中，行政区划上主要集中于海南州兴海县和果洛州玛沁县，大中型矿床少，小型及小型以下的产地多，查明资源量集中。二是供需形势紧张，保障程度较低。三是查明资源储量中，贫矿多，富矿少，开发利用水平较低，综合利用困难。四是矿山尾矿、废石等利用程度较低，周边环境承载能力弱，矿山开发对生态环境将造成一定的影响和破坏。

六、镍矿

（一）资源态势

2020年，上表非伴生镍矿区共10处，累计查明镍矿资源储量116.00万t，全省8个州（地、市）中，只有海东市、海北州、海南州和海西州有查明并上表的镍矿资源储量，查明镍矿资源储量最多的是海西州，共计103.25万t，最少的是海北州，只有662.00t。10处矿床（点）中，有大型矿床1处（格尔木市夏日哈木HS26号异常区铜镍矿），查明资源储量102.65万t，占88.49%；中型矿床1处，查明资源储量9.42万t，占8.12%；小型矿床4处，查明资源储量3.63万t，占3.13%；矿点4处（资源量小于2000t），查明资源储量0.30万t，占0.26%（魏小林等，2023）。

从上表镍资源量质量分析，青海省镍资源量中富矿少，贫矿多，多数镍矿床（点）属中低品位矿石。青海省镍矿大多数矿床（点）属中低品位（0.5%～<1.5%）矿石，仅有的1处大型（夏日哈木铜镍矿）和1处中型（元石山铁镍矿）矿床均分布于该区段，占全省镍矿资源量的96%以上；镍品位大于3%的只有1处（化隆县拉水峡铜镍矿），中高品位（1.5%～<3%）的中富矿1处。

青海省镍矿床较少，规模最大、共伴生资源量最多的是格尔木市夏日哈木HS26号异常区铜镍矿床，目前该矿处于筹建阶段，大规模的开发利用尚未形成。

（二）供需态势

镍用来制造不锈钢、高镍合金钢，广泛应用于飞机、雷达、导弹、坦克等各种军工制造业。中国镍资源相对贫乏，储量仅占世界总量的3.1%，但镍消费量整体呈增长趋势，对外依存度长期超过90%。中国镍矿资源分布高度集中，查明资源储量主要分布在甘肃、新疆、青海，三省（自治区）查明资源储量合计694.4万t，约占全国总量的64.5%。中国镍矿类型主要分为硫化铜镍矿和红土镍矿两大类，以铜镍硫化物型矿床为主，约占全国总量的90%，并且共伴生矿产多、综合利用价值高。

青海省镍矿除"化隆县冶什春硅酸镍矿"为线型风化壳型外，其余矿床均为岩浆型，其保有和查明资源储量分别为114.06万t和115.68万t，均占全省保有和查明资源储量的99.72%。由于省内重工业的不发达，镍矿需求量相对较少，全省"十四五"期间能够进行规模开发利用的镍矿有2处；其余均是规模很小的矿点及小型矿，开采难度大，产量极不稳定。随着全国第二大镍矿床夏日哈木镍矿的逐渐开发利用，2处可供规模开发的矿山在15年的服务年限内，可年产矿石量为601万t，金属量2.63万t，镍矿资源的保证程度相对较高。

（三）开发利用水平

"十三五"期间开发利用水平与"十二五"期间相比有了大幅提高，镍矿矿山的开采回采率均达到了部颁最低要求,选矿回收率达到了开发利用方案、部颁最低要求的指标标准。中型镍矿矿山管理相对严格正规,以中型矿山元石山铁镍矿为例,矿山采取分层自上而下台阶开采,公路运输,由于矿体厚度不大,镍矿与铁矿同体共生,制定开发利用方案时采用铁矿的相关要求制定了相关指标,设计的开采回采率为95%之间,实际回采率在95.5%～96%之间,符合相关要求。小型镍矿矿山开采规模相对较小,均采用地下开采,设计开采回收率均为92%,高于部颁最低要求。全省镍矿多数为小而富的镍矿区,贫化对矿山的采矿品位造成的影响不大。镍矿中共伴生组分中的综合利用亦达到了要求。青海省镍矿开发利用综合利用水平达到开发利用方案或设计要求,综合利用符合要求,中型矿山无石山铁镍矿开展了多种组分的综合利用工作,铁、钴得到了有效利用,除镍精粉外,矿山还生产销售铁精粉、钴精矿,按单矿种和开发利用方案衡量,综合利用率100%。

(四)生态环境安全评估

镍矿在开发利用过程中,除矿床本身共伴生的有益组分外,主要产生固体废弃物(废弃岩石土、选矿尾矿)、矿井废水、选矿废水等。

矿井(坑)废水提升地表经沉淀池沉淀后主要用于矿区绿化灌溉、喷洒降尘等,矿井(坑)废水全部利用,个别矿山因废水较少还需到其他地区运水使用。废水综合利用率达到100%。选矿废水基本上沉淀澄清后二次利用,利用率达到80%,符合部要求的"选矿厂废水综合利用率不低于80%,干旱戈壁沙漠等特殊地区选矿废水综合利用率不低于50%",随尾矿排放的极少量废水自然蒸发。

矿山绝大多数均分布于偏远地区,周边人口稀少,远离城镇,给尾矿及废弃岩土综合利用带来了不便,多数矿山的废弃岩土除采坑回填、矿区修补道路外,废弃岩土基本无法利用,产生的废弃岩土主要堆置于排土场中,给当地环境造成了一定的影响。

(五)综合分析

青海省镍矿资源的主要特点:一是青海省镍矿资源分布较少,且分布不均,行政区划上主要集中于海东市平安区和海西州格尔木市,且大中型矿床少,查明资源占比较大,有利于集中规模开发利用。二是查明资源储量中贫矿多,富矿少。大部分矿床(点)中共伴生的铜、铁、钴等有色金属矿产得到了有效利用,综合利用程度较高。三是镍矿资源查明储量较多,资源保证程度相对较高。四是矿山周边环境承载能力较弱,矿山开发将对生态环境造成一定的影响和破坏。

七、铅锌矿

(一)资源态势

由于铅锌矿多为共生产出,其矿产地特征及成矿规律一并叙述。

截至2020年底,上表非伴生铅矿区共102处,其中,主要铅矿区36处,共生铅矿区66处,无单一铅矿区。累计查明铅矿资源量529.25万t,全省8个州(市)中,除西宁市和海东市外,其余6个州(市)均有查明并上表的铅矿资源量,6个有上表铅资源量的州(市)中,查明铅矿资源量最多的是海西州,共计384.08万t,最少的是黄南州,只有10.61万t。

102处矿床(点)中,有大型矿床1处(锡铁山铅锌矿锡铁山矿区),累计查明资源量197.39万t,占37.30%;中型矿床9处,查明资源量141.97万t,占26.82%;小型矿床46处,查明资源量173.87万t,

占 32.85%；矿点 46 处（资源量小于 1 万 t），查明资源量 16.02 万 t，占 3.03%。

上表非伴生锌矿区共 103 处，其中，主要锌矿区 28 处，共生锌矿区 75 处。累计查明锌矿资源量 933.23 万 t，全省 8 个州（市）中，除西宁市和海东市外，其余 6 个州（市）均有查明并上表的锌矿资源量，6 个有上表新资源量的州（市）中，查明锌矿资源量最多的是海西州，共计 624.73 万 t，最少的是黄南州，只有 5.87 万 t。

103 处矿床（点）中，有大型矿床 3 处（玛多县抗得弄舍金多金属矿、杂多县莫海拉亨-叶龙达铅锌矿、大柴旦行委锡铁山铅锌矿锡铁山矿），查明资源量 414.83 万 t，占 44.45%；中型矿床 13 处，查明资源量 302.03 万 t，占 32.36%；小型矿床 49 处，查明资源量 203.50 万 t，占 21.81%；矿点 38 处（资源量小于 1 万 t），查明资源量 12.87 万 t，占 1.38%。

青海省铅锌资源量中富矿较少，中贫矿较多，绝大多数锌矿床（点）属中低品位矿石，其中以硫化矿石为主的铅矿山 16 处，以铅多金属矿石为主的矿山 82 处，分别占 102 个上表单元矿山数的 15.69% 和 80.39%；分别占保有资源量的 12.64% 和 86.39%。锌品位低于 3% 的锌矿床（点）74 处，保有锌资源量 421.22 万 t，占 62.77%；品位大于 3% 的锌矿床（点）29 处，保有锌资源量 249.82 万 t，占 37.23%；品位大于 5% 的矿床（点）8 处，保有锌资源量 137.28 万 t，占 20.46%。

（二）供需态势

中国铅锌矿资源分布广泛，且具有很高的聚敛效应，2000 年以来，铅锌矿查明资源储量呈持续增加态势，尤其锌资源储量居全球第二位，占全球总量的 18% 左右。铅精矿和锌精矿产量均居世界首位。自 1990 年起，中国铅锌消费量持续增长，分别在 2005 年和 2000 年成为世界第一大消费国，随着消费量的增加，铅锌精矿供需缺口持续加大。近十年来，受全球贸易摩擦影响，主要经济体增长乏力，铅锌的消费表现均相对疲软，消费增长趋缓。但受环保治理政策和措施、矿山生产频发安全事故、趋严的地方性矿山管理相关政策等影响，国内部分大型矿山产量下降，全国铅锌精矿产量有所下滑，国内资源自给率不断下降。

青海省铅锌矿查明资源量较低，锌矿在全国排第九位，铅矿排第十二位，铅锌矿资源保证程度较低，且主要由锡铁山铅锌矿山一家供给。截至 2020 年底，全省共开采铅矿石 143.04 万 t，锌矿石 71.17 万 t，其中锡铁山铅锌矿 124.3 万 t，占全省矿石量的 86.9%，其余产量均来自中小矿山。

"十四五"期间，将达到铅金属量 8 万 t/a、锌金属量 10 万 t/a 的开发规模，到 2035 年，将达到铅精矿 10 万 t/a、锌精矿 15 万 t/a 的开发规模（青海省发展和改革委员会，2021）。铅矿全省大型矿床有锡铁山、抗得弄舍、莫海拉亨-叶龙达等 3 处，锌矿产地中仅锡铁山 1 处大型矿山可以进行规模开发，其余矿床的产能极不稳定，不能保证铅锌矿资源平稳供应。在 2020 年全省上表铅锌矿床中，只有锡铁山 1 处大型矿，其余均为小型或伴生矿，难以进行规模开发，由于中小型矿及伴生铅锌资源回收产量极不稳定，因此，"十四五"期间铅锌矿开发主要以锡铁山矿区为主。锡铁山铅锌矿按目前的开发规模（150 万 t）和上表资源量，其服务年限仅为 7 年，而且在未来 7 年中，锡铁山仍将是全省铅锌矿开发的主力矿山，随着锡铁山铅锌矿闭坑，全省铅锌矿产能只能通过其他矿产的共伴生组分回收形成。铅矿（开采及拟开采矿区）2025 年能够保证的理论开发规模为铅矿石 686 万 t/a，精矿含铅 11.29 万 t/a，锌矿石 713 万 t/a，精矿含锌 19 万 t/a。青海省铅锌矿资源保证程度不高，为保证全省经济社会发展的需求及铅锌矿的可持续利用，一方面要加大省内铅锌矿的勘查力度，加大锡铁山、虎头崖、四角羊矿区外围及深部的找矿，为青海省铅矿开发寻找后备基地。另一方面要充分利用好两个市场、两种资源，利用邻省区的铅矿资源以满足省内对铅矿资源的需求。

(三) 开发利用水平

青海省地处偏远，基础设施条件特别是加工制造业条件差，省内铅锌矿山"十三五"期间开发利用水平相比于"十二五"期间有了大幅提高，铅锌矿矿山的开采回采率均达到了自然资源部最低要求，选矿回收率达到了开发利用方案、自然资源部颁最低要求的指标标准；按开发利用方案要求，铅锌矿中共伴生组分中的综合利用亦达到了要求，但硫铁矿及稀有分散元素没有开展综合利用。尾矿及废弃岩土综合利用需逐步加强。

从开采回采率看，青海省铅锌矿的开采回采率处于较高水平，符合相关要求。大中型矿矿山管理相对严格正规，开采技术水平较高，小型铅锌矿均为地下开采，设计开采回收率为 $80\%\sim93\%$，部分矿山设计开采回收率偏高，主要原因是铅锌矿成因类型为矽卡岩型，矿石富集品位高，且能够达到设计开采回采率。

从贫化率水平看，青海省铅锌矿山开采技术水平有待进一步提高，特别是小型铅锌矿山需要加强采矿技术结构调整，进一步提高开采技术水平。青海省多数铅锌矿山矿体规模较小，厚度小，品位较高，地下开采时矿山开采大多采取崩落法开采，围岩混入较多，导致贫化率较高，一般 $10\%\sim15\%$，影响出矿品位一般为 $0.2\sim1.78$ 个百分点。

从选矿水平看，青海省铅锌矿山选矿回收率因采用了成熟的技术装备，选矿回收率指标符合相关规范和规定的要求。省内铅锌大中型矿山大多配套建设选矿厂，主要选矿装备技术水平在全国同类矿山中为较先进，特别是近年来引进多碎少磨工艺，选矿成本有所下降。

从综合利用率看，全省 2020 年铅矿采选工业总产值 14.21 亿元，综合利用产值仅 2.35 亿元，综合利用产值占 11.16%（青海省自然资源厅，2021b），反映出全省铅锌矿开发中综合利用情况不佳，综合利用产值与矿区共生有益组分应产生的价值不成正比。

(四) 生态环境安全评估

青海省属干旱气候，且矿区一般建在干旱戈壁沙漠等特殊地区，对生态环境要求相对较低。绝大多数矿山分布于偏远地区，周边人口稀少，远离城镇，给尾矿及废弃岩土综合利用带来了不便，多数矿山的废弃岩土除采坑回填、矿区修补道路外，产生的废弃岩土主要堆置于排土场中，对矿山周边的地形地貌造成一定的破坏。矿井（坑）废水提升地表经沉淀池沉淀后主要用于矿区绿化灌溉、喷洒降尘等，矿井（坑）废水全部利用，个别矿山因废水较少还需到其他地区运水使用。废水综合利用率较高，对环境产生的影响较小。

(五) 综合分析

青海省铅锌矿资源的主要特点：

一是查明资源分布较为集中，行政区划上主要集中于海西州大柴旦行委、格尔木市和都兰县，且大中型矿床少，小型及小型以下的产地多，全省资源保证程度较低。

二是查明资源储量中，贫矿多，富矿少，开采回收率处于较高水平，符合相关要求，但贫化率水平有待提高。

三是青海省铅锌矿的开采回采率处于较高水平，但个别小型矿山贫化率较高，开采技术水平有待进一步提高。

四是青海省铅锌矿山企业均开展了共伴生较多的其他有色金属元素的综合利用，但综合利用情况不佳,且对品位低、选矿工艺复杂的稀有分散元素未开展综合利用。

五是矿山周边环境承载能力较弱,矿山开发对生态环境造成了一定的影响和破坏。

第三节 差别化管理方向研究

一、矿产资源勘查方向

矿产资源勘查以国家能源资源安全战略和全省经济社会发展需求为导向,以国家战略性矿产及青海省重要优势矿产为重点,坚持绿色新发展理念,聚焦国家能源资源安全保障,贯彻青海省生态保护优先、推动高质量发展、创造高品质生活的"一优两高"战略,统筹成矿地质条件、矿产资源分布与潜力、市场需求,确定全省"十四五"期间重点勘查矿种、禁止勘查矿种,明确矿产资源勘查方向,加强盐湖矿产、新材料矿产、优势重要矿产和清洁能源矿产,以及城镇化和重大基础设施建设所需建材矿产勘查。重点推动市场制约型和资源短缺型战略性矿产的勘查增储,保障国家资源安全和区域经济高质量发展需求,促进矿业健康可持续发展。

(一)勘查矿种

青海省的矿产资源勘查分为重点勘查矿种和禁止勘查矿种两类。重点勘查矿种:钾盐、锂(盐)、石油、天然气、地下热水、页岩气、铀、锰、钒、钛、铜、镍、钴、钨、锡、钼、金、铌、钽、铍、稀土、晶质石墨、萤石、硼、银、铅、锌、地下水、矿泉水等。禁止勘查矿种:汞、砂金、泥炭。

重点勘查矿种以国家战略性矿产和青海省重要优势矿产为重点,加大重点勘查区的勘查力度。一是盐湖矿产重点加大钾、锂、硼等盐湖矿产的勘查力度,加快柴达木盆地西部地区深层卤水勘查进程,增强盐湖资源接续能力;二是新材料矿产重点开展锰、钒、钛等黑色金属,镍、钴、钨、锡等有色金属,锂、铍、铌(钽)等稀有金属,晶质石墨、萤石、滑石、长石等非金属矿产勘查工作;三是优势重要矿产开展铜、钼、铅锌等有色金属矿产,金、银、铂族等贵金属矿产勘查,提升资源储量,提交勘查开发基地;四是清洁能源矿产重点开展地热资源勘查及柴达木盆地砂岩型铀矿选区和调查评价工作;五是能源矿产加大石油、天然气的勘查力度,加快推进千万吨规模高原油气田建设。

(二)勘查方向研究

规划期内,青海省矿产资源勘查方向:
(1)突出优势重要矿产勘查。加大勘查力度,提高能源资源安全保障水平。

一是加大"三稀"(锂、铍、铌、钽等)、锰、钴、镍、锡、钒、萤石、晶质石墨、滑石、高纯石英等新材料矿产的勘查力度,形成新的资源基地,为青海省新材料产业发展提供新的"增长极"。二是以加强钾盐、锂盐、金、银、铜、铅、锌等优势重要矿产为主,兼顾煤炭及建材非金属矿产勘查,加大深层卤水开发利用研究和老矿区深部及外围勘查力度,尽快提交一批可供开发的、具有重要经济价值的大中型矿产地,为促进青海省矿业经济发展提供新的动力。三是继续开展页岩气、地热和干热岩、煤层气、砂岩型铀矿等清洁能源矿产勘查,为青海省清洁能源示范省建设提供支持。

(2)突出重点区域,将主要加大柴达木盆地及柴周缘地区重要成矿区(带)的地质勘查工作。

一是继续加强柴达木盆地内的石油、天然气、盐湖矿产(钾、锂等)的资源勘查;二是重点开展祁漫塔格地区、东昆仑东段(格尔木—都兰)地区、柴北缘地区的矿产资源勘查和青海东部建材非金属的资源勘查,提高铁、铜、铅、锌、镍、钼、金等青海省优势矿产的勘查程度;三是重点开展柴北缘—阿尔金地区"三稀"(锂、铍、铌、钽等)、高纯石英,东昆仑都兰—格尔木锰、钴、镍、锡、钒、晶质石墨、萤石、滑石等新材料矿产勘查;四是重点开展柴达木盆地及周缘页岩气、煤层气、砂岩型铀矿,共和-贵德盆地地下热水—干热岩,西宁—海东地区地下热水等清洁能源矿产勘查;五是加强重点矿区和老矿山深部及外围的矿产资源勘查工作,提高工作程度,扩大资源规模。

(3)明确勘查手段,加强基础地质调查工作,提升地质服务支撑水平。

一是加强柴周缘重要成矿区(带)及重点调查评价区大比例尺地质矿产调查工作,主要在柴北缘、东昆仑、祁漫塔格和阿尔金地区开展化探、物探及航磁测量,提高基础地质工作程度;二是在青海东北部重点农牧区开展富硒区调查;三是在海东市、海南州及海西州部分地区择优开展重要地质遗迹调查和古生物化石调查评价;四是在青南地区加强基础地质工作力度,提高该区的基础地质工作程度,为该区的经济建设、基础设施建设及环保工作提供基础资料;五是在全省重点城镇区及重要经济区开展水工环地质调查、供水水文地质勘查、城市地质综合调查等工作,提升服务能力。

二、矿产资源开发方向

统筹青海省重要优势矿产资源、经济社会发展需求、产业政策及生态环境保护等因素,明确重点开采矿种、限制开采矿种和禁止开采矿种,根据国家产业政策及青海省矿产资源实际,综合考虑大中型矿产地、对经济社会发展有重要支撑作用的矿产资源集中开采区域,重点突出盐矿、钛矿、金、铜、铅、锌、地热、石灰岩等矿产,划定重点开采区,确定"十四五"期间全省矿产资源开发方向,保障矿产资源合理有序开发。促进矿业供给侧结构性改革和高质量发展。

(一)开发矿种

青海省将开发矿种分为重点开发矿种、限制开采矿种和禁止开采矿种3类。主要依托省内重要优势矿产集中区,设立能源资源基地和国家规划矿区,全省重点开发矿种:钾盐、锂盐、石油、天然气、煤炭、地下热水、铁、钛、铜、镍、金、硼、晶质石墨、萤石、银、铅、锌、镁盐、盐矿、石灰岩、石英岩、建筑用砂、地下水、矿泉水等。限制开采矿种:砷、石棉等,严格执行国家实行开采总量控制的矿种。禁止开采矿种:汞、砂金、泥炭和可耕地砂石(黏土)等。

(二)开发利用方向研究

一是鼓励开采国内短缺、青海省资源储量丰富、市场前景好的钾盐、锂(盐)、石油、天然气、镍等;二是积极推进晶质石墨、萤石等新材料矿产和地下热水、干热岩等清洁能源矿产的开发;三是稳定开采经济社会发展必需、市场有需求的煤炭、铅、锌、硼、镁盐、盐矿、建筑用砂等矿种;四是重点开采矿种在符合准入条件下,优先设置采矿权,适度扩大开发规模,提高资源供应能力;五是限制开采矿种除严格矿业权人准入条件外,应论证资源供需形势,对其开采总量进行调控,同时严格资源环境承载力论证,保护生态环境。

三、矿产资源保护方向研究

根据全省区域定位,在优先考虑生态环境保护的基础上,综合分析矿产资源潜力,落实战略性矿产资源保护区,强化战略性矿产资源的保护和储备。

(一)空间保护

战略性矿产资源保护区纳入省级国土空间规划,在空间上保障不被压占,夯实国家战略性矿产资源储备与保护。储备矿产地可根据国家战略需要和外部条件变化,依法转为开采矿区,进行适度开发。加强对战略性矿产资源保护区内矿产资源的保护与监管,防止被压覆或破坏。完善压覆矿产资源管理制度,建设基础设施、建筑物或建筑群、城镇发展区,未经科学论证和省级以上自然资源主管部门批准,不得压覆重要矿产资源。

(二)保护方向研究

青海省的矿产资源保护区及储备基地以青南地区为重点,依托三江源、祁连山等国家公园等生态保护红线内已发现的大中型金、铜、锡等战略性矿产资源产地,划定6处暂时不宜开发的大中型矿区为战略性矿产资源保护区。

第五章 矿产资源节约与综合利用研究

矿产资源是人类社会发展的物质基础,是实现工业化必不可少的要素,矿产资源的不可再生性要求我们必须发挥矿产资源的最大价值,合理、高效地利用矿产资源(康志军,2015)。青海省矿产资源具有"三多三少"的特点,即"贫矿多、富矿少,小型矿多、大中型超大型矿少,共伴生矿多、单矿种矿少",这种现状直接决定了在矿产资源的开发利用过程中,必须坚持资源节约优先原则,不断提高矿产资源的开发利用水平和效率。

本章分析了影响矿产资源节约与综合利用的主要因素,在详细分析全省矿产资源开发利用规模结构、矿山"三率"、共伴生和难选矿产资源综合利用、矿山固体废弃物及相关政策的基础上,对主要矿种的矿山"三率"水平、先进适用技术、重点项目部署等进行了深入研究,提出了全省"十四五"期间矿产资源节约与综合利用措施要求及对策建议。

第一节 矿产资源节约与综合利用现状分析

一、节约与综合利用现状

(一)开发利用规模结构现状

"十三五"期间,随着《青海省矿产资源总体规划(2016—2020)》的有效实施,全省矿山数量较"十二五"期间明显减少,矿山规模结构优化。总体来看,大中型矿山数量近年来大体呈现缓慢上升趋势,但小矿数量降幅更为明显,矿山结构优化主要得益于小矿的减少,大中型矿山增减对结构的改变贡献较小。截至2020年底,全省矿山数量531个,与2015年底相比,通过小型以下矿山的关闭、整合等措施,共计压减矿山300个。2015—2020年青海省矿山数量变化曲线图见图5-1。

规模结构方面,2020年青海省大中型矿山占比34.46%,较2015年的10.83%增长了3倍多,而2010年该比例仅为8.52%,矿山结构持续向好。2020年大型矿山84个,占矿山总数的15.82%,较2015年的4.93%增长了3.20倍;中型矿山99个,占18.64%,较2015年的5.90%增长了3.16倍;小型矿山303个,目前仍占据了矿山总数的57.06%,虽然较2015年的43.32%反而有增,但是矿山数优化了近60个,占比增加的原因是小矿大幅优化缩减;小矿45个,占8.47%,较2015年占45.85%的381个骤降336个,降低了5.41倍。小型矿山和小矿合计减少了393个,规划实施和结构优化效果明显。2015—2020年青海省矿山规模占比变化曲线见图5-2。

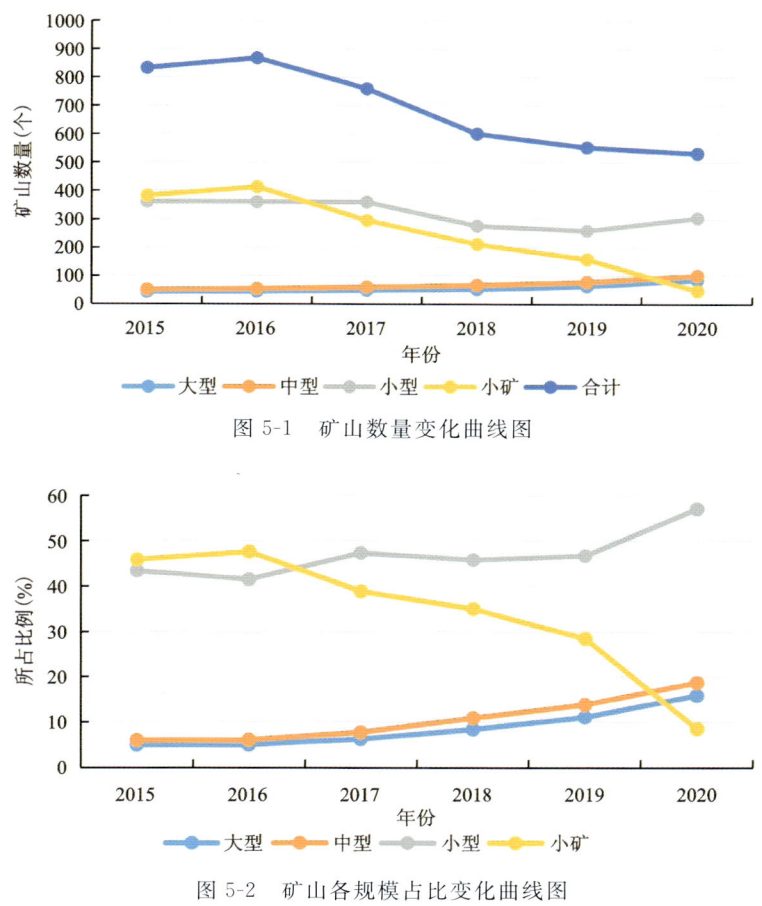

图 5-1　矿山数量变化曲线图

图 5-2　矿山各规模占比变化曲线图

（二）矿山"三率"现状

矿山"三率"是开采回采率、选矿回收率和综合利用率，直接反映了矿产资源的蕴藏量与实际采出量、选出量和利用量之间的比例，反映了矿产资源得到有效回收利用的程度，是反映矿产资源综合开发利用水平的综合性评价指标。

矿产资源开发利用"三率"指标体系的建立具有重要的意义：它是一条"红线"，是矿山企业开发利用矿产资源的最低标准，用以鼓励先进，淘汰落后，引导矿山企业达到或超过这个标准，所以必须要有约束力；对提高我国矿产资源综合利用水平将起到积极的推动作用，也是我国建设生态文明的迫切需要和内在要求；"三率"指标要求是矿山设计和矿产资源开发利用方案编制及国土资源主管部门监督管理矿山企业合理开发利用矿产资源的重要依据（魏小林等，2023）。

截至 2020 年底，自然资源部先后公告发布了《煤炭资源合理开发利用"三率"指标要求（试行）》《铁矿资源合理开发利用"三率"最低指标要求（试行）》《金矿合理开发利用"三率"最低指标要求（试行）》等 9 批共 77 个矿种的"三率"指标要求，基本构建了重要矿种的"三率"指标体系（王庆民等，2022）。

青海省矿产资源利用效率不断提高。"十三五"期间，鼓励矿山企业依靠科技进步提高采选冶技术和装备水平，同时加强对矿山企业"三率"指标的考核力度，制定了考核指标。本次研究以 2018—2019 年的调研数据为准，并结合了青海省国土空间规划研究院编写的《青海省矿产资源开发综合利用调查评价报告》数据，单个矿山指标取 2 年的平均值。根据问卷调查及实地调研，对青海省的 28 个矿种"三率"指标进行了汇总，见表 5-1。

表 5-1 调查评价矿种"三率"指标统计表

序号	矿产名称	开采方式	矿山数（个）	开采回采率/盐田采收率（%）						选矿回收率（%）			
				最高	最低	平均	按规模			大型	中型	小型及以下	平均
							大型	中型	小型及以下				
1	煤炭	露天	5	98.30	97.35	97.81	98.00		97.76				
		地下	12	98.00	75.00	78.60	89.74	76.07	78.86				
2	铁矿	露天	3	96.50	90.00	93.83		96.00	92.50	89.48	95.00	90.13	91.20
		地下	10	97.50	83.00	86.30	80.00	92.50	85.43				
3	铜矿	露天	1			95.00	95.00			89.48	83.00	82.82	83.96
		地下	5	94.67	85.19	89.86		85.00	89.79				
4	铅矿	地下	4	92.08	82.79	86.91	86.35	82.79	89.24	93.21	86.00	87.5	88.55
5	锌矿	露天	1			92.67		92.67		83.72	85.85		85.14
		地下	2	86.45	83.00	84.73			84.73				
6	金矿	露天	1			98.79	98.79			83.82		88.21	86.95
		地下	6	96.69	80.00	88.24	88.84		88.12				
7	锂矿	露天	2	75.72	68.65	72.19	72.19			62.50			62.50
8	钾盐	露天	10	93.82	50.00	72.67	81.96	66.71	50.00	67.84	66.75	61.00	66.92
9	盐矿	露天	5	100	82.00	93.00	96.50	91.00	90.00	97.00	76.00	80.00	85.20
10	硼矿	露天	1	95.00	95.00	95.00			95.00			70.00	70.00
11	镁盐	露天	2	95.00	95.00	95.00		95.00	95.00			85.00	85.00
12	玻璃用石英岩	露天	1			97.00			97.00				
13	冶金用石英岩	露天	9	98.00	95.00	96.56			96.56				
14	电石用灰岩	露天	5	97.00	90.00	95.40	95.00	97.00					
15	水泥用灰岩	露天	6	98.00	90.00	96.00		97.50	93.00				
16	水泥用大理岩	露天	5	97.00	95.00	95.88		96.20	95.67				
17	制碱用灰岩	露天	3	97.00	90.00	94.27	97.00		92.90				
18	饰面用大理岩	露天	2	95.00	80.00	87.50	95.00		80.00				
19	饰面用花岗岩	露天	1			99.50			99.50				
20	石棉	露天	1			96.77	96.77			80.30			80.30
21	玉石	露天	3	99.00	96.60	97.87			97.87				

注：1.本表只统计了2017—2019年数据填报齐全，且开发利用的矿山，数据填报不全和未开采的矿山未统计。2.停产矿种：锰、锑、钼、镍、冶金用白云岩、饰面用蛇纹岩、长石。

统计数据显示，青海省开发利用的主要矿产资源有21种，尚未开采的7种。开发利用的"三率"水平较高，但是存在统计数据代表性较差的问题，主要原因是部分矿种开发利用的矿山少，特别是大中型矿山只有1～2家，造成了"三率"指标统计意义不强。

整体而言，青海省煤、铁、金等主要矿产矿山的"三率"水平普遍高于国家标准要求。

（三）"三率"达标率

1. 开采回采率

开采回采率是开采区域采出的矿石量（或回采矿量）与该区域内消耗的工业储量之百分比，它是衡量矿产资源利用程度和矿山开采技术水平的一个最重要的指标。开采回采率反映了对地下资源的利用程度，起着评价矿山工作质量和比较企业管理水平的作用（邹正，2014）。由于矿产资源的不可再生性，为保证矿产资源的合理开发利用，必须不断改进矿产资源的开采技术，优化采矿工艺，努力提高矿产资源的回采率，确保矿产资源能可持续地开发利用（钟家良，2017）。

本次研究对2018—2019年间开采1年以上的100家矿山（其中大型25家、中型21家、小型54家）开采回采率达标情况进行了统计，结果显示（表5-2）：大、中、小型矿山的达标率分别为84.29%、81.25%和83.33%。依据矿山设计，达标率均在80%以上；依据国家要求的各矿种"三率"最低指标，大型和小型矿山的达标率均为100%，中型矿山的达标率为97.92%。但青海霍不逊地矿化工（集团）有限公司察尔汗盐湖霍布逊区段北矿段钾镁盐矿（中型）的实际开采回采率仅为57.83%，低于国家最低要求的70%。

表 5-2　开采回采率达标统计表（据青海省国土空间规划研究院，2020）

序号	矿种	开采方式	统计矿山（个）				开采回采率达标率（%）					
							按设计指标			按最低指标		
			合计	大型	中型	小型	大型	中型	小型	大型	中型	小型
1	煤炭	露天	5	1		4	100		100	100		100
		地下	11	1	4	6	100	100	100	100	100	100
2	铁矿	露天	3		1	2		100	100		100	100
		地下	7	1	2	4	0	100	100	100	100	100
3	铜矿	露天	1			1			100			100
		地下	5		1	4		0	100		100	100
4	铅矿	地下	4	1	1	2	100	0	50	100	100	100
5	锌矿	露天	1		1			100			100	
		地下	1			1			100			100
6	金矿	露天	2	1	1		100	100		100	100	
		地下	6	1		5	100		50	100		100
7	锂矿	露天	2	2			100			100		
8	钾盐	露天	9	5	4		80	75		100	75	
9	盐矿	露天	5	2	2	1	100	100	100	100	100	100
10	硼矿	露天	1			1			0			
11	镁盐	露天	1			1			100			100
12	玻璃用石英岩	露天	1			1			100			100
13	冶金用石英岩	露天	9			9			100			100

续表 5-2

序号	矿种	开采方式	统计矿山(个)				开采回采率达标率(%)					
							按设计指标			按最低指标		
			合计	大型	中型	小型	大型	中型	小型	大型	中型	小型
14	电石用灰岩	露天	4	3		1	100		100	100		100
15	水泥用灰岩	露天	6	4	2		100	100		100	100	
16	水泥用大理岩	露天	5		2	3		100	100		100	100
17	制碱用灰岩	露天	2	1		1	0		0	100		100
18	饰面用大理岩	露天	2			2			100			
19	饰面用花岗岩	露天	1			1			100			
20	石棉	露天	1	1			100			100		
21	玉石	露天	3			3			100			
	平均						84.29	81.25	83.33	100	97.92	100

注：国家尚未制定"三率"指标的矿种仅以设计指标进行对比。

2. 选矿回收率

选矿回收率是开采出的原矿中的有用元素或者矿物成分重量与经选矿后选出的精矿中的有用元素或者矿物成分重量之间的比率。它是考核和衡量矿山企业选矿技术、管理水平和入选矿石中有用成分回收程度的重要技术经济指标。我国在长期的矿山开采过程中，大部分已探明的矿产资源已被开采殆尽，矿山的开采深度和开采难度也在不断增加，矿石的贫化问题日益突出，因此，提高选矿回收率，不仅有利于减少矿产资源的浪费，也能帮助矿山企业降低开采成本，提高经济效益（冯国伟，2020）。

本次对开展选矿的铁矿、铜矿、铅矿、锌矿、金矿、锂矿、钾盐、硼矿和盐矿等9个矿种共计43家（其中大型12家、中型11家、小型20家）矿山进行统计（对销售原矿和未选矿的企业不做统计），以设计达标情况来看，各矿种矿山的达标率达到了80%以上，其中大型矿山的达标率最高，为94.29%，中型矿山的达标率为82.14%，小型矿山为80.42%。以国家要求的各矿种"三率"指标衡量，除铁矿外（相当一部分铁矿区未开展磁性铁分析，是否能达到磁性铁占有率大于85%的要求不清，因此无法确定选矿回收率国家最低指标采用磁铁矿还是磁-赤混合矿的指标，故无法判定选矿回收率的达标情况），其他矿山的大、中、小型矿山达标率均为100%，见表5-3。

表 5-3　选矿回收率达标统计表（据青海省国土空间规划研究院，2020）

序号	矿种	开采方式	统计矿山(个)				选矿回收率达标率(%)					
							按设计指标			按最低指标		
			合计	大型	中型	小型	大型	中型	小型	大型	中型	小型
1	铁矿	露天	3		1	2		100	50			
		地下	7	1	2	4	100	100	100			
2	铜矿	露天	1	1			100			100		
		地下	5		1	4		100	33.33		100	100
3	铅矿	地下	4	1	1	2	100	100	100	100	100	100

续表 5-3

序号	矿种	开采方式	统计矿山(个)				选矿回收率达标率(%)					
							按设计指标			按最低指标		
			合计	大型	中型	小型	大型	中型	小型	大型	中型	小型
4	锌矿	露天	1		1		0			100		
		地下	1			1			100			100
5	金矿	露天	2	1	1		100	100		100	100	
		地下	6	1		5	100		60	100		100
6	锂矿	露天	2	2			100			100		
7	钾盐	露天	9	5	4		60	75		100	100	
8	硼矿	露天	1			1			100			
9	镁盐	露天	1			1			100			
	平均						94.29	82.14	80.42	100	100	100

值得一提的是,部分矿种开展选矿的矿山较少,统计意义不强,如锌矿开采矿山仅 2 家,硼矿 1 家,镁盐 2 家。这些矿山代表 1 个矿种的选矿回收率,代表性不强,统计数据仅能作为参考。

3. 综合利用率

综合利用率是矿山企业开发利用的主、共(伴)生矿产资源及其生产过程中所产生的尾矿、废石、废水、废气和废渣等的综合利用程度。它是衡量企业矿产资源开发、技术经济和生产管理水平的重要标志。

随着社会的发展,目前未开发的浅表矿产资源已经很少,客观上增加了找矿难度,大型矿产资源越来越难以被找到。这不仅要求找矿技术必须向地下深层和海域等方向发展,也增加了找矿成本。与此同时,开发利用矿产资源的技术难度加大,而矿产资源的供给量无法满足我国工业生产需求的问题愈加突出,因此必须对矿产资源进行综合开发利用(王智纲,2020)。

1)煤炭

青海省开发的煤矿区(井田)基本没有共伴生矿产,近年来虽在个别煤矿区中发现了可燃冰、煤层气、油页岩等矿产,但经评价不具开发利用的价值或无法利用,因此不具综合利用条件。煤炭矿山在开发利用过程中,主要产生一些煤矸石、废弃岩土、矿井废水等,但由于青海省区位条件特殊,开展综合利用存在困难。

以往由于工作程度和认识不足,对共伴生矿产没有开展评价工作,共伴生资源没有提交相应的资源量,近年来发现的最重要的矿种可燃冰,目前国内尚无成熟的评价方法,目前评价工作正在探索中,目前可供综合利用的矿产是煤矿中共伴生的黏土及煤矸石等可视矿产。

(1)煤矸石的综合利用。

由于煤矿矿山大部分分布于人口稀少的地区,距离中心城镇远,制约了共伴生矿产的综合利用,即使是位处东部人口较密集、经济较发达、距省会西宁市很近的大通煤矿,综合利用煤矸石生产免烧砖,也一直销路不畅,处于亏损状态。而青海煤业集团鱼卡煤矿,在矿山配套建设了煤矸石免烧砖厂,但距矿区最近的大柴旦镇基建规模难以支持免烧砖的产销量,距矿区最近的具有一定规模的地区中心城市格尔木市和德令哈市均在 200km 以外,给产品的销售带来了困难,产品因运输费用的因素没有市场竞争力。

省内煤矿山中,除青海煤业集团在大通煤矿和鱼卡煤矿建有综合利用煤矸石的配套设施,其他煤矿山没有开展有效的综合利用,一般使用煤矸石修路,平整场地。

(2)矿井水综合利用。

青海省绝大部分煤矿区水文地质条件简单,矿井涌水量较小,矿区矿井涌水均被矿山利用,主要用于工作面降尘、矿区道路降尘和煤场降尘,矿井水的利用率均达100%,部分矿山因矿井水水量不足,需补充地表水降尘。

2)铁矿

青海省铁矿TFe品位一般为35%～55%,有害杂质硫、磷一般低于工业要求。一般均共生铅、锌、钴、铋、金等有益元素,代表矿床有肯德可克、尕林格、野马泉、海寺、白石崖等。开发的矿山对主要有益组分进行了综合利用,大部分矿山没有开展这项工作,综合利用水平较低。

本次调研的42家铁矿山中,部分生产的矿山按照开发利用方案的要求开展了综合利用,选出了合格的精矿产品,但大部分矿山综合利用不够,主要是工艺不成熟,利用共伴生矿产的成本较高,选矿厂也没有针对共伴生矿产设计选矿生产线。

总体而言,从本次调查结果来看,青海省生产矿山除主元素铁外,基本没有综合利用其他矿种。从统计的数据分析,青海省开发利用的铁矿山中,共伴生资源较多,主要有铜、铅、锌、钴、铋、钨、锡、金、银等,但由于技术等因素的制约,青海省铁矿开发利用过程中,综合利用水平较低,影响青海省铁矿开发利用过程中综合利用工作的开展。

3)铜矿

青海省铜矿山共伴生的元素很多,在现有的选矿条件下通常可综合回收的元素有金、银、铁、锌等,多数大中型矿山和选矿厂通过采用先进、高效的设备,改造选矿工艺流程,选用选矿药剂,提高选矿技术等措施来提高矿石中有益组分的综合利用,但是小型铜选厂则不够重视综合利用,除回收金、银外,对硫、铁等不予回收。

本次统计的17家铜矿山的铜矿石多为中低品位,且大部分共伴生有铅、锌、钴、金、银、硒、锗等有益元素。大部分生产的矿山按照开发利用方案的要求开展了综合利用,但对共伴生的硫铁矿、镉、硒、锡、钴等有益元素,因选矿工艺、经济条件、市场条件等制约而无法利用,导致铜矿综合利用困难,只能随尾矿堆存于尾矿库中,待技术成熟后再进行利用。

4)铅锌矿

铅锌矿山多共伴生有铜、钴、金、银等,部分还共伴生有硒、锗、镓、铟等有益组分,且铅锌矿山无论停采还是生产,在编制开发利用方案或开采设计时均针对在目前经济技术条件下能够利用的共伴生矿产作出了综合利用设计,大部分生产的矿山按照开发利用方案的要求开展了综合利用,但伴生的镓、镉、铟等矿产,因经济条件和市场条件而无法利用,这部分矿产随尾矿堆存于尾矿库中。

5)金矿

青海省的岩金矿山大多数为单金矿床,只有双朋西和谢坑为铜金共生矿,铜厂沟伴生有少量铜,德尔尼伴生有少量银,在开发中都得到不同程度的回收。

本次调研的16家金矿矿山均为中低品位金矿石,基本为单矿种,生产矿山均按照开发利用方案的要求开展了综合利用,且达到了在现有技术条件下尽可能综合回收利用的要求。

6)盐湖矿山

青海省无单一矿种的盐湖矿山,钾盐、镁盐、锂矿、盐矿和硼矿相互共伴生,部分矿山还共伴生有芒硝、溴矿、碘矿、铷矿等,大量的共伴生组分增加了盐湖矿山的综合利用价值,但也增加了综合利用工业技术难度。

钾盐矿山的综合利用水平不高,本次调研的9家矿山由于市场及工艺技术水平限制,基本未对共伴生矿进行综合利用;镁盐矿山具开发利用规模的仅为青海香江盐湖开发有限公司团结湖镁盐矿,矿山利用废弃老卤水回收氯化镁、氯化钾的工艺较成熟,但单个矿山的综合利用规模代表性不强;锂矿仅调查2家,就矿种而言,设计利用矿种和实际回收利用矿种基本一致,综合利用程度较高;盐矿各矿山均针对卤水日晒盐开展了回收利用,选矿工艺及食用盐加工工艺合理,相对来说比较单一;硼矿矿山的综合利用水平较高,调研的2家矿山均综合利用了液体矿中的硼、钾、锂资源,开发利用技术特别是低品位硼矿的开发利用技术水平在全国处于领先水平。

盐湖矿山产生的尾矿主要是晒卤形成的盐矿,基本都进行了集中堆放,少量利用于矿区道路修筑。部分矿山开展了淡水溶盐技术(利用淡水重新溶解固体尾矿,从而得到循环利用),选矿形成的尾液及老卤等开展了综合利用,利用率基本达到了100%。

7)非金属矿山

青海省开发强度和潜力较大的非金属矿产主要有石棉、水泥用灰岩、电石用灰岩、制碱用灰岩、玻璃用石英岩、冶金用石英岩、冶金用白云岩、饰面用大理岩、饰面用花岗岩、饰面用蛇纹岩、玉石、长石等。其中,石棉矿山对伴生的铁矿进行了综合利用,取得了较好的效果;石灰岩矿山将剥离的黄土、废石用于采区回填和矿区道路修建,将夹石进行配矿使用,因此石灰岩矿山的综合利用程度很高,综合利用率基本在95%以上;石英岩矿山产生的剥离黄土用于开采区回填和矿区道路修建,但对部分不符合下游企业要求的破碎废料均集中进行堆放,有待进一步综合回收利用;饰面石材矿山将小规格废石加工成地砖、道牙石等产品,将不规整废石经破碎后加工成不同规格的建筑石料,矿山综合利用水平较高;玉石矿山均远离城镇,且剥采比很大,正规开发困难,均采用边探边采模式,大量的剥离废石难以利用,无从谈及"三率"水平。

(四)典型矿山"三率"情况

为进一步反映青海省矿山开采"三率"情况普遍规律,选取了4家大型不同矿种矿山作为典型矿山对"三率"情况进行分析。

1. 青海威斯特铜业有限责任公司德尔尼铜矿

德尔尼铜矿是以铜为主,共生有钴、硫、锌等,伴生金、银的大型热液型铜矿。主矿体周围有小矿体,矿体较为集中。矿石中的主要有用元素是铜、硫、锌、钴。矿石中还有多种伴生组分,如金、银、硒、镉、镓、铟等。铜资源量57.85万t,平均品位1.268%;钴资源量2.84万t,平均品位0.089%;金资源量29.29t,平均品位0.53g/t;银资源量275t,平均品位6.7g/t;锌资源量16.22万t。

自20世纪60年代探明储量以来,国内多家科研机构曾多次对其进行过综合利用研究。但因铜矿中铜的嵌布粒度过细,有用矿物与脉石矿物的嵌布关系复杂,脉石矿物多为易浮难抑、容易泥化的硅酸盐类矿物。其中,钴的品位低而且呈类质同象不均匀分布等诸多因素,使矿石非常难选。针对难度较大的钴硫精矿的综合利用问题,青海威斯特铜业有限责任公司组织申报了国家科技攻关项目,2001年"青海德尔尼钴硫精矿选冶联合回收钴"被列入青海省科技攻关项目,北京矿冶研究总院曾以德尔尼钴硫精矿为原料,完成了全流程小型和扩大试验研究,取得了阶段性成果,钴浸出率可达到84%,回收率大于75%。2004年底,公司又申报了题为"青海德尔尼铜矿钴硫精矿综合回收技术"的国家科技攻关项目,本项目在前期科研、工作的基础上,拟定了开发钴硫精矿综合回收新工艺,达到全面综合回收有价金属和硫产品多元化的目标。

德尔尼铜矿资源条件较好。铜品位较富,平均铜品位在1.268%以上(国内大型铜矿平均为0.65%),在全国查明的24座大型铜矿中,含铜品位仅低于新疆阿舍勒铜矿(含铜品位2.43%)和西藏玉龙铜矿的氧化矿(2.53%),居全国第三位,并共伴生多种金属可供综合利用,尤其是钴资源潜在价值很高,德尔尼铜矿含钴品位0.089%,高于金川的(0.021%~0.038%)2~3倍。

青海威斯特铜业有限公司德尔尼铜钴矿2005年开发规模为年采选矿石30万t,并于2006年达到了200万t的大型矿山规模,矿山服务年限为20年。通过混合浮选生产出的铜精矿将进一步冶炼阴极铜,同时获得的钴硫混合精矿因钴品位过低(0.141%),原地堆放封存。2005年采区回采率达85%,矿区回采率达81%,采矿贫化率达6%。铜的入选品位1.1%,铜精矿品位36%,尾矿品位0.2%,选矿回收率75%。该项目主要是在提高开发利用铜矿资源水平的前提下,对钴矿的综合开发利用。一是提高铜矿的开发利用水平;二是综合开发利用钴矿资源。

2. 西部矿业股份有限公司锡铁山铅锌矿

锡铁山铅锌矿是目前青海省最大的有色金属矿山,是青海省的支柱企业和利税大户,也是全国大型采选冶联合企业之一,自1982年开始基建、生产探矿。

锡铁山铅锌矿矿床由锡铁山、中间沟及断层山3个矿区组成。矿床经过多年的地质勘查,累计提交铅资源量181.10万t,锌资源量210.22万t。近年来的开发利用水平达到国内先进水平:采矿贫化率11.39%,开采回采率88.9%,采矿损失率10.70%,设计选矿能力100万t/a,实际选矿能力111.04万t/a。选矿回收率79.54%～85.23%,年产金属总量铅5.81万t、锌6.09万t。

锡铁山铅锌矿矿石中共伴生有益组分很多,主要有金、银、镉、镓、铟、锡及硫,由此可见,锡铁山铅锌矿是一个综合利用价值很高的大型铅锌矿。目前得到回收利用的只有金、银和硫3种。矿石中的金、银主要赋存于方铅矿内,经过选矿进入铅精矿中,通过烧结法冶炼转入粗铅,在电解后富集于阳极板上,被称为阳极泥,其中的金品位可达到数十克每吨(g/t),银品位达上千克每克(kg/t)。阳极泥再经过提纯处理,即可得到金银锭。金银的选矿回收率只有28%、71%,回收水平有待提高,副产品硫由于市场需求有限,大量堆放,进一步加强共伴生金银硫的综合利用,使其达到国内乃至国际先进水平。

3. 青海中信国安科技发展有限公司西台吉乃尔湖锂矿

西台吉乃尔湖锂矿是以锂为主,共生有钾盐、镁盐、硼矿和盐矿的大型盐湖矿。累计资源量固体钾(KCl)0.21亿t,液体钾(KCl)0.05亿t;固体镁($MgCl_2$)0.47亿t,液体镁($MgCl_2$)1.86亿t;固体盐矿($NaCl$)93.36亿t,液体盐矿($NaCl$)2.46亿t;液体锂($LiCl$)30.68万t;液体硼163.33万t。

青海中信国安科技发展有限公司主要利用锂,综合利用钾、镁、硼,是省内盐湖矿山中综合利用工作做得较好的矿山。目前已建成综合钾肥、碳酸锂和硼酸3个生产车间,其中综合钾肥车间包括氯化钾、钾镁肥和硫酸钾3套生产装置,生产能力分别为氯化钾40万t/a、钾镁肥30万t/a、硫酸钾30万t/a;碳酸锂和硼酸车间的生产能力分别为1万t/a和3万t/a,并已建成配套的采输卤及盐田系统工程。累计生产氯化钾124.18万t、硫酸钾镁肥33.16万t,但是近年氯化钾产品价格下滑严重,经济效益不理想,鉴于矿区卤水类型为硫酸镁亚型,以氯化钾作为主要钾肥产品无法有效发挥矿区的资源潜力和资源优势。

据实地调研,西台吉乃尔锂矿山的钾、锂、硼的盐田采收率、选矿回收率设计、实际完成指标见表5-4。

表5-4 西台吉乃尔锂矿山盐田采收率、选矿回收率指标表

矿种	盐田采收率(%)			选矿回收率(%)			备注
	设计	最低	实际	设计	最低	实际	
钾	63.28			53.08	43	50.37	镁盐在生产硫酸钾镁肥时使用,除钾外其他矿种没有部颁标准
锂	51.90	63	68.65	71.29		79.82	
硼	73.88			64.14		64.18	

按开发利用方案和部颁公告要求,西台吉乃尔湖锂矿开采主矿种及共生矿的各项指标均符合要求,由于使用老卤生产碳酸锂,老卤的利用率为100%。

4. 察尔汗钾镁盐矿察尔汗矿区和别勒滩矿区

青海盐湖工业股份有限公司柴达木察尔汗钾镁盐矿钾镁盐矿区和别勒滩矿区均为大型盐湖矿。

青海盐湖工业集团利用高镁卤水提锂和水氯镁石脱水提镁正在积极攻关。利用尾卤,经净化蒸发结晶、脱水处理后,采用电解法制取金属镁,同时利用电解镁副产氯气。结合利用该地区产出的天然气制取的乙炔生产聚氯乙烯,又以乙炔生产过程产生的尾气制取甲醇,形成卤水—镁—聚氯乙烯—甲醇合理的产业链,从而达到了盐湖资源综合利用的目的。

为了更合理地开发和循环利用察尔汗盐湖资源,盐湖集团计划投资100亿元启动"盐湖100万t钾肥综合利用项目",整个综合利用项目共分三期进行,其中前两期工程计划投资70亿元,第三期初步设想投资30亿元。届时,盐湖集团将建成年产10万t乙炔、32万tPVC、50万t合成氨、90万t尿素、10万t氢氧化钠、6万t氢氧化钾片碱和10万t甲醇、2.5万t金属镁和10万t氯化镁等系列产品生产线,成为我国名副其实的最大盐湖化工生产基地。

(五)低品位、难选冶矿产资源综合利用

青海省重要矿产资源铁、铜、铅、锌、金、钾盐、石棉查明上表资源储量中,保有部分低品位、难选冶的矿石。

1. 铁矿

青海省铁矿查明上表资源储量中,低品位铁矿石多,富矿少,铁矿石绝大多数为需选矿石,查明上表的铁矿石,均为磁铁矿石,部分铁矿床中含有菱铁矿,但比例非常小。按铁矿石的工业用途要求,TFe≥50%的铁矿石为可直接炼钢和炼铁用的富矿石,低于50%的矿石为需选铁矿石,青海省需选铁矿石查明和保有资源情况见表5-5。

表5-5 青海省低品位铁矿资源储量情况表

品位区间 (TFe%)	资源储量(万t)	
	累计查明	保有
20~<25	2 390.0	2 390.0
25~<30	3 173.80	31 671.0
30~<35	35 273.33	34 800.27
低品位矿合计	38 686.13	38 206.37
35~<40	12 380.19	12 015.83
40~<45	1 469.04	1 281.44
45~<50	395.20	312.96
需选铁矿合计	52 930.56	51 816.60
≥50	3 073.80	3 073.80
总计	56 004.36	54 890.40

1)需选铁矿石比例

需选矿石查明资源储量 5.29 亿 t,保有资源储量 5.18 亿 t,分别占全省查明铁矿石资源储量的 94.51% 和 94.40%。

2)低品位铁矿石比例

需选铁矿石中 TFe<35% 的铁矿石查明和保有资源储量分别为 3.87 亿 t 和 3.82 亿 t,占需选铁矿石的 73.09% 和 73.73%,占全省铁矿石累计查明和保有铁矿石资源储量的 69.08% 和 69.6%。

3)难选铁矿石概况

青海省难选铁矿石主要分布于祁连地区和都兰地区,主要是沉积变质岩型铁矿,矿石颗粒细,选矿困难,见表 5-6。

表 5-6 难选铁矿石资源储量情况表

矿床(点)名称	规模	品位(TFe%)	保有资源储量(矿石:万 t)
乐都县大泉石沟铁矿	矿点	28.21	40.00
湟源县克素尔铁矿区	小型	37.34	101.10
祁连县小沙龙铁矿	大型	32.78	15 760.61
祁连县小东索铁矿	小型	35.3	234.22
祁连县阿力克铁矿区	小型	39.56	355.80
祁连县托勒热水沟铁矿	小型	29.59	390.10
祁连县大沙龙铁矿	中型	28.91	1 668.00
祁连县小沙龙东沟铜矿	小型	37.44	594.00
祁连县小水沟铁矿	小型	34.97	923.32
兴海县赛什塘铜矿	小型	27.31	683.40
都兰县洪水河铁矿	中型	33.5	865.90
都兰县清水河铁矿	中型	36.13	3 628.39
都兰县近尔乌拉铁矿	小型	24.68	239.00
合计			25 483.84

青海省查明资源储量并上表的难选铁矿石矿床(点)共有 13 处,其中大型矿床 1 处,中型 3 处,小型 8 处,矿点 1 处。保有资源储量 2.54 亿 t,占 2020 年底青海省保有铁矿石资源储量 8.24 亿 t 的 30.80%,难选铁矿在青海省保有铁矿资源储量中所占比例较大。

难选铁矿规模最大的是祁连县小沙龙铁矿床,矿床规模为大型,TFe 品位 32.78%,查明和保有资源储量 1.58 亿 t,占全省保有铁矿资源储量的 19.12%。小沙龙铁矿在开展详查工作时,委托北京矿冶研究总院开展了选矿工艺试验,北京矿冶研究总院根据矿样特征,采用了光学显微镜、X-射线衍射、扫描电子显微镜、选择性溶解等综合手段开展了系统的研究工作。其主要内容包括矿样的主要化学成分、矿样的矿物组成及相对含量、矿样中重要矿物的嵌布特征、矿样中重要矿物的粒度组成及嵌布特征、矿样中重要矿物的解离特征、影响铁选矿指标的矿物学因素及提高选矿指标的途径等。试验得出以下结论:

(1)矿样中金属矿物主要为磁铁矿,其次为菱铁矿、赤褐铁矿和少量的黄铁矿、黄铜矿以及磁黄铁矿等;脉石矿物主要为石英、绿泥石,其次为磷灰石、云母、黏土矿物以及少量的方解石、正长石等其他矿物。矿样中磁铁矿的嵌行粒度比较细,大多呈细粒、微细粒稠密或稀疏浸染于脉石矿物中,有时聚集成不规则粒状或脉状集合体产出。

(2)对原矿进行了多种选矿工艺流程的对比试验,主要有以下几种方案。

方案一：原矿两段磨矿—两段磁选工艺流程试验方案，可以获得铁品位为 65.06%、铁回收率为 64.73% 的铁精矿，其中铁精矿中 SiO_2 含量为 7.06%，S 含量为 0.023%，P 含量为 0.074%；

方案二：磁滑轮预选抛尾—粗精矿两段磨矿—两段磁选工艺流程试验方案，可以获得铁品位为 66.06%、铁回收率为 64.39% 的铁精矿；

方案三：原矿三段磨矿—三段磁选工艺流程试验方案，可以获得铁品位为 65.24%、铁回收率为 64.12% 的铁精矿，铁精矿中 SiO_2 含量为 5.621%，S 含量为 0.016%，P 含量为 0.052%；

方案四：磁滑轮预选抛尾—粗精矿三段磨矿—三段磁选工艺流程试验方案，可以获得铁品位为 66.11%、铁回收率为 60.19% 的铁精矿。

通过 4 个方案的试验对比，小沙龙铁矿铁的选矿回收率最高 64.73%，最低 60.19%，从目前的选矿工艺试验结果来看，矿石难选。

13 个难选铁矿与小沙龙铁矿类似，磁铁矿粒度细是难选的主要原因，如都兰县清水河铁矿，都兰县西旺公司办理该矿的采矿权已近 10 年，其间公司曾委托不同的单位开展选矿工艺试验，但收效甚微，至今未能获得经济合理的工艺技术流程，该矿至今未能开发。

4）难选铁矿石开发利用研究

近年来，青海省不断加大难选铁矿石的开发利用工艺技术研究，但收效甚微，细粒低品位铁矿石至今不能有效规模开发利用。

2. 金矿

青海省金矿总体资源特点是低品位矿多、高砷高碳矿占有一定的比例。青海省上表保有金资源储量中，品位 5g/t（含 5g/t）以下的有 11 个矿区，保有资源量有 80.07t，占保有资源量的 53.86%。上表岩金资源品位区间资源量分布情况见表 5-7。

表 5-7 低品位岩金资源量分布情况表

品位区间	矿区数	矿石量	金属量	比例（%）	
1.0～3g/t	5	913.0	25.68	17.27	
3.1～5g/t	6	1 695.6	54.39	36.59	上表独立岩金矿区、共生矿区，比例按金属量计算。矿石量：万 t；金属量：t
中低品位合计	11	2 608.6	80.07	53.86	
5.1～10g/t	13	1 228.2	51.94	34.93	
10.1～15g/t	2	65.5	9.65	6.49	
15.1～20g/t	1	37.0	7.02	4.72	
合计	27	3 939.3	148.67	100	

1）低品位金矿石比例

金矿石中低于 3g/t 的保有金矿石和金属量分别为 913.0 万 t 和 25.68t，分别占全省保有金矿石和金属量的 23.18% 和 17.27%。

由于青海省气候严酷，交通等基础设施差，劳动力成本高，在金矿的开发利用过程中，往往采取提高入选品位的方法提高开发效益，因此，一般将低于 5g/t（含 5g/t）的金矿也归为低品位矿，照此统计，青海省金矿低品位矿保有矿石量 2 608.6 万 t，金属量 80.07t，分别占青海省岩金保有矿石量和金属量的 66.22% 和 53.86%。

2）难选金矿概况

青海省难选金矿分布于全省各地，影响金矿选矿的主要因素：一是金颗粒较细，被脉石等矿物包裹，分离困难,影响了选矿回收率,代表性矿床为祁连县红土沟-川刺沟金矿。二是部分矿床中砷含量较高,赋矿围岩高碳,致使选矿困难,代表性矿床有泽库县夺确壳金砷矿、滩间山金矿(高碳高砷)、五龙沟金矿(高砷)等。难选金矿的资源情况见表5-8。

表 5-8 难选金矿资源储量情况表

矿床(点)名称	规模	品位		保有资源储量(金:t;矿石:万t)
		金(g/t)	砷(%)	
祁连县川刺沟金矿	小型	5.40		1.42
				29.80
泽库县瓦勒根金矿	中型	2.87		18.61
				647.70
泽库县夺确壳金矿	小型	2.94	10.52	0.42
				22.46
肯德可克铁矿区	中型	2.76		5.71
				207.20
滩间山金矿金龙沟矿区	大型	5.14		24.45
				778.01
都兰县五龙沟金矿区	小型	11.14	1.04	1.73
				7.64
都兰县打柴沟金矿	小型	5.12	1.04	0.41
				8.10
都兰县红旗沟-深水潭金矿	大型	3.47	1.04	32.83
				947.40
合计				85.58
				2 648.32

青海省查明资源量并上表的难选金矿共有8处,其中大型2处、中型2处、小型4处,保有矿石量及金属量分别为2 648.32万t和85.58t,分别占青海省保有金矿石量和金属量的67.23%和57.56%。难选冶金矿石的比例已达金保有资源储量的50%以上。难选冶金矿的开发利用已经成为制约金矿开发利用的瓶颈因素之一。

3)难选冶金矿工艺技术研究和开发利用工艺

青海省金矿开发始于20世纪90年代中期,以开采地表氧化矿石为主,工艺采用堆浸提金,当时代表性矿山有滩间山金矿、五龙沟金矿等,由于矿石中砷的干扰较大,加之滩间山金矿矿石中碳含量较高,金回收率较低,一般为60%,资源利用率较低。

20世纪末,针对省内各矿床岩金资源特点,各企业与科研院所、大专院校合作开展了岩金提取工艺技术研究,主要研究方向是金矿石预氧化处理氰化提金工艺,五龙沟金矿还开展了细菌预氧化处理工艺技术研究,但并没有取得实质性进展。

21世纪初,经企业和科研部门努力,滩间山金矿使用浮选—焙烧—氰化工艺提金,然而在焙烧过程中砷仍无法回收。

青海省低品位金矿规模开发利用是从松树南沟金矿开始的,目前使用全泥氰化炭浆法提金,使该矿的入选品位已降至1g/t左右,成为青海省低品位金矿开发利用的典范,该矿年处理矿石达30万t。

3. 钾盐

青海省钾盐资源分为固体和液体2种,开发利用以液体矿为主,固体矿为辅,在查明钾盐资源储量中,低品位矿均为固体矿钾盐,上表液体矿中没有低于工业品位的矿床。

1)固体钾盐资源概况

青海省查明有资源储量并上表的固体钾盐矿床(区、段)共有12处,按提交的资源储量规模统计,有大型矿床5处、中型3处、小型3处、矿点1处。累计查明固体钾盐资源储量1.94亿t,保有1.90亿t,其中基础储量1.13亿t,占保有资源储量的59.56%。固体钾盐资源储量及质量见表5-9。

表5-9 固体钾盐资源储量及质量表

矿床名称	品位(%)	规模	查明资源储量(万t)	保有资源储量(万t)
西台吉乃尔湖锂矿	1.88	大型	2 126.00	2 126.00
尕斯库勒	1.99	大型	1 469.90	1 469.90
察尔汉盐湖别勒滩矿区	2.62	大型	10 391.76	10 391.76
合计			13 987.66	13 987.66
昆特依钾湖	3.07	小型	36.90	23.74
昆特依北部新盐带	4.59	矿点	7.70	7.70
巴伦马海	4.65	小型	29.92	29.92
察尔汉盐湖察尔汗矿区	5.79	大型	1 799.69	1 787.59
昆特依大盐滩	6.99	小型	86.90	85.76
大浪滩风南矿床	7.36	中型	299.00	299.00
合计			2 260.11	2 233.71
察汗斯拉图钾盐矿	8.24	中型	105.90	105.90
马海钾矿区	8.52	中型	931.50	680.02
大浪滩梁中矿区	9.03	大型	2 152.40	2 017.60
合计			3 189.8	2 803.52
总计			19 437.57	19 024.89

注:规范推荐的一般工业指标:边界品位≥3%,工业品位≥8%,最小可采厚度0.3~0.5m。

2)低品位固体钾盐概况

保有钾盐资源储量中,品位低于边界品位的资源储量有1.40亿t,占保有固体钾盐资源储量的73.52%。3%~<8%的低品位矿保有钾盐资源储量0.22亿t,占钾盐保有资源储量的11.74%。从统计结果看,低于工业品位、目前暂难开发利用的固体氯化钾保有资源储量1.62亿t,占固体钾盐资源储量的85.26%,绝大部分查明并上表的固体钾盐资源储量无法直接利用。

3)低品位固体钾盐开发利用概况

各矿区的低品位钾盐因品位太低,目前基本没有利用,仅有个别矿区(察尔汗)利用低品位钾矿配矿进行选矿,部分矿区利用低品位液体矿驱动溶解低品位固体钾盐。但目前的利用结果尚不清楚。

4. 锂矿

青海省锂矿产自盐湖中,以液体矿为主,有3个以锂为主的矿区,6处为共伴生矿区,由于氯化锂产自盐湖卤水中,提锂工艺复杂,21世纪初青海省盐湖研究所开始了氯化锂的提取工艺技术研究,后中信国安也以西台吉乃尔湖为基地开展了研究工作,其主要工艺流程:抽卤—盐田晒卤—老卤入选—碳酸锂,副产品为晒卤过程中产生的光卤石,生产硫酸钾镁肥。但该工艺一直没有形成稳定的产能,工艺技术流程目前仍处于研究阶段。受工艺技术的影响,青海省锂矿没有得到规模开发,9个锂盐矿床(区)仅西台吉乃尔湖锂盐矿区进行了微量的开发利用。

5. 石棉

青海省石棉资源利用的规模较大,资源利用率较高,但在选矿过程中存在短纤维石棉的利用问题:一是短纤维石棉选矿回收率低,造成资源浪费;二是短纤维石棉的销售市场窄,资源利用效率不高。由于石棉矿山均分布于区位条件较差的地区,没有下游加工业支持,回收可利用的短纤维石棉无法进一步销售加工。

综上所述,由于种种原因,青海省低品位矿、难选冶矿的开发利用工艺技术研究工作刚刚起步,水平较低。

(六)矿山"三废"综合利用现状

在"十三五"期间一批先进适用的开采方式的推广,使废石和尾矿的利用力度进一步加大,减轻了企业尾矿堆放的压力和环保压力。矿山综合利用意识得到显著提高,特别是对铁矿、金矿低品位矿石和尾矿的利用取得了很大成效,但对共伴生有益组分的综合利用因含量、选矿工艺等影响参差不齐。

1. 矿山废水

青海省矿产资源开发利用过程中,形成的废水主要由两部分组成:一是矿坑废水;二是选矿形成的废水。由于青海省属干旱缺水的地区,矿坑涌水量较小。

青海省属干旱气候,几乎所有矿山都将矿井(坑)废水提升地表,经沉淀池沉淀后主要用于矿区绿化灌溉、喷洒降尘等,因此可以全部利用,个别矿山因废水较少还需到其他地区运水使用,废水综合利用率达到100%。

1)矿坑废水

青海省开发利用的矿山,矿坑涌水量不大,矿坑废水经沉淀后全部用于采矿、选矿生产用水。

2)选矿废水

选厂对选矿废水经沉淀后基本上都进行了二次利用,部分随尾矿排放的尾矿废水排至尾矿库,待澄清后泵至选矿车间进行再次利用或用于矿区绿化。

选矿废水主要是铁、铜、铅、锌、金等金属矿山选矿产生的废水,废水一般经沉淀后,返回选厂使用,一般选厂废水的返回使用率达到了70%~80%,20%~30%的废水随尾矿进入尾矿坝自然蒸发,由于青海省省域内蒸发量大于降雨量,在尾矿库不会形成废水聚集。

总体来看,青海省矿山开发利用对废水的利用率较高。

2. 矿山废渣

青海省绝大部分矿山均分布于偏远地区,远离城镇,周边人口稀少,造成废弃岩土及尾矿的综合利用十分不便,多数矿山的废弃岩土除采坑回填、矿区修补道路外,基本无法利用,主要堆置于排土场中。

矿山废渣主要来源:一是矿山开拓工程产生的废石、渣土等;二是采矿过程剥离的土石和剔除的夹石、煤矸石等,矿山一般将渣土堆放于指定的废石场中。

由于青海的矿山大部分分布于距主干交通线较远的戈壁荒山中,矿山周边基本没有常住居民,除矿山修路、平整场地小部分使用外,大部分废渣堆放于渣土场,没有利用。

煤炭矿山开发利用过程中产生的煤矸石,绝大多数矿山没有利用,仅有青海煤业在大通县、大柴旦镇建有利用煤矸石生产空心免烧砖的生产线2条,但因企业所在地区人口稀少,消费量少,空心砖销量较少,企业综合利用煤矸石的积极性受到影响。

3. 尾矿

开发利用矿山均设有尾矿库,大部分利用干沟谷筑坝修建,底部铺设防渗漏底垫,尾矿库建设比较规范。

1)金属矿山尾矿

因青海省目前开发利用的铁、铜、铅、锌、金等金属矿山中,大部分含有除主矿种以外的共伴生组分,受技术、工艺、经济可行性的影响,大多数矿山没有开展综合回收利用。由于矿山均处于偏远的戈壁荒山,尾矿利用存在许多困难,只能堆存于尾矿库中。如德尔尼铜钴矿中在选矿过程中因钴硫分离工艺不成熟,只能堆存尾矿妥善保管,待工艺技术成熟后再进行利用。

主要岩金矿山的尾矿由两部分组成:一是20世纪90年代开展堆浸的浸渣,受矿石中砷、碳的影响及当时的技术条件制约,浸出率较低,尾矿中金的品位一般在1~2.44g/t之间,平均2.07g/t(滩间山、青龙沟),五龙沟的浸渣品位也在1~3g/t之间。松树南沟金矿一开始就采用浮选工艺,但回收率较低,尾矿中金品位较高,平均品位2g/t左右。二是近年来工艺技术水平提高后的选矿尾矿,这部分尾矿的金含量较低。

近年来,随着工艺技术水平的不断提高,尾矿的利用也逐步提上了议事日程,松树南沟、滩间山、青龙沟金矿对原有尾矿进行重新选矿,取得了较好的经济效益。

2)非金属矿山尾矿

非金属矿山的尾矿是石棉矿山的选矿尾矿,尾矿的主要成分是化肥用蛇纹岩以及未能选出的短纤维石棉,茫崖石棉矿曾开展短纤维石棉的综合回收利用,但由于区位条件差,缺乏下游加工业的支持,外运距离远,短纤维石棉的综合回收利用工作受阻。

3)盐湖矿山

盐湖矿山排放的"废渣"和"尾矿"指的是液体矿晒卤过程中析出的钠盐,因无法利用,作为"废渣"堆存,选矿后排放的矿浆中含有大量氯化镁,排放后在尾矿库结晶沉积,长期得不到有效的规模利用。据不完全统计,在开采钾盐的过程中,堆存的钠盐和镁盐已近亿吨。

二、矿产资源节约与综合利用相关支持政策

近年来,国家、青海省以及部分州市政府相继出台了一系列矿产资源领域的政策,逐步构建了绿色矿山、资源节约与综合利用标准体系。同时,进一步强化绿色、节约、环保等方面的标准约束,促进矿产资源规范管理,推动矿业走绿色生态之路。

《中华人民共和国矿产资源法》对矿产资源综合利用提出了明确的要求,规定"国家对矿产资源的勘查、开发实行统一规划、合理布局、综合勘查、合理开采和综合利用方针"。《中华人民共和国固体废物污染防治法》《中华人民共和国循环经济促进法》等都对煤矸石、尾矿、废石的综合利用提出了要求。随着《中华人民共和国节约能源法》《中华人民共和国清洁生产促进法》等颁布,我国形成了矿产资源节约与综合利用较为全面的法律体系。

2010年,国土资源部和财政部印发《矿产资源节约与综合利用专项工作管理办法》,以"以奖代补"和"示范工程"为手段,共同组织推动了矿产资源综合利用工作的开展。2011年,国家发改委出台《"十

二五"资源综合利用指导意见》,提出要提高矿产资源的"三率",加强矿产资源的综合利用,建设发展绿色矿业。2012年以来,国土资源部(现自然资源部)建立了先进适用技术推广目录发布制度,并连续发布了6批334项先进适用技术,2019年,又印发了《矿产资源节约和综合利用先进适用技术目录(2019年版)》,极大地促进了先进技术的推广应用。截至2020年底,自然资源部先后公告发布了9批共77个矿种的合理开发利用"三率"最低指标要求,涵盖了能源矿产、有色金属矿产、黑色金属矿产、非金属矿产等,基本构建了重要矿种的"三率"指标体系。

三、矿产资源节约与综合利用影响因素分析

1. 思想认识

思想认识决定和指导着人们的行为,在新型资源观的指导下,矿山企业的管理者充分意识到我国当前面临的严峻资源形势,将企业利益与国家利益结合起来,以科技为引领,主动同科研院所联合,积极探寻最为科学合理的矿山开采技术方案和选矿工艺流程,加大技术工艺的研发投入和装备的升级换代力度,努力提高开采回采率和选矿回收率,自觉开展矿产资源综合利用,促进经济发展方式的转变,实现资源的可持续发展。

2. 科技水平

科技水平主要通过对矿山采矿方法、技术、装备,选矿工艺、流程、设备、药剂等的使用影响矿产资源综合利用。总体科技水平提高,促进矿山企业采矿方法、技术水平的提升和装备的升级换代,相同储量消耗采出更多资源,提高开采回采率。同样,科技水平的提高促进选矿工艺的改造、流程的优化和药剂的优选,相同入选矿石量选出的矿产品(精矿)更多,提高选矿回收率。除此以外,科技水平的大幅提高可以使难采资源变为可采资源,难选矿变为可选矿,增加可利用资源的数量。

3. 综合勘查与评价程度

综合勘查与评价程度决定了对一个矿体的了解程度。勘查程度越高,对矿体形态及资源赋存情况掌握得越清楚,进而依据其布置的井巷工程也越科学合理,丢矿的可能性也越小,从而开采回采率也就越高;对共伴生资源评价得越全面,选矿工艺流程设计也就越为合理,选矿回收率也就越高,尾矿所含的有用组分也越少。综合勘查与评价是实现矿产资源节约集约与综合利用的必要条件。

4. 矿产品供需形势

矿产资源的供需形势也是影响矿产资源综合利用的重要因素之一。当矿产品市场上出现供不应求局面,矿产品价格高涨,矿山企业为获取更多利润,便会自觉加强管理,更新设备,提高开采回采率,加大低品位矿的利用;在选矿环节,矿山企业会进一步优化选矿工艺、流程和改进洗选设备、药剂等,提高选矿回收率。反之,当市场上矿产品供过于求时,矿产品价格走低。矿山企业为降低采选成本,保证收益,就会采富弃贫,造成资源浪费。

5. 矿山企业管理水平

矿山企业管理水平对节约集约与综合利用也有重要影响,如果矿山的技术管理机构和技术人员,建立起矿山储量动态监测机制,各类资源储量资料齐全,储量动用、采出、损失量和"三率"管理资料台账清楚规范,在开采过程中,适时进行补充勘探,对资源赋存和开采状况掌握清楚,将有利于及时调整开采计划,提高开采回采率。反之,则容易加大开采的随意性,造成开采回采率降低。

6. 政策环境

资源综合利用（产品）从技术开发、项目建设到市场开拓，都需要大量的资金投入并且伴随着较大的风险，目前国家虽有专项资金支持资源综合利用，但受益矿山数量有限。多数矿山融资渠道并没有解决，资金筹措实施困难。同时，国家先后出台了资源综合利用减免所得税、部分综合利用产品减免增值税等优惠政策，但执行乏力，许多优惠政策难以落到实处。此外，对矿产资源综合利用的信贷支持、信息指导、咨询服务、政策配套协调等方面工作欠缺或力度不够。

7. 法律法规

工业发达国家的资源综合利用开展较好的原因之一就是法制比较健全。如美国有固体废弃物处置法、资源回收法；德国有废弃物管理法；法国有废弃物清除及有用物质回收法；日本有废弃物处理及清扫法等。我国在该领域的法律法规有待进一步完善。

四、存在的主要问题

新时代对矿业高质量发展、矿产资源节约集约与综合利用工作提出了新要求，但当前青海省矿山规模仍需优化，创新能力不高、市场投资环境缺乏吸引力等问题还存在。

1. 矿山区位条件差，制约了节约和综合利用工作

青海省主要金属矿山主要分布在海西州、海北州和海南州，其他州有零星分布，全省金属矿山分布的主要特征：矿山分散，单矿山稀疏分布，均位于戈壁、荒漠中，矿山距中心城镇及主干铁路、公路较远，交通不便，矿产品消费主区与矿山开采生产区距离远，矿山周边基本无常住居民。

由于区位条件差，青海省的矿山开发成本较内地矿山大，一是生产生活资料及产成品销售需长途使用公路、铁路运输，增加了生产成本。二是矿山所在地海拔高、气候恶劣，劳动力成本高，加之当地无法解决劳动力，需从外地解决，员工的生活成本高，加大了开采成本。三是基础设施条件差，绝大多数矿山需要修建矿山至主干公路的矿区公路，多则百余千米，少则几十千米。大多数矿山所在地距国家电网距离较远，电力供应不能保障，大中型矿山建有自备电厂或长距离架设高压线路，小型矿山则使用柴油发电机发电以供生产所需。综上所述，青海省矿山开发利用的成本远高于内地同类矿山，使得矿产资源的开发利用的利润空间较小，企业不得不提高入选品位来保证矿山的正常生产，即便如此，当矿产品价格发生较大的波动时，仍不能保证正常生产。

2. 市场需求制约了综合利用的开展

青海省矿产资源开发利用过程中，产量最大可供综合利用的副产品是钾盐生产过程中产出的氯化钠和氯化镁，由于氯化钠的市场已趋饱和，大量的氯化钠无法外运销售，青海省为消化大量的氯化钠，兴建了纯碱厂、烧碱厂，但全国纯碱、烧碱的产能和实际产量已大于市场需求，纯碱、烧碱的销售不畅，企业基本上处于停产半停产状态，严重影响了企业开展综合利用的积极性。

3. 共伴生元素多、组分复杂，综合利用工艺复杂，工艺技术研究滞后

青海省开发利用的矿产地中，共伴生元素较多，一般铁矿床中多共伴生铅锌铜金等有益元素，铜、铅、锌矿床中除3种元素互相共伴生外，矿床中还共伴生有钴、钼、镍、金、银、镉、镓、铟等有益元素，盐湖矿产中除钾、锂、硼共生外，还共生有钠盐、镁盐、芒硝，伴生溴、碘、铷等组分，矿床的共伴生组分成分复杂,虽然众多的共伴生组分提高了矿床的潜在价值,但同时也使矿床的开发利用工艺技术复杂化,制约了综合利用工作的开展,省内开展了不同层次的综合利用工艺技术研究,但收效甚微。矿产资源开发利用工艺技术研究无法支持节约与综合利用工作的开展。

4. 矿业结构仍需优化,小矿采选技术、装备落后

青海省矿山企业数量虽然大幅度减少,矿山规模结构得到显著改善,但"大矿少、小矿多"的格局仍未得到根本性的改变;部分小型矿山中存在"僵尸"或"休眠"矿山有待清理整顿,固体矿山大中型矿山比例仍有提升空间。

2015年以来,通过推广应用先进适用技术、加速淘汰落后技术、考查"三率"指标最低要求、强化技术政策和标准等措施,省内矿山技术工艺和装备水平得到了较大提升,但长期以来受人才、技术、意识的限制,部分矿山尤其是小型矿山的采、选技术及装备仍相对落后,这都会对矿山的"三率"指标产生影响。

5. 低品位难选矿石利用困难,有害组分高的矿石选矿回收率低

各类金属矿产均有低品位矿石存在,受区位条件影响,利用低品位矿石经济效益差,多数低品位矿石未能得到利用。难选矿石主要是细粒铁矿,因矿物粒度细,磨矿要求高,矿石难选,使矿石难以利用。部分金矿因砷、碳含量较高,影响了资源的回收,目前使用焙烧氰化法提金,虽然提高了金的回收率,但砷仍然无法回收。

6. 政策法规对节约与综合利用矿产资源工作的支持力度不足

现行政策对节约与综合利用工作的支持力度不足,操作困难,现行政策法规鼓励企业开展节约与综合利用矿产资源,一是节约与综合利用工作的界定困难,什么情况是节约与综合利用了矿产资源或浪费了矿产资源,没有明确的界限。二是对节约与综合利用矿产资源做得好的企业,没有具体的奖惩措施,不能有效调动矿山企业开展节约与综合利用的积极性。

部分矿产受国家开发利用总量调控的影响,挫伤了矿山企业开展节约与综合利用的积极性。矿山共伴生的钨、锡等综合利用遭遇了政策瓶颈,一方面,我们鼓励企业开展综合利用;另一方面,受总量控制指标的限制,综合回收的钨、锡等矿产品无法进入市场销售。

第二节 开发利用规模结构调整和矿山"三率"水平提升

一、开发利用规模结构

集约利用、规模开发是提高矿产资源的节约集约与综合利用的重要途径。应严格矿山最低开采规模准入,积极推进矿产资源开发规模化、集约化,坚持矿山设计开采规模与矿区储量规模、矿山服务年限相适应的原则,制定和完善重点矿种矿山的最低开采规模和准入要求。同时,调整矿山规模结构,提出大中型矿山比例,积极促进矿山企业规模化、集约化经营。通过资源整合、兼并重组等措施,控制小型矿山数量,使矿山规模结构逐步得到优化,促进矿山结构调整,进一步提高青海省矿产资源的节约集约与综合利用水平。

主要矿种最低开采规模

1. 国土资源部对主要矿种最低生产建设规模的规定

2004年,国土资源部下发了《关于调整部分矿种生产建设规模标准的通知》(国土资发〔2004〕208号),对部分矿种的最低生产建设规模作了规定,见表5-10。

表5-10 部分矿种矿山生产建设规模分类及最低生产建设规模一览表

矿种类别	矿山生产建设规模级别				最低生产建设规模	备注
	计量单位	大型	中型	小型		
煤(地下开采)	原煤万t	≥120	120~45	<45	9万t/a	新调整
煤(露天开采)	原煤万t	≥400	400~100	<100		新调整
油页岩	矿石万t	≥200	200~50	<50		
煤成(层)气	亿m³	≥5	5~1	<1		
金(岩金)	矿石万t	≥15	15~6	<6	1.5万t/a	
银	矿石万t	≥30	30~20	<20		
铁(地下开采)	矿石万t	≥100	100~30	<30	3万t/a	新调整
铁(露天开采)	矿石万t	≥200	200~60	<60	5万t/a	新调整
锰	矿石万t	≥10	10~5	<5	2万t/a	
铬、钛、钒	矿石万t	≥10	10~5	<5		
铜	矿石万t	≥100	100~30	<30	3万t/a	
铅	矿石万t	≥100	100~30	<30	3万t/a	
锌	矿石万t	≥100	100~30	<30	3万t/a	
钨	矿石万t	≥100	100~30	<30	3万t/a	
锡	矿石万t	≥100	100~30	<30	3万t/a	
锑	矿石万t	≥100	100~30	<30	3万t/a	
钼	矿石万t	≥100	100~30	<30	3万t/a	
镍	矿石万t	≥100	100~30	<30	3万t/a	
钴	矿石万t	≥100	100~30	<30		
镁	矿石万t	≥100	100~30	<30		
稀土、稀有金属	矿石万t	≥100	100~30	<30	6万t/a	新调整
磷矿	矿石万t	≥100	100~30	<30	10万t/a	新调整
石灰岩	矿石万t	≥100	100~50	<50		
硅石	矿石万t	≥20	20~10	<10		
白云岩	矿石万t	≥50	50~30	<30		
耐火黏土	矿石万t	≥20	20~10	<10		
萤石	矿石万t	≥10	10~5	<5		
硫铁矿	矿石万t	≥50	50~20	<20	5万t/a	

续表 5-10

矿种类别	矿山生产建设规模级别				最低生产建设规模	备注
	计量单位	大型	中型	小型		
自然硫	矿石万 t	≥30	30～10	<10		
蛇纹岩	矿石万 t	≥30	30～10	<10		
硼矿	矿石万 t	≥10	10～5	<5		
湖盐	矿石万 t	≥20	20～10	<10		
钾盐	矿石万 t	≥30	30～5	<5		新调整
芒硝	矿石万 t	≥50	50～10	<10		
石棉	石棉万 t	≥2		<1		新调整
重晶石	矿石万 t	≥10	10～5	<5		
石膏	矿石万 t	≥30		<10		
滑石	矿石万 t	≥10	10～5	<5		
长石	矿石万 t	≥20		<10		
高岭土、瓷土等	矿石万 t	≥10	10～5	<5		新调整
玻璃用砂、砂岩	矿石万 t	≥30		<10		新调整
石墨	石墨万 t	≥1	1～0.3	<0.3		
建筑石料	万 m³	≥10	10～5	<5		
建筑用砂、砖瓦黏土	矿石万 t	≥30	30～6	<6		新调整
页岩	矿石万 t	≥30	30～6	<6		新增
矿泉水	万 t	≥10	10～5	<5		

2. 本次研究推荐的青海省主要矿种最低开采规模

为保证矿产资源的规模结构调整，促进矿产资源的有序合理开发，使得新建矿山的开发规模与拟开发矿山的矿床资源储量规模相适应，已建矿山通过调整使开发规模符合开发矿山的开发规模，根据《全国省级矿产资源总体规划》编制要求，对全省主要矿种制定大、中、小型矿床最低开发规模。

1) 制定最低开采规模的矿种选择

制定最低开采规模过程中，编制组对全省矿产资源的情况进行了分析研究认为：在制定最低开采规模中，重点要做好省厅颁发采矿证的矿种以及国家限制开采矿种（稀土、钨、锡、锑、煤、铂、重晶石、萤石），对州县发证的砂石、黏土、建筑石料等矿产，在规划中只提出原则性规划意见，省规划不再专门设置砂石、黏土的最低开采规模。砂石黏土矿产由（市、州、县）局根据年度基础设施建设情况进一步合理设置采矿权，按基础设施建设的需求合理设置开采规模。

在确定最低开采规模时，主要针对上表矿种进行，对以伴生元素出现的镓、锗、铟、镉、硒、溴、碘等矿产不设置最低开采规模，其矿床开采规模应根据矿床的主矿种确定。同时，对青海省禁止开采的砂金、汞、泥炭不进行规划。最终确定青海省需设定最低开采规模的矿种为 58 种，其中锰矿及石墨矿产虽无上表储量，但这两种矿产均有开发利用矿山，所以也设定了最低开采规模。

2) 设定最低开采规模的依据及相关因素

在确定矿山最低开采规模时，主要依据国土资发〔2004〕208 号文《关于调整部分矿种生产建设规模标准的通知》规定,按矿床储量规模分为大、中、小型矿床,制定相应的开采规模和最低开采规模,但该文未给出小型矿的最低规模,仅确定了上限,因此,在制定本省最低开采规模时,综合分析青海省小型矿床的资源情况前提下,制定了最低开采规模,其他未规定最低规模的,结合青海省的实际情况,也制定了最低规模。

小型矿床最低开采规模确定的原则:一是直接采用部208号文给出的最低开采规模,如铜、铅、锌等矿产最低开采规模为3万t/a;二是部208号文中未明确给出最低开采规模的,以"生产规模在小型矿山生产建设规模上限十分之一以下的,按小矿统计"原则确定,按小型上限的十分之一计算,这样就得出了小型的最低规模;三是个别矿种的小型矿床最低规模确定时,考虑到青海省这类矿产的资源储量和市场条件,对资源储量少,市场需求不大但又需开发的矿种,在小型上限十分之一的原则下有所降低,如天然碱、滑石、饰面石材等矿产。

本次研究,煤矿的最低开采规模为小型矿9万t/a,是与国土资源部国土资发〔2004〕208号文相衔接的,208号文中明确规定青海省的最低开采规模为9万t/a,但与青海省政府要求的新建煤炭开发项目不低于30万t/a的开发规模不相符合,在制定青海省的最低开采规模时,考虑到青海省青南地区煤炭资源少,查明的多为小型以下矿床(点),而青南地区人口总量不大,煤炭资源消耗量小,在该区煤炭资源开发利用上有3个需要考虑的因素需降低最低开采规模,一是当地人民群众生产生活需要煤炭资源,但需求量不大,以煤代薪能促进当地环境保护。二是当地没有具有一定规模的煤矿床,规模开发无法进行。三是青南地区外运因运距过长,得不偿失。因此,在制定青南地区煤炭开发规模时,将青南地区煤炭最低开采规模放宽至3万t/a,使当地煤炭资源开发能够规范进行,以满足当地人民群众生产生活需求为开发目标。

2020年,青海省小矿有45家,仅占矿山总数的8.47%,绝大多数为砂石、黏土、石灰岩、石英岩及建筑石料等非金属矿产,由于这些矿种的开发具有很大的不确定性,同时,均有扩大开采规模的能力,本处不再进行这类矿种小矿的最低开采规模确定,以免造成混乱,对现有小矿进行整合后,减少小矿数量。对金属矿产的小矿的最低开采规模也未进行确定,仅在此提出原则性意见,对矿点经过普查以上工作程度的勘查后,资源储量规模确定较小,无进一步找矿前景的矿产地,可进行开发,其最低开采规模为小型下限的1/3,且最低开采规模不低于1万t/a。

经分析论证后,青海省主要矿产的最低开采规模见表5-11。

表5-11 青海省主要矿种最低开采规模表

序号	矿种名称	开采规模单位	矿山最低开采规模		
			大型	中型	小型
1	煤(地下开采)	原煤万t/a	≥120	≥45	≥30
2	煤(露天开采)	原煤万t/a	≥400	≥100	≥30
3	油页岩	矿石万t/a	≥200	≥50	≥15
4	煤成(层)气	亿m³/年	≥5	≥1	≥0.2
5	金(岩金)(地下开采)	矿石万t/a	≥15	≥6	≥3
6	金(岩金)(露天开采)	矿石万t/a	≥15	≥9	≥3
7	银	矿石万t/a	≥30	≥20	≥4
8	其他贵金属	矿石万t/a	≥10	≥5	≥1
9	铁(地下开采)	矿石万t/a	≥100	≥30	≥10
10	铁(露天开采)	矿石万t/a	≥200	≥60	≥30

续表 5-11

序号	矿种名称	开采规模单位	矿山最低开采规模		
			大型	中型	小型
11	锰	矿石万 t/a	≥10	≥5	≥3
12	铬、钛、钒	矿石万 t/a	≥10	≥5	≥2
13	铜	矿石万 t/a	≥100	≥30	≥3
14	铅	矿石万 t/a	≥100	≥30	≥10
15	锌	矿石万 t/a	≥100	≥30	≥10
16	钨	矿石万 t/a	≥100	≥40	≥5
17	锡	矿石万 t/a	≥100	≥30	≥6
18	锑	矿石万 t/a	≥100	≥30	≥3
19	钼	矿石万 t/a	≥100	≥50	≥10
20	镍	矿石万 t/a	≥100	≥30	≥3
21	钴	矿石万 t/a	≥100	≥30	≥3
22	镁(炼镁白云岩)	矿石万 t/a	≥100	≥30	≥6
23	菱镁矿	矿石万 t/a	≥50	≥30	≥5
24	稀土、稀有金属	矿石万 t/a	≥100	≥50	≥15
25	石灰岩(电石用灰岩)	矿石万 t/a	≥100	≥50	≥20
26	石灰岩(制碱用灰岩)	矿石万 t/a	≥100	≥50	≥20
27	石灰岩(熔剂用灰岩)	矿石万 t/a	≥100	≥50	≥20
28	石灰岩(水泥用灰岩)	矿石万 t/a	≥100	≥50	≥30
29	硅石(冶金用石英岩)	矿石万 t/a	≥30	≥10	≥5
30	硅石(玻璃用石英岩)	矿石万 t/a	≥30	≥10	≥5
31	白云岩(冶金用白云岩)	矿石万 t/a	≥50	≥30	≥6
32	耐火黏土	矿石万 t/a	≥20	≥10	≥2
33	萤石	矿石万 t/a	≥10	≥8	≥3
34	硫铁矿	矿石万 t/a	≥50	≥20	≥5
35	自然硫	矿石万 t/a	≥30	≥10	≥1.5
36	磷矿(露天开采)	矿石万 t/a	≥100	≥50	≥15
37	蛇纹岩(化肥用蛇纹岩)	矿石万 t/a	≥30	≥10	≥2
38	硼矿(B_2O_3)	矿石万 t/a	≥20	≥10	≥5
39	盐矿	矿石万 t/a	≥20	≥10	≥5
40	镁盐	矿石万 t/a	≥30	≥10	≥2
41	钾盐	钾肥万 t/a	≥30	≥5	≥3
42	芒硝	矿石万 t/a	≥50	≥10	≥2
43	芒硝(钙芒硝)	矿石万 t/a	≥50	≥10	≥2
44	天然碱	矿石万 t/a	≥10	≥5	≥1

续表 5-11

序号	矿种名称	开采规模单位	矿山最低开采规模		
			大型	中型	小型
45	石棉	石棉万 t/a	≥2	≥1	≥0.5
46	重晶石	矿石万 t/a	≥10	≥5	≥3
47	石膏	矿石万 t/a	≥30	≥20	≥5
48	滑石	矿石万 t/a	≥10	≥8	≥3
49	长石	矿石万 t/a	≥20	≥10	≥2
50	硅灰石	矿石万 t/a	≥20	≥10	≥2
51	高岭土、瓷土等	矿石万 t/a	≥10	≥5	≥3
52	晶质石墨	矿物万 t/a	≥1	≥0.6	≥0.3
53	建筑石料	万 m³/年	≥10	≥5	≥1.5
54	饰面用石材	万 m³/年	≥10	≥5	≥1
55	砖瓦用黏土	矿石万 t/a	≥30	≥15	≥6
56	水泥配料用黏土	矿石万 t/a	≥20	≥10	≥2
57	水泥配料用泥岩	矿石万 t/a	≥20	≥10	≥2
58	水泥用大理岩	矿石万 t/a	≥10	≥5	≥1
59	水泥配料用板岩	矿石万 t/a	≥10	≥5	≥1
60	铸石用玄武岩	矿石万 t/a	≥10	≥5	≥1
61	页岩	矿石万 t/a	≥30	≥10	≥2
62	矿泉水	万 t/a	≥30	≥10	≥2
63	锂矿（卤水型）	老卤万 t/a	≥100	≥30	≥10
64	锶矿	矿石万 t/a	≥100	≥30	≥10

注：青南地区煤矿开采规模为 3 万 t/a；有色金属、贵金属开采规模为矿石量万 t/a。

二、矿山规模结构调整和资源整合

近年来，青海省矿业综合开发利用水平、矿产资源开发利用效率有了很大提高，但是先进与落后并存，既有代表世界先进水平的大型矿山企业，也有众多生产技术和装备水平落后、利用率较低、环境影响严重的中小矿山企业。如何提高青海省矿产资源开发利用效率，矿山规模结构调整和资源整合便是解决该问题的选项之一。

（一）矿产资源开发利用结构调整的目的

矿产资源结构调整是指按照国家或地区经济社会发展形势，对开发利用的矿种类型、生产工艺、生产规模、产品类型、地区布局等方面进行调整，使矿产资源勘查、开发的活动符合当前国家宏观经济调控方向，为下游产业的健康发展提供支撑。矿产资源结构调整过程中，既要考虑矿产资源的自然属性，又要考虑其经济特性，遵循经济学原理，注重矿产资源开发过程中矿产资源的经济效益、社会效益、环境效益的协调性,使矿产资源开发利用方式走向绿色发展之路,能够健康、稳定、智能、规范持续发展。

(二)矿产资源开发结构调整的基本原则

依据国家产业政策和本省区的矿业结构特点在认真分析矿山企业规模结构、矿产品结构和技术结构现状的基础上,本省矿产资源结构调整将遵循以下原则:

以矿产资源的科学合理利用和有效保护为前提进行结构调整。矿产资源开发利用结构调整要符合国家矿产资源开发的总体战略。

以市场为导向,结合国家和政府宏观调控的政策、法规进行矿产资源开发结构调整。

发挥地区资源优势,分析资源特点,因地制宜地进行矿产资源开发利用结构调整。

坚持科技兴矿,加快新技术、新工艺的引进和发展,不断提升优势矿产的精深加工和综合利用。

坚持规模效益,集约化经营的原则,在矿产资源储量得到保证的前提下,对主要矿种合理进行开发规模调整。

综上所述,矿产资源开发利用结构调整的总原则:根据本省矿产资源特点、开发利用现状,以矿产资源开发有利于服务经济社会发展为目标,优化矿产资源开发利用的规模、产品、技术结构,使青海省矿产资源开发利用在"十三五"期间能够合理有序地发展。

(三)矿产资源规划结构调整的主要内容

合理的矿产资源开发利用结构是取得最佳矿业经济效益的前提,在国际市场竞争日趋激烈的时期,我国矿业结构调整和矿产品结构调整显得更加重要和紧迫。青海省作为全国21世纪重要的原材料供应基地,矿产资源的开发将对青海省经济社会发展及全国的矿产资源供应产生深远的影响。因此,在"十四五"期间做好青海省矿产资源开发利用的结构调整意义重大。青海省矿产资源开发利用结构调整的重点:

矿山企业开采规模结构调整。通过规模结构调整,提高矿业产业集中度,是矿产资源结构调整的核心。要适度集中,实现布局优化,限定矿山最小开采规模,引导矿业企业规模开采,集约化经营,强化核心矿山的作用,避免乱采滥挖。"十四五"期间要引导规模开采,改变青海省小矿山过多的局面,形成以大中型企业为主体的规模化集约化生产。

调整技术结构。引进新技术、新工艺、新设备,积极推行清洁生产和先进的、适用的采选冶及精深加工技术,改造、提升传统矿业的开发利用技术水平,淘汰落后设备、技术和工艺,提高工艺利用水平。

调整产品结构。青海省矿产资源开发产品结构存在较多问题,多为高耗能、低附加值的初级加工产品。"十四五"期间矿产品结构调整要适应"十四五"期间国民经济的发展、消费结构的变化以及国内外市场的需要,实现低档产品向中高档产品、单一产品向配套产品、低附加值产品向高附加值产品、高耗能(耗材)产品向低能耗(耗材)产品的转变。出口产品由以初级产品为主向加工制成品为主转换。

调整矿业采选冶结构。青海省因地处偏远,加工制造业基础薄弱,矿产资源开发产业链短,使矿产资源开发过程中资源优势未能充分发挥,"十四五"期间,要通过结构调整,促进矿产资源开发利用的采选冶结构趋于优化。"十四五"期间,一是合理配置采选冶能力,重点加强矿山生产能力,完善采选配套,控制冶炼能力,适当发展深加工;二是依托大矿,充分利用已具备一定规模的小矿,走集约化、正规化的矿业开发之路,形成较持续、稳定的供矿能力;三是依靠科技进步,采用新工艺,提高采选冶技术水平;四是鼓励利用省外乃至国外原料进行矿产品加工,逐步降低能源及矿产资源初级产品的生产量,提高原料加工增值优势和效益。

(四)"十四五"期间矿产资源开发利用规模结构调整目标论证

截至2020年底,全省共有各类矿山531家(青海油田分公司各矿山计为1家),相比于"十二五"末减少了300家,其中生产矿山233家,停产关闭矿山216家(停产183家、关闭33家),筹建矿山82家;大型矿山84家,中型矿山99家,小型矿山303家,小矿45家,分别占全省矿山总数的15.81%(2019年占11.05%)、18.64%(2019年占13.77%)、57.06%(2019年占46.74%)、8.47%(2019年占28.45%),大中型矿山比例达到34.45%,大中型矿山比例5年提高了23.5%,与2019年相比,大中型矿山比例逐渐增大,大中型矿山比例增加了4.77%,小矿逐渐减少,矿山规模结构进一步优化,规模结构趋于合理。

根据"十三五"期间青海省矿产资源勘查所取得的成果,各重点开采区中有那更康切尔沟银多金属矿等38处大中型矿区(井田)在"十四五"期间有望投入开发,其中大型矿山有8处,中型矿山12处。《规划》提出大中型矿山比例指标为40%。截至2020年底,全省大中型矿山有183家(其中砂石类75家),矿山总数531家。"十四五"期间,《规划》新设开采区块59个作为新建矿山配置(其中20个为大中型矿山),规划140家砂石矿山都达到中型规模以上。到2025年,不考虑矿山退出数量(退出矿山绝大数为小矿),矿山总数592家,大中型矿山268家,大中型矿山比例达到45.27%。因此,规划所确定的大中型矿山比例达到40%是可以实现的,见表5-12。

表5-12 "十四五"预期开发的大中型矿山情况表

序号	拟建矿山名称	矿种	建设规模
1	青海省都兰县果洛龙洼金矿	金	大型
2	青海省玛多县抗得弄舍金多金属矿区	金	大型
3	青海省西宁市北川地区莫家庄-孙家寨地下热水	地热	大型
4	青海省鱼卡矿区三井田煤炭	煤	大型
5	青海省格尔木市野牛沟矿泉水	矿泉水	大型
6	青海省共和县恰卜恰镇地下热水资源	地热	大型
7	青海省格尔木市妥拉海河一带石墨矿	石墨	大型
8	青海省都兰县那更康切尔沟银多金属矿	银	大型
9	青海省都兰县巴勒木特尔石墨矿	石墨	中型
10	青海省格尔木市哈西亚图C11磁异常铁多金属矿	铁、锌、金	中型
11	青海省格尔木市尕林格矿区富铁矿	铁	中型
12	青海省茫崖行委黑柱山地区铅锌矿	铅锌银重晶石	中型
13	青海省冷湖行委南里滩钾矿	钾盐	中型
14	青海省都兰县哈日扎地区多金属矿	铜铅锌锡	中型
15	青海省大柴旦行委红柳泉煤炭	煤	中型
16	青海省格尔木市牛苦头矿区M4磁异常区铁多金属矿	铅锌铜铁	中型
17	青海省格尔木市它温查汉铁多金属矿	铁	中型
18	格尔木市它温查汉西矿区C5—C11异常区铁多金属矿	铁、铜	中型
19	青海省格尔木市那西郭勒地区铁多金属矿	铁、石墨	中型
20	青海省都兰县东大海滩石墨及铜多金属矿	石墨	中型

矿产资源赋存带有强烈的自然属性,成矿地质活动具有复杂性和多样性,在找矿及开发中,我们均希望找大矿、开大矿、开好矿,但这是一种良好的愿望,在自然界小型规模的矿床是分布最多的,这些小型矿的开发对经济社会发展作出了较大贡献。通过"十三五"加大地质矿产的勘查力度,青海省在"十四五"期间,有约62处小型规模的矿床将要在规划期间进行开发,主要矿种为铁、铜、铅、锌及部分非金属矿产,在规范小型矿山开发的同时,青海省小矿比例将进一步减少,规模结构更加合理。

三、提升矿山"三率"水平的措施

参照兄弟省份(河北省)先进经验做法,结合青海省实际,提出以下措施建议:

青海省矿产资源利用效率不断提高。"十三五"期间,鼓励矿山企业依靠科技进步提高采选冶技术水平和装备水平,同时加强对矿山企业"三率"指标的考核力度,建立矿山企业年度检查制度,青海省大中型骨干矿山及重点小型矿山都制定了"三率"考核指标,促进了全省矿山企业资源利用效率的提高。省厅组织开展了青海省重要矿产资源"三率"调查与评价(2015),青海省矿产资源开发综合利用调查评价(2020)等调研和研究,为提高资源利用效率供了科学依据。通过实施资源整合,使矿山向规模化、集约化方向发展,同时有关矿山企业也努力提高生产过程中的技术含量,青海省矿山企业资源利用效率"十三五"期间有所提高。结合青海省矿产"三率"水平现状,参考和引用相关政策规划、调研和研究成果等,对下一步继续提升矿山"三率"水平提出以下举措。

(一)继续完善"三率"指标考核体系

为有效保护和合理开发利用矿产资源,要继续加大监管力度,确保矿山按照设计所规定的或矿管部门核准的"三率"要求进行生产,继续完善矿山"三率"考核体系,对具有共伴生矿产资源的矿山企业要制定矿产综合利用方案和综合利用指标,对暂难利用的共伴生矿产资源要采取有效保护措施。

(二)矿山开采回采率提高措施

对于矿山企业而言开采回采率追求的是单位矿石储量盈利的最大化,因此各个矿山企业均有动力去采取各种技术手段来提高矿山的开采回采率。

1. 露天矿山开采回采率提高措施

(1)各矿山应制定适合本矿山的符合相关要求的开采回采率考核指标。

(2)加强矿山生产探矿,指导采矿设计编制。加强矿山地测工作和资料的管理,指导矿山开采。加强生产探矿,结合已揭露的地质情况,综合分析矿体的空间形态,以指导采矿设计。根据矿山的具体情况,进一步加强地测资料的管理。

(3)选用合理的采矿工作面推进方式。采矿工作面推进方式对矿石损失贫化有很大影响。矿床地质条件相同,采用不同工作面推进方式,产生的矿石损失率和贫化率差异很大。当然根据矿体产状的不同,开采回采率和贫化率会有所不同,但不管矿体产状如何,采矿工作面由上盘向下盘推进比由下盘向上盘推进和沿矿体走向推进两种方式更能有效地降低矿石损失与贫化,只是降低的幅度不同而已。所以,正确选择工作面推进方式,也是降低损贫指标的主要手段之一,在采矿设计中应该优先考虑工作面由上盘向下盘推进的采矿方式。

(4)优化采剥技术参数。通过合理地调整采剥技术参数来降低矿石损失与贫化。采剥技术参数,如台阶高度、矿岩分爆线位置及分爆面倾角选取得合理,将会大大降低损失和贫化。在其他条件一定的情况下,露天开采矿石损失率和贫化率与台阶高度近似成正比,降低台阶高度可大幅度减小矿石损失与贫化。但台阶高度与其他参数也有联系,如工作帮坡面角、工作面推进速度、矿山工程的下降速度、采矿强度、生产剥采比、采矿设备型号和生产成本等。

(5)加强采场施工管理,提高设计执行水平。生产单位要严格按照设计施工,并进行严格的技术监督指导,防止因台阶高程误差造成不必要的损失和贫化。在施工到矿体顶底板时,采矿技术人员利用地质资料对穿孔、爆破进行指导,控制穿孔方向(潜孔钻可穿斜孔)和矿岩抛掷方向;地质技术人员充分利用潜孔钻(牙轮钻)穿孔取得的矿粉进行取样化验,进一步弄清矿体赋存情况;爆破后,地质、采矿技术人员依据钻孔取样结果和台阶编录资料对爆堆进行认真观察,绘制工作面草图,标出矿岩分界线,为采矿过程中降低矿石损失贫化提供技术保障。

(6)加强矿山生产管理,抓好质量管理的基础工作。加强对操作人员的教育培训,提高其操作水平,使他们具备识别矿岩的能力。加强采矿作业的技术组织管理,力求做到不让采下的矿石遗留在采场,尽可能剔除废石堆场。当大型机械化作业难以达到目的时,可以临时改用小型机械和采用人工捡矿捡废等辅助措施。加强对各个生产环节的指导与管理,做到"清帮到位,采矿到边,剔除夹石,减少废石混入"。

(7)注重资源合理利用,做好配矿及低品位矿石的分储工作。为降低开采损失与贫化,在资源利用方面采取以下措施:一是加强采矿损失率的管理,摒弃采富弃贫思想,合理运用采矿方法,加强对暂不能利用的低品位矿石的分储,注意边角残矿开采和利用,最大限度地利用资源;二是加强矿石贫化率的管理,科学合理地选择采装方法,对薄矿脉采取矿岩分次爆破的办法,坚持从矿石中分拣废石的做法,减少废石混入率,提高出矿品位;三是开展信息化配矿,通过网络将当日配矿信息传达给生产调度人员,以便合理利用资源。

2. 地下矿山开采回采率提高措施

(1)各矿山应制定适合本矿山的符合相关要求的开采回采率考核指标。

(2)加强生产勘探工作,在开采过程中要探采结合,根据采矿切割工程所揭露的大致矿体赋存形态,再采用诸如以钻探代替坑探之类的生产地质勘探技术手段,设计布置探矿工程,以准确控制、二次圈定出矿体形态,为设计及其施工提供准确的地质资料,以提高矿山的开采回采率。

(3)选择合理的采矿方法及其结构参数,改进采矿工艺,如以充填体代替矿柱,减少矿柱损失等工艺改进,提高矿石回采率。中等稳固以下的缓倾斜中厚矿体、厚矿体应充分考虑选择充填法开采的可能。

(4)改革底部出矿结构,推广无轨装运卸设备,以提高开采回采率。根据具体的矿山地质条件和采矿技术要求,选择适当的矿块底柱结构形式不仅对减少采矿的损失贫化极为有效,而且对降低采矿成本,提高矿山企业经济效益有着重要的意义。

(5)加强放矿管理。加强放矿管理是减少矿石损失与贫化的又一关键性问题,对覆岩下放矿的崩落采矿法而言尤为如此。因为在崩落矿石和放矿过程中,随着矿石的放出,采空区随后立即被松散的覆盖岩石所充填,并混入矿石而造成矿石的直接贫化,所以要实行有效的放矿控制,防止废石过早和过多地混入矿石,减少放矿过程中矿石的损失与贫化。

(6)选择合理的开采顺序,及时回采各种矿柱。采矿过程中遗留矿柱的主要目的是控制岩层、保护采矿巷道等,以保证矿房回采作业的安全,减少矿房回采过程中的矿石损失贫化,提高开采回采率。但是在实际工作中,有的矿山企业只重视矿房回采,而对矿柱回采工艺及方法等不太重视。长期拖延不回采矿柱,从而导致矿柱的变形与破坏,增加矿柱回采的难度或者使矿柱成为隐形呆矿。与矿房相比,虽然矿柱的矿石储量要小得多,但是其一旦成为呆矿或因为难以回采而被丢弃,矿石的损失率就会急剧上升,矿产资源则直接遭受损失,所以随着矿房回采的进行,矿柱也应及时地按比例进行回采。

(7)采用崩落采矿法开采的矿山,在开采末期应对覆盖层中残存的矿石进行探查,制订相应的残采计划。

(8)相关设计单位在进行露天或地下矿山开采设计时,根据不同矿山实际条件,加强采剥比、台阶参数、采矿方法、推进方式等基础工作的研究优化,首先从设计上提高开采回采率。

(9)建设单位或外包施工单位在实际施工过程中,应保证工程质量,严格按照设计要求进行施工。

(三)矿山选矿回收率提高措施

(1)不断提高不同矿种选矿回收率技术水平。例如对于铁矿矿种,要合理减小破碎粒度,选择适宜的破碎-预选流程和设备;优化磁选工艺流程,推广应用高效磁选设备,提高自动化水平;排尾前增设扫磁选,提高磁性铁回收技术水平等。

同时,重视科技创新,应用先进科研成果,矿石性质出现变化,应及时进行可选性试验研究,确定工艺条件指导生产;重视选矿新科技(工艺技术、设备、药剂等)在生产中的应用;同类选矿厂之间应加强技术经验交流合作,实现创新优势互补,对生产技术中共性难题协作攻关;对选矿难度大的矿山给予技术扶持,加快选矿技术和工艺改造,推进绿色矿山示范基地和资源高效利用示范基地建设。

(2)加强考核制度,提升操作工技能水平。完善生产指标考核制度,增强员工责任感,各级相关管理人员加强巡查、抽查;操作工一定要熟悉流程,并能针对选矿过程中出现的具体问题,及时作出调整;加强选矿理论与实践培训,充分掌握选矿操作要领,提升员工操作技能水平。

(3)加强矿山管理者意识,提高中小型矿山生产技术管理水平。加强矿山企业的监督检查,督促选矿厂技术革新,组织选矿技术人员对中小型铁选厂进行技术指导,同类矿山之间应加强交流和合作,实现优势互补,对生产技术中共性难题协作攻关,在有条件的矿山建设示范性选矿厂,促使其他矿山企业学习和借鉴。

(4)加强选矿试验管理与选矿施工管理。不同矿种选矿试验是确定选矿方式的基础工作,加强选矿试验多方案比选,积极引进先进高效选矿手段,淘汰或禁止低效率选矿方式,不断提高选矿回收率。选矿过程中施工管理是影响选矿回收率的重要因素,可通过制定制度规程、加强监管等手段加强选矿施工管理,提高选矿回收率。

(四)矿产资源综合利用率提高措施

按照绿色发展要求,重点促进共伴生矿产综合利用,提升矿产资源节约集约与综合利用水平,通过技术研发、发展循环经济,实现矿产资源高效利用。加强有色金属、贵金属矿产共伴生元素回收利用。积极推动地热资源的综合利用,促进热水梯级利用、循环利用、热水回灌等技术推广。加大尾矿和废石综合利用的力度。研究相关技术和政策,加大尾矿和废石综合利用力度,控制增量,减少存量。根据经济社会发展情况,逐年提高矿山企业尾矿处置比例。对于尾矿中含有用元素但限于市场价格或技术条件暂不能综合利用的尾矿,要采取措施对尾矿进行保护性处置,待条件成熟时再行利用。

具体措施:①开展矿产资源开发利用水平调查评价,实施动态评价与监测,将"三率"不达标的矿山企业列入矿业权人勘查开采信息异常名录。加强对共伴生矿产的综合勘查、综合评价、综合利用,建立边界品位动态更新机制。实施矿产资源节约集约与综合利用示范工程,探索建立激励与约束机制,加快先进技术推广与科技成果转化。②提高矿山企业矿产综合利用水平,对具备开发利用价值的共伴生矿产要综合设计、选矿回收。新建矿山企业不得使用限制、淘汰类技术,生产矿山也应逐步以先进适用技术替代限制、淘汰类技术。构建资源利用效率税费调节机制,加大政策扶持,鼓励矿山企业利用尾矿、粉煤灰制造建筑材料,矿山废石和尾矿进行井下充填等,不断提高固体废弃物综合利用率。③加强新技术研发及推广应用。充分发挥矿山企业技术创新主体作用，鼓励科研单位与企业合作，开展新技术研发和推广应用工作。引导企业加强难选矿、复杂共伴生矿选矿装备与技术工艺研发，优化选矿工艺流程，提高选矿装备水平，推动资源充分利用和产业化进程。积极推进清洁生产，大力发展循环经济。④积极开拓资金渠道，鼓励引导矿山企业从事综合利用工作。为提高矿产资源开发水平，更加合理、有效地开发利用有限的矿产资源，应充分利用国家相关补助和资助政策，加大投资力度，吸引企业主动加大投入，引导、推动矿山企业进一步开展矿产资源综合利用工作，通过示范引领作用，继续促进全省矿产资源综合利用工作的全面推进。

第三节 先进适用技术和攻关的重点难点项目

一、适宜推广的先进适用技术

为加快推进矿产资源领域创新驱动发展战略实施，践行创新发展和绿色发展理念，提升矿产资源节约和综合利用水平，自然资源部遴选产生了《矿产资源节约和综合利用先进适用技术目录(2019年版)》。

结合青海省矿产资源特点及开发利用现状，从《矿产资源节约和综合利用先进适用技术目录(2019年版)》中摘选了27种适用于青海省的先进适用技术进行推荐。

（一）煤炭类

1. 0.8m以下薄煤层高效综采关键技术

技术类型：煤炭资源高效开采技术。

适用范围：0.55～0.8m极薄煤层，煤层倾角0°～42°，煤炭(夹矸)硬度$f \leqslant 4$，地质条件较稳定，煤层构造简单或中等。

推广前景：该项技术的推广，可提高极薄煤层机械化开采产煤量的比重，合理部署集约化生产，减少安全事故的发生，全面提高煤炭工业的技术水平，平均提高资源回收率3个百分点。

2. 高效节能煤炭分粒级分选技术

技术类型：煤炭高效选矿技术。

适用范围：煤炭资源清洁加工利用。

推广前景：该技术具有节能节地、吨煤电耗低等特点，按照我国原煤入选率要达到80%的目标测算，预计可节约用电6.67亿kW·h，新增销售额156.28亿元，新增利润76.73亿元，经济社会效益显著，具有较好的推广前景。

3. 低透气性煤层增透抽采瓦斯技术

技术类型：煤炭矿山综合利用技术。

适用范围：煤层透气性系数$0.1m^2/(MPa^2·d)$以下的煤层。

推广前景：随着生产水平不断延深，整个西南地区矿井均面临深部煤层瓦斯治理的难题，矿井建矿时间大部分在30年以上，矿井的埋深基本上在800m以上，地应力大，煤层透气性较差。该技术在煤与瓦斯突出矿井，特别是在解决难抽采保护层的瓦斯抽采问题方面具有广泛的推广价值。

(二) 黑色金属类

1. 破碎难采矿体诱导冒落高效开采技术

技术类型：金属矿山高效开采技术。
适用范围：破碎难采固体矿床。
推广前景：该技术工艺简单、生产安全、成本低、效率高，为破碎中厚以上矿石提供了新途径，在马钢矿山以及我国金属矿山中应用前景广阔。

2. 低品位及难选磁铁矿磁场筛选法分选工艺

技术类型：黑色金属矿山高效选矿技术。
适用范围：低品位及难选磁铁矿。
推广前景：按每年新增应用CSX型磁场筛选机的铁矿山精矿产量2000万t预算，按提高精矿品位2个百分点，给矿山企业带来的直接经济效益达6亿元，按提高生产能力5％计算，年增经济效益5亿元，两项合计给矿山企业带来的直接经济效益总计11亿元。再有提高了入炉原料铁品位，在冶炼中减少了废渣的排放，因此是符合国家低碳环保、节能减排的政策。

3. 钒钛磁铁矿综合回收利用技术

技术类型：钒钛磁铁矿山综合利用技术。
适用范围：钒钛磁铁矿选钛技术领域。
推广前景：该技术实现了钛铁矿中钛、铁、硫、钴资源的高效回收，降低了选矿成本，可在攀西地区、全国乃至世界钒钛磁铁矿钛铁矿回收领域中推广应用。

4. 尾矿中铁矿物回收利用技术

技术类型：金属矿山综合利用技术。
适用范围：含铁尾矿综合利用。
推广前景：该技术从尾矿中回收铁矿物，做到矿山资源的二次开发，变废为宝，不仅节省大量的生产成本，而且能给企业带来一定的经济收入，保护环境，提升资源利用率，可广泛应用到铁资源矿山企业，特别适用于资源为混合型矿石企业。

5. 磁铁矿尾砂综合利用技术及尾矿库恢复使用技术

技术类型：金属矿山综合利用技术。
适用范围：冶金矿山磁铁矿尾矿库尾砂综合利用领域。
推广前景：该技术对老尾矿库尾砂进行再选回收，实现矿石资源的循环利用，提高了企业的经济效益，减少了尾矿量，延长了尾矿库的服务年限，缓解尾矿排放对环境的影响，符合国家资源高效利用和循环利用经济政策。在全国冶金矿山磁铁矿尾矿库尾砂综合利用领域具有广泛的推广价值。

(三) 有色金属类

1. 露天金属矿大规模安全高效开采关键技术

技术类型：有色金属矿山高效开采技术。

适用范围：露天金属矿开采。

推广前景：露天金属矿山开采规模化、安全高效开采，深部开采联合开拓运输系统的高效运行，提高系统设备的运转效率等方面，对露天金属矿山开采具有广泛的借鉴意义。现场混装炸药制备技术与钻爆数字一体化爆破技术，其机械化、灵活移动和本质安全性的特点，决定其在矿山、基础设施建设等方面具有广阔的应用前景。

2. 复杂难选低品位镍矿选矿技术

技术类型：有色金属矿山高效选矿技术。

适用范围：低品位难处理镍矿石。

推广前景：该项技术已成功应用于工业生产，过程运行稳定，技术指标先进，取得了显著的经济效益和良好的社会效益，抗风险能力强，可行性好。

3. 高海拔复杂多金属选矿技术集成及工程转化

技术类型：有色金属矿山高效选矿技术。

适用范围：高海拔复杂多金属矿。

推广前景：该技术为甲玛铜铅锌复杂多金属矿选矿厂的顺利建设和迅速投产并取得盈利奠定了良好的技术基础。新型浮选药剂和选矿废水分支处理分质回用技术降低了基建投资，减少了生产成本，为矿山创造了良好的经济效益。为我国建设高原型大型矿山提供了宝贵的经验，起到良好的借鉴和示范作用。

4. 铅锌多金属矿资源高效开发与综合利用关键技术

技术类型：有色金属矿山综合利用技术。

适用范围：适用于铜、铅锌等有色金属矿的高效开发与其伴生元素的综合利用，并适用于矿山尾矿、废石、废水"三废"的资源化利用。

推广前景：该技术能有效解决我国铅锌多金属矿开发普遍存在的资源综合回收率低和矿区环境污染的问题，不仅适用于铅锌多金属矿，也适用于其他有色金属矿，尤其适合于土地、水资源紧缺和生态环境脆弱地区的矿业开发。为铅锌多金属矿山的矿产资源节约与综合利用提供了较好技术支撑和示范，对促进我国金属矿山行业技术进步，建设资源节约型、环境友好型的现代化矿山具有重大推动作用。

5. 高原地带低品位复杂铜多金属矿高效综合回收关键技术集成及应用

技术类型：有色金属矿山综合利用技术。

适用范围：铜多金属矿石综合回收。

推广前景：该技术解决了复杂难选的氧化铜铅锌综合回收问题，高效回收了铜、铅、锌等资源，取得了良好的经济效益，为铜多金属矿综合回收提供了技术路径，推广前景好。

（四）稀有贵金属类

1. 过采区高应力低品位矿体开采技术

技术类型：黄金矿山高效开采技术。

适用范围：老矿山过采区高应力低品位资源。

推广前景：该技术为矿山开发利用复杂赋存条件下的低品位资源提供了一个可供选择的研究思路

和解决办法,可在中国黄金集团公司乃至全国类似条件矿山推广应用,从而实现科研效益最大化,推广前景广阔。

2. 黄金矿山低品位资源规模化开发关键技术

技术类型:黄金矿山高效选矿技术。

适用范围:黄金矿山及类似金属矿山高效选矿及降本增效。

推广前景:该技术兼顾了低品位金矿石利用效果及规模效益,实现了黄金矿山低品位资源规模化高效利用,为含金资源规模化、精细化、产业化生产提供了可靠技术支撑,提升了国内黄金产业链技术与装备水平,促进了选矿技术及产业的发展,具有较强的推广前景。

3. 金尾矿有价金属综合回收技术

技术类型:黄金矿山综合利用技术。

适用范围:黄金矿山。

推广前景:该技术可回收氰化尾渣中铜、铅、锌等有价金属,生产过程无有毒有害废水、废渣、废气等污染物排放,环境效益和社会效益显著,可在全国黄金矿山推广应用。

4. 高硫型金铜尾矿资源无害化处理与综合回收利用技术

技术类型:金属矿山综合利用技术。

适用范围:黑色金属、有色金属选矿。

推广前景:我国处在工业化、城市化加速发展阶段,能源及资源消耗量巨大,合理开发利用尾矿资源,是保障矿产资源来源的较好途径,该技术应用推广,可有效缓解资源和环境的双重压力,产生良好的行业带动示范效应,对实现资源与环境和谐发展具有重要的意义。

(五)非金属类

1. 露天石灰石矿无废开采技术

技术类型:非金属矿山高效开采技术。

适用范围:露天石灰石矿开采。

推广前景:该技术适用于石灰石矿山采场加工,可有效提高石灰石矿山采场效益、矿石利用率。在资源合理利用、环境友好、推进社会发展等方面有巨大潜力。

2. 低品位萤石粗精矿再磨浮选工艺技术

技术类型:非金属矿山高效选矿技术。

适用范围:低品位萤石矿,品位5%以上的萤石原矿。

推广前景:萤石资源被世界各国列为战略资源,中国萤石行业现存大量的尾矿和低品位萤石资源,既造成资源浪费又污染环境,采用该技术可有效增加中国萤石资源利用量,对我国低品位萤石资源利用具有借鉴意义。

3. 晶质石墨矿选矿自动控制系统

技术类型:非金属矿山高效选矿技术。

适用范围:晶质石墨选矿。

推广前景：该技术实现了选矿工艺数字化管理的创新，有效推动企业向"绿色选矿、数字化选矿"发展，解决了石墨行业"脏乱、落后、污染"等问题，更有助于增加企业的经济效益、环境效益和社会效益，对石墨选矿行业可持续发展具有指导意义。

4. 机制砂石细粉高效回收与废水循环利用工艺技术

技术类型：非金属矿山综合利用技术。

适用范围：建筑石矿及其他非金属矿加工。

推广前景：该项技术可实现取水量、排污量、土地资源占用量的大幅度减少，以及资源回收率和清洁生产水平、环境保护水平的大幅度提升，促进资源环境及社会经济效益显著，具有良好的应用和推广前景。

（六）化工类

1. 固体钾矿浸泡式溶解转化开采技术

技术类型：盐湖矿山高效开采技术。

适用范围：零星分布的 $w(KCl) \geqslant 0.5\%$ 的低品位盐湖固体钾矿（钾石盐、光卤石矿）。

推广前景：该技术能够大幅降低钾盐工业品位，增加可采钾盐资源储量，延长矿山服务年限，实现资源高效综合利用，经济效益显著。对马海盐湖、察尔汗盐湖铁路东部等产生了巨大的示范推广意义。

2. 反浮选-冷结晶法生产氯化钾工艺

技术类型：盐湖矿山高效选矿技术。

适用范围：从氯化物型盐湖卤水钾镁盐矿中提取氯化钾。

推广前景：该技术可对传统冷分解浮选法、兑卤盐法的中、小规模氯化钾（钾肥）生产装置进行改造和整合，促进技术、产品升级和选矿回收率提高，从而实现我国盐湖钾矿利用水平的升级，为节约氯化钾资源、增加钾肥总量作出积极贡献。

3. 吸附法从老卤中提锂技术

技术类型：盐湖矿山高效选矿技术。

适用范围：盐湖卤水和老卤中锂资源回收。

推广前景：该技术使盐湖老卤锂资源综合利用率显著提高，为我国其他盐湖锂资源的开发利用提供了技术支撑。

4. 老卤电解法生产金属镁技术

技术类型：盐湖矿山综合利用技术。

适用范围：具有氯化镁资源和优势电能资源地区。

推广前景：该技术以生产钾肥排放的老卤为原料，生产金属镁锭，延伸了盐湖矿产资源开发的产业链，促进了盐湖资源的可持续发展，推动了柴达木盆地循环经济的发展。按照目前钾肥的产量，能产生 33%～34% $MgCl_2$ 废液 3000 万 t，可满足年产 244 万 t 金属镁的原料需求。采用该技术，镁冶炼总回收率可达到 96% 以上，并且每生产 1t 金属镁的同时可产生约 3t 的氯气，用以生产 PVC 产品，实现冶金与化工的融合发展。

5. 含钾尾矿溶解转化热溶结晶法生产氯化钾技术

技术类型：盐湖矿山综合利用技术。

适用范围：钾肥生产尾矿中钾资源回收以及低品位钾矿综合利用。

推广前景：该技术实现了钾肥生产尾矿和低品位钾矿中钾资源的综合回收，工艺成熟。生成过程中不需添加药剂，生产产品防结块性好。技术的推广应用将为社会提供高品质氯化钾产品，以满足国内钾肥需求。

6. 低品位硫铁矿资源综合高效利用技术与装备

技术类型：硫铁矿综合利用技术。

适用范围：低品位硫铁矿。

推广前景：该技术工艺过程稳定、生产技术成熟、经济与社会效益显著，可以在低品位硫铁矿及硫酸生产企业中推广，在全国其他同行业推广使用后，可以有效提高我国硫、铁资源利用率，有利于缓解我国硫铁资源紧缺现状，对低品位硫铁矿资源综合高效利用具有十分重要的意义。

二、需要攻关的重点难点项目

结合青海省矿产资源赋存特点，重点突出青海省铜、铅、锌等金属以及钾、锂、硼等盐湖优势共伴生矿产，低品位、难选的铁矿，加大矿山固体废弃物的综合利用力度，积极实施矿产资源节约集约与综合利用举措。搭建产、学、研平台，充分发挥矿山企业技术创新的主体作用，加大技术攻关，综合考虑预期效益明显、具有示范带动作用的项目，设立循环经济发展示范项目工程（王庆民等，2022）。

需要攻关的重点难点项目主要有铜、铅、锌多金属矿的综合利用，钴等难选金属矿的综合利用，盐湖矿产的综合利用，祁连沉积变质型铁矿选矿，矿山固体废弃物的综合利用等。

（一）铜、铅、锌多金属矿的综合利用

青海省铜、铅、锌多金属矿主要分布在海西州的格尔木市、都兰县和大柴旦行委，海南州兴海县，玉树州杂多县以及果洛州的玛沁县和玛多县，但由于青南地区的玉树州和果洛州以及海南州的部分地区均处于保护区内，因此能够大规模开发利用的多处于海西州。矿床类型有热液型、矽卡岩型、斑岩型和沉积型。矿床规模以中小型为主，且多数为共伴生矿产。截至2020年底，青海省金矿保有资源储量343.93t；铜矿保有资源储量（金属量）262.12万t；铅矿保有资源储量（金属量）349.00万t；锌矿保有资源储量（金属量）671.03万t。

各类型多金属矿的主元素和共伴生元素多以其独立矿物的形式产出，且多以硫化物原生矿为主，总体上属于易选矿石。多金属矿除互相共伴生外，部分矿产地共伴生金，可综合回收利用。

青海省铜铅锌多金属矿以小矿居多，且很多矿山没有建选厂，直接出售原矿，选矿回收率和伴生矿产的综合利用率参差不齐。个别选厂不注重技术改造和生产技术管理，共伴生组分综合利用水平偏低。

为更好地实现铜、铅、锌多金属矿的综合利用，需着力培植综合利用示范工程，推广成熟的矿产综合利用新技术新工艺。对已经设立示范工程的矿山企业，继续加强跟踪性管理，总结成熟的先进技术和先进工艺，及时进行推广应用。与此同时，进一步推进资源整合工作，培植大型矿山企业集团。加强矿产资源和矿山企业的整合力度，支持有资金、技术、管理实力的矿山企业区域性整合小矿山企业，整合提高选厂规模，提高矿产资源利用程度和矿产资源综合利用水平（王庆民等，2022）。

(二) 钴等难选金属矿的综合利用

青海省钴矿主要分布在东昆仑成矿带,截至 2020 年底,共计上表钴矿区 15 处,查明资源量(金属量)8.12 万 t,保有资源量(金属量)6.26 万 t,其中查明伴生资源量(金属量)5.21 万 t,占比 64.16%。成矿类型主要以岩浆型(夏日哈木、元石山)、喷流沉积型(驼路沟、督冷沟、德尔尼)和矽卡岩型(尕林格、肯德可克、牛苦头)为主。

开发利用的矿山主要为肯德可克和德尔尼,肯德可克查明共生钴金属量 456.81t,德尔尼查明共生钴金属量 2.56 万 t。在建矿山夏日哈木查明共生钴金属量 4.29 万 t。

由于肯德可克矿床的开发利用较早,针对钴等多金属的选矿做了很多试验研究(蔡淑霞等,1994;董春艳,2003;王春波等,2006;魏明安,2007;潘彤,2009;兰州有色冶金设计研究有限公司,2006),也给出了富有建设性的方案,但在实际生产中,由于选矿难度大,综合利用的效果不理想。其他矿床在开发利用时参照了肯德可克的选矿试验,因此综合利用水平相当。

肯德可克矿石中的主要工业元素有金、铜、钴、镍、钼、铋、铁等,其中钴矿物有方钴矿、辉砷钴矿、钴毒砂、水钴矿、钴镍矿和菱钴矿等,还有部分钴以类质同象状态赋存于镍、铋、砷等硫化矿物之中(董春艳等,2003),它们相互嵌布,关系复杂,粒度极不均匀,为难选的多金属矿石(潘彤,2009)。

吉林大学地球科学学院(2002)采用破碎—磨矿—预处理—浸出工艺技术,回收肯德可克的有价元素,但由于矿石有价元素品位相对较低,在处理规模上难以达到较大规模处理要求。

2003 年,北京矿冶研究总院对肯德可克复杂难选的钴、铋等矿种作了选矿试验,虽然产生了单一钴精矿和铋精矿,但精矿互含比较严重,如钴在钴精矿中的回收率为 41.03%,在铋精矿中的回收率高达 33.09%,因此该方法要实现有用矿物的有效分离难度较大。

在总结分析以上两家单位的选矿试验基础上,兰州有色冶金设计研究有限公司于 2006 年编制了肯德可克可选性试验报告,但并未确定针对难选矿种钴、铋、金等的开发利用方案。

德尔尼铜钴矿为多金属复合硫化矿,潜在价值高,复杂难处理。根据矿石性质和经济高效开发利用的需要,北京矿冶研究总院采取选矿和冶金联合技术路线,选矿采用"一段磨矿—优先浮选工艺",流程结构简单,生产成本较低,操作稳定,易于工程化,可使含有的钴、铜、硫、锌、镍、铁等得到充分回收。扩大试验指标为:铜精矿中铜品位 23.60%,回收率达 82.96%;钴硫精矿中钴品位 0.141%,回收率达 91.72%。

对选矿得到的低品位钴硫精矿进行的冶金扩大试验采用"沸腾焙烧—焙砂浸出—溶液净化分离—例备钴产品"工艺流程回收钴和铜,具有技术先进、工艺可靠、产品方案灵活等特点;冶金工艺中各单元操作大都已有工业生产实践,技术风险低,易于工程化。钴和铜的扩大试验回收率分别为 80.71% 和 86.13%。

在实际生产中,由于钴的富集程度低,矿石复杂难选,加上对钴的综合回收技术难题尚未突破,目前仍处在科技攻关阶段,因此,当前已开发利用的矿山均未能采取有效的综合利用手段,大量的钴堆存于尾矿库中,待技术突破后再加以综合利用。

针对以上问题,一方面要加快钴回收的技术攻坚,大力推广钴综合回收的现有技术,给予政策支持,积极引导矿山企业进行技术改造。另一方面,实施保护性开发制度,对现阶段难于综合利用的共伴生矿,应采取措施或保留尾矿,以备后用,避免资源流失。

(三) 盐湖矿产的综合利用

青海拥有丰富的盐湖资源,钾盐、氯化锂和硼的资源储量分别占全国的 85%、80% 和 25%,是中国西部开发和经济发展的重要战略资源基地。柴达木盆地盐湖资源开发利用是青海经济发展的重要支撑，以综合开发利用为主导，发展青海特色盐类化工产业，将进一步带动地区基础设施建设和工业基础条件的提升，除钾盐产业开发外，还有盐湖锂以及硼、铷、铯、锶、溴、碘的盐湖（含深部卤水）特色产业链，对于改善人民生活、促进社会进步、全面建成小康社会意义重大（郑绵平等，2017）。

当前，青海盐湖各矿区的开发均是以钾为主，综合利用锂、镁等资源。锂资源均赋存于卤水中，与钾、钠、镁、硼等共伴生，主要分布在东台吉乃尔、西台吉乃尔、一里坪、察尔汗4个盐湖中。影响其经济开发的关键难点是高镁锂比、钾钠硼等杂质多。其中东、西台吉乃尔盐湖卤水氯化锂含量高，$LiCl$平均含量达 $2.57\sim3.12g/L$，$MgCl_2$ 含量为 $44.41\sim123.26g/L$，镁锂比在 $20\sim40$ 之间；察尔汗盐湖 $LiCl$ 平均含量为 $0.21\sim1.60g/L$，$MgCl_2$ 含量达 $197.42\sim291.79g/L$，镁锂比高达 $200\sim1000$（李增荣等，2016；邓小川等，2018；曹兆江等，2019）。卤水中镁和锂在元素周期表中为对角线，化学性质非常相似，就像一对连体婴儿，镁锂分离非常困难（赵冬等，2017）。目前卤水提锂的主要方法有沉淀法、溶剂萃取法、离子交换吸附法、盐析法、碳化法和煅烧浸取法等（刘卓等，2015）。其中吸附法是目前最为先进环保且适合低含量、高镁锂比的卤水提锂工艺（李增荣等，2016；熊增华等，2020）。

此外，北京化工大学化工资源有效利用国家重点实验室段雪院士团队，多年来围绕盐湖资源利用开展了系统的基础研究和技术攻关工作，提出了从反应—分离耦合的新视角发展卤水镁、锂等资源分离、提取的新工艺，在资源分离的同时制备镁基插层结构功能材料（层状双金属复合氢氧化物，简称LDHs）与高值锂产品，真正实现资源的高效、平衡利用。采用该技术可使察尔汗老卤镁/锂比从311降到0.010，锂回收率超过95%；东台老卤镁/锂比可从12.67降到0.011，锂回收率超过91%，镁完全进入固相，而锂留在液相被分离，反应—分离耦合过程可以在实现镁、锂高效分离的同时生产镁基功能材料，以及实现锂在溶液中的富集（Guo et al.，2018；段雪等，2022）。

镁盐矿山具开发利用规模的仅为青海香江盐湖开发有限公司团结湖镁盐矿，矿山利用废弃老卤水回收氯化镁、氯化钾的工艺较成熟。在钾肥开采过程中，每生产1t氯化钾会副产$8\sim10t$氯化镁，多年来盐湖地区已累计排放数亿吨氯化镁，氯化镁长期未得到应用，不但破坏了生态环境，还严重影响钾、锂和稀有元素等资源的可持续开采。

为进一步开辟盐湖镁资源利用途径，发展多品种镁基材料，增加产品附加值，提高对镁资源的利用率，北京化工大学段雪院士团队开展了持续研究，突破了系列关键技术（林彦军等，2012；Zhou et al.，2012；Lin et al.，2015；Wang et al.，2022），并创制了系列镁基功能材料（Duan et al.，2012；Dou et al.，2015；林彦军等，2015a，2015b；Yang et al.，2021；Ren et al.，2021）。2017年在西部矿业集团合作成立了企业院士工作站，积极探索发展具有高附加值的镁基功能材料。经双方努力，于2020年联合承担了青海省重大科技专项"利用盐湖镁资源制备镁基功能材料关键技术开发与应用"，并于2021年在海西州德令哈市建成了1套2000t/a的镁基插层结构功能材料生产装置，生产的新型镁基插层结构无铅PVC热稳定剂性能达到并部分超过了国外同类进口产品水平，对于替代传统含铅等重金属的有毒热稳定剂、突破国外技术贸易壁垒等起到了积极作用。利用该生产线还可以生产镁基插层结构紫外阻隔材料，加入沥青中可以提高沥青耐紫外老化寿命3倍以上，对于延长青藏高原等高海拔强紫外光照地区沥青路面的服役寿命具有重要意义（段雪等，2022）

青海盐湖资源丰富，是我国钾肥生产和新能源原料的主要基地，具有重要的战略地位。由于青海盐湖独特的资源特点和开发历程，存在镁资源利用量少、锂资源提取效率低等核心关键问题。因此提高镁资源利用效率和产品附加值，有利于将青海盐湖逐步建成我国乃至世界上最大的镁产品研发和生产基地。积极探索锂资源高效提取新技术，对现有技术进行升级改造，提高锂资源回收率，设置必要的行业准入门槛，可有力保障我国新能源产业发展。此外，针对盐湖研究和产业发展现状，积极探索产学研合作新模式，建设盐湖化工创新联合体，有利于加快突破盐湖资源综合开发利用的关键技术瓶颈，实现产业结构优化升级，促进区域经济发展和生态环境保护。

(四)祁连沉积变质型铁矿选矿

青海省上表铁矿区 90 处,累计查明和保有铁矿资源量分别为 7.60 亿 t 和 8.24 亿 t。以接触交代型和沉积变质型为主,其中接触交代型矿床的保有和查明资源量分别为 3.87 亿 t 和 4.21 亿 t,分别占全省保有和查明资源量的 50.99% 和 51.11%,多为易选矿,是目前开发利用的重点矿种;沉积变质型矿床的保有和查明资源量分别为 3.18 亿 t 和 3.20 亿 t(表 5-13),分别占全省保有和查明资源量的 41.82% 和 38.86%,由于矿石属较难选、难选,多处于待开发状态。

表 5-13 青海省沉积变质型铁矿统计表(据魏小林等,2022)

序号	矿区名称	矿床规模	可选性	矿石品位(%)	资源量(万 t)	
					保有	累计查明
1	乐都县大泉石沟铁矿	矿点		28.21	38.65	38.65
2	祁连县小沙龙铁矿	大型	难选	32.78	15 760.61	15 760.61
3	祁连县小东索铁矿	小型	可选	35.30	232.72	269.41
4	祁连县阿力克铁矿区	小型	可选	39.56	355.8	356.5
5	祁连县托勒热水沟铁矿	小型	可选	29.59	390.1	390.1
6	祁连县大沙龙铁矿	中型	难选	28.91	1668	1668
7	祁连县小沙龙东沟铜矿	小型	可选	37.44	594	594
8	祁连县小水沟铁矿	小型	难选	34.97	923.32	923.32
9	祁连县小清水铁矿	小型	可选	29.28	950.95	950.95
10	祁连县小沙龙直沟铜多金属矿	小型	可选	38.51	150.93	150.93
11	柴达木磁铁山磁铁矿区	小型		28.01	339.4	339.4
12	格尔木市别里赛北铁矿	小型		35.77	193.98	193.98
13	格尔木市那西郭勒地区铁矿	中型	可选	25.77	3 756.99	3 756.99
14	乌兰县乌拉斯太沟铁矿	小型	可选	29.09	129.36	129.36
15	都兰县洪水河铁矿	小型	可选	33.50	716.36	926.8
16	都兰县清水河铁矿区	中型	难选	36.13	3 628.39	3 628.39
17	都兰县小庙铁矿	矿点	可选	28.71	71.69	71.69
18	都兰县洪水河铁多金属矿	矿点	可选	46.88	17.57	36.72
19	都兰县三通沟铁矿	矿点	可选	38.37	42.05	42.05
20	天峻县娘哲涅尕铁矿	小型	可选	30.24	137.75	137.75
21	德令哈市尕海断层山绿松石及铁多金属矿	矿点	难选	28.74	0.26	0.26
	合计				30 098.88	30 365.86

青海省查明资源储量并上表的难选铁矿石矿床(点)共有 5 处,可选 13 处。其中大型矿床 1 处,中型 3 处,小型 10 处,矿点 3 处。矿体厚度一般为 1~20m,以似层状和透镜状为主的倾斜矿体,围岩一般较稳固,部分矿床不稳固,开采难度较大。大部分矿床的矿石可选,但祁连地区的小沙龙、大沙龙、小水沟等矿床,由于磁铁矿粒度细,选矿难度大,为难选矿石,不易利用。

难选铁矿规模最大的是祁连县小沙龙铁矿床,矿床规模为大型,TFe 品位 32.78%。小沙龙铁矿在开展详查工作时,委托北京矿冶研究总院(2007)开展了选矿工艺试验。矿样中主要金属元素为铁(34.86%),有害杂质元素为 S(0.076%)、P(0.45%)、SiO_2(31.82%)。主要金属矿物为磁铁矿,大多呈细粒、微细粒稠密或稀疏浸染于脉石矿物中,有的则聚集成不规则粒状或脉状集合体,与其他矿物嵌布关系比较密切且粒度比较细,在-0.074mm 粒级中,磁铁矿的占有率为 79.35%;其中-0.01mm 磁铁矿的占有率达 11.41%。通过"原矿两段磨矿—两段磁选工艺流程""磁滑轮预选抛尾—相精矿两段磨矿—两段磁选工艺流程""原矿三段磨矿—三段磁选工艺流程""磁轮滑预选抛尾—粗精矿三段磨矿—三段磁选工艺流程"等 4 个方案工艺流程试验对比,结果表明小沙龙铁矿铁的选矿回收率最高 64.73%,最低 60.19%,从选矿工艺试验结果看,矿石难选。

其余难选铁矿与小沙龙铁矿类似,磁铁矿粒度细是难选的主要原因,如都兰县清水河铁矿,都兰县西旺公司办理该矿的采矿权已近 10 年,其间公司曾委托不同的单位开展选矿工艺试验,但收效甚微,至今未能获得经济合理的工艺技术流程,该矿至今未能开发。

近年来,青海省不断加大难选铁矿石的开发利用工艺技术研究,但收效甚微,细粒低品位铁矿石至今不能有效规模开发利用。今后应继续加强对难选矿产的科技攻关的政策和资金支持,搭建产、学、研平台,充分发挥矿山企业技术创新的主体作用,不断探讨研究选矿试验,争取获得技术突破。

(五)矿山固体废弃物的综合利用

青海省矿山在开发利用过程中产生的"三废"中,对环境影响较大的主要是废渣、尾矿等固体废弃物以及各种废水,由于青海省处于干旱半干旱气候带,省域内蒸发量大于降雨量,许多矿山都缺水,对废水的循环利用率较高,因此,加强矿山固体废弃物的综合利用是实现扩大再生产的经济增长,实现矿山绿色可持续发展的重要支柱之一。

1. 矿山废渣

主要来源一是矿山开拓工程产生的废石、渣土等。二是采矿过程剥离的土石和剔除的夹石、煤矸石等,矿山一般将渣土堆放于指定的废石场中。

由于青海省的矿山大部分分布于距主干交通线较远的戈壁荒山中,矿山周边基本没有常住居民,除矿山修路、平整场地小部分使用外,大部分废渣堆放于渣土场没有利用。

煤炭矿山开发利用过程中产生的煤矸石,绝大多数矿山没有利用,仅有青海煤业在大通县、大柴旦镇建有利用煤矸石生产空心免烧砖的生产线 2 条,但因企业所在地区人口稀少,消费量少,空心砖销量较少,企业综合利用煤矸石的积极性受到影响。

2. 尾矿

开发利用矿山均设有尾矿库,大部分利用干沟谷筑坝修建,底部铺设防渗漏底垫,尾矿库建设比较规范。

1)金属矿山尾矿

因青海省目前开发利用的铁、铜、铅、锌、金等金属矿山中,大部分含有除主矿种以外的共伴生组分,受技术、工艺、经济可行性的影响,大多数矿山没有开展综合回收利用。由于矿山均处于偏远的戈壁荒山,尾矿利用存在许多困难,只能堆存于尾矿库中。如德尔尼铜钴矿在选矿过程中因钴硫分离工艺不成熟,只能堆存尾矿妥善保管,待工艺技术成熟后再进行利用。

主要岩金矿山的尾矿由两部分组成,一是20世纪90年代开展堆浸的浸渣,受矿石中砷、碳的影响及当时的技术条件制约,浸出率较低,尾矿中金的品位一般在1~2.44g/t之间,平均为2.07g/t(滩间山、青龙沟),五龙沟的浸渣品位也在1~3g/t之间。松树南沟金矿一开始就采用浮选工艺,但回收率较低,尾矿中金品位较高,平均品位为2g/t左右。二是近年来工艺技术水平提高后的选矿尾矿,这部分尾矿的金含量较低。近年来,随着工艺技术水平的不断提高,尾矿的利用也逐步提上了议事日程,松树南沟、滩间山、青龙沟金矿对原有尾矿进行重新选矿,取得了较好的经济效益。

2)非金属矿山尾矿

非金属矿山的尾矿主要是石棉矿山的选矿尾矿,尾矿的主要成分是化肥用蛇纹岩以及未能选出的短纤维石棉,茫崖石棉矿曾开展短纤维石棉的综合回收利用,但由于区位条件差,缺乏下游加工业的支持,外运距离远,短纤维石棉的综合回收利用工作受阻。

3)盐湖矿山

盐湖矿山排放的"废渣"和"尾矿"主要是液体矿晒卤过程中析出的钠盐,因无法利用,作为"废渣"堆存,选矿后排放的矿浆中含有大量氯化镁,排放后在尾矿库结晶沉积,长期得不到有效的规模利用。据不完全统计,在开采钾盐的过程中,堆存的钠盐和镁盐已近亿吨(青海省国土资源厅,2015)。

为提升矿山固体废弃物的综合利用效果,需加大对尾矿再选和共伴生矿物及有价元素的回收。对于含有有用元素但限于市场价格或技术条件暂不能综合利用的尾矿,要采取措施对其进行保护性处置,待条件成熟时再行利用。加大采选固体废弃物的利用力度。摸清固废利用家底,调动企业的积极性,加大科技攻关力度,大力推广固废的先进利用技术。研究出台配套政策,控制增量,减少存量。根据经济社会发展情况,逐年提高矿山企业尾矿处置比例。

第四节 节约与综合利用对策建议

一、进一步优化调整结构,促进青海省矿业高质量发展

逐步做好矿业高质量发展的"加法和减法"。进一步调整矿山规模结构,做好优化重组的"加法",支持矿山企业做大做强,提高大型矿山企业的数量占比地位,形成以大型矿业集团为主体的资源开发格局。关闭取缔一批矿山,做好优化重组的"减法",按照保优压劣、关小促大的原则,依法关闭属于国家和青海省产业政策淘汰类、安全生产和环保整改达标无望、部分位于"三线一单"无法避让等需要关闭的矿山。以此提升矿产资源节约集约与综合利用的水平,促进青海省矿业高质量发展。

二、加强矿产资源开发利用工艺技术研究,为节约与综合利用矿产资源奠定基础

加强低品位、难选冶矿石的开发利用工艺技术研究,为低品位、难选冶矿石的加工利用提供技术支持。

(1)加强矿产资源勘查工作中的综合评价工作,将综合评价工作贯穿于矿产资源勘查工作的全过

程,重点应加强共伴生矿产的综合利用工艺技术研究工作,为共伴生矿产资源综合回收提供依据。

进一步开展省内已有矿床、矿山共伴生矿产开发利用工艺技术研究,为开展共伴生矿产资源的综合回收利用提供依据。

根据资源现状,特别是盐湖共伴生资源现状,开展适销对路的产品研发工作,使盐湖矿产综合利用产品的市场空间进一步拓展,为盐湖矿产的综合利用提供市场空间。

（2）切实有效地开展低品位、难选冶矿石的加工工艺技术研究工作,首先应开展青海省低品位、难选冶矿石的调查工作,摸清低品位、难选冶矿石的矿种、矿石类型、难选冶原因、数量等基础信息,为开展加工工艺研究提供依据。根据调查评价情况,应分门别类地开展加工工艺技术研究工作,采取政府引导、企业出资,依托科研院所及大专院校,高水平、高起点地开展低品位、难选冶矿石的选矿工艺技术研究。

三、制定差别化激励约束政策,增强矿山企业内生动力

一是矿产资源节约集约与综合利用优惠条件的认定是一项专业、系统的工作,各部门应协同工作,促进节约集约与综合利用财税优惠政策的落地。二是加强矿产资源开发利用真实水平调查评估工作,将矿产资源开发利用水平调查评估结论作为自然资源、财政、税务等部门执行相关优惠政策的依据,支持节约集约与综合利用行为认定。三是强化财税政策的精细化管理,按照不同地区资源禀赋差异,对矿产资源按质从价计征,逐步制定不同的资源税征收比率,减免低品位资源综合利用税费。税收部门可根据年度开发利用调查评估结论,分析企业资源税税赋水平,逐步形成可调节的资源税税额标准。四是在开展矿业权人勘查开采信息公示和开发利用调查评估的基础上,将调查评估结论向社会公开,发挥社会信用的激励约束作用。对资源开发利用水平高的信用良好企业,提供行政审批便利服务,减少检查频次或实行免检。对于资源开发利用水平低的失信企业,从严审批项目,限制其财政资金、土地、矿权的申请。

四、全面建设绿色矿山和绿色矿业发展示范区

矿业绿色发展是实现节约集约利用矿产资源的有效途径。一要因地制宜,结合各地区实际,细化绿色矿山建设标准,全面推进绿色矿山建设;二要将绿色矿业发展示范区作为矿产资源管理制度改革创新平台,健全完善绿色矿业发展新机制,探索建设布局合理、集约高效、生态优良、矿地和谐的绿色矿业发展示范区,由点到面整体推进绿色矿山建设;三要将建设绿色矿山的要求贯穿于矿山规划、设计、建设、运营、闭坑全过程,必须在观念、模式、管理、技术、工艺、装备等方面实现创新和绿色发展,以更好地发挥资源保障支撑作用。

五、逐步建立矿产资源开发利用调查评估制度,摸清矿产资源开发利用水平

逐步建立矿产资源开发利用调查评估制度。一是科学设计调查体系,真实反映矿产资源开发利用水平;二是强化信用管理,增强企业自律意识,由矿山企业积极主动如实填报数据;三是管理机关采取"双随机、一公开"的方式,结合重点地区、重要矿山和社会监督反映的问题开展实地核查,确保调查数据的真实性;四是构建科学合理的调查评估工作机制,明确管理部门、矿山企业、第三方评估机构的职责分工和工作程序。

六、开展综合利用政策研究,为开展综合利用提供政策支持

开展综合利用、低品位、难选冶矿石开发利用政策研究,为矿山企业开展节约与综合利用提供政策支持,一是通过政策研究,提出鼓励矿山企业开展节约与综合利用矿产资源在税收等方面的优惠措施。二是通过政策研究,制定对矿山企业开展节约与综合利用的奖惩办法,使管理部门的监管有法可依。

第六章　绿色发展

第一节　发展现状

"十三五"以来，青海省高度重视矿业绿色发展，深入贯彻习近平总书记"两山"理论和"四个扎扎实实"重大要求，省委"生态立省""一优两高"战略部署，根据青海"三个最大"省情和地勘工作实际，青海逐步构建起了地质工作绿色发展的长效机制。

一、绿色勘查进展

绿色勘查是生态文明建设的重要部分，是绿色发展理念在矿产勘查领域的具体实践（耿印，2023）。2015年以来，青海牢固树立绿色发展理念，以"四个转变"新思路全面落实"四个扎扎实实"重大要求，坚持以生态文明理念统领国土资源大局，创新地勘工作发展思路，调整优化全省地勘工作布局，完成了《青海省矿产资源总体规划调整方案》，持续推进全省找矿突破战略行动的顺利进行。

一是2015年，青海省有色地质矿产勘查局在青南多彩地区创造了特殊地区开展绿色勘查的"多彩模式"，较好地统筹了生态保护和矿产勘查二者间的关系，同时下发了《关于实施野外项目终期环保验收工作的通知》，建立了地质工作与环境恢复治理同设计、同施工、同验收制度，对重要或特殊的矿区，制定了专项的恢复方案。二是省自然资源厅制定并出台《青海省绿色勘查管理办法（试行）》《青海省绿色勘查工作细则（试行）》《青海省地质勘查基金项目管理办法》进一步加强和规范了全省绿色勘查工作。各地勘主管事业局制定了《绿色勘查管理办法》《绿色钻探施工规程》《地质勘查工作中生态环境保护的实施意见》《野外地勘项目生态环境保护检查验收制度》和《地质勘查生态环境恢复治理操作规程》等制度，确保了绿色勘查理念和措施的落实。三是绿色勘查相关制度和办法进一步明确了地勘项目绿色勘查从管理部门到勘查单位的职责，层层压实了责任，并纳入合同管理。各地勘事业局和地勘单位均建立了相应的绿色勘查组织机构，各项目组设置了绿色勘查指挥部，从上到下，绿色勘查责任得到落实，压力传导到各个层面。四是"十三五"期间，大力推广应用绿色勘查新技术、新设备，最大限度减轻地勘工作对生态环境的扰动。在预查项目工作部署上，先期加大采用对环境影响小的路线地质调查、地质填图、物探、化探、地化综合剖面等工作方法，极大地减少了对生态环境的影响程度，同时在指导槽探等工程的合理部署上取得了较好的效果。五是绿色勘查实施以来，通过实施绿色勘查示范项目、学习培训及与省外相关单位研讨交流，全省地勘单位和地勘工作人员的绿色勘查理念和环境保护意识得到了明显增强，绿色勘查已成为地勘工作者的主动行为。六是强化监督检查，粗放式施工、不注意生态环境保护、不进行恢复治理的问题得到有效遏制，绿色勘查突出问题得到有效整改。七是绿色勘查工作全面实施，地质找矿成果不断涌现。2016年优选10个勘查项目进行绿色勘查示范，在全国率先开展绿色勘查工作；2017年省财政地勘项目全面开展绿色勘查,并选择部分社会资金项目进行试点;2018年起,全面开展绿色勘查,实现了地质勘查与生态环保的和谐共赢;2020年度2个勘查项目被列为全国第二批绿色勘查示范项目。

二、青海省已建成绿色矿山概况

2016年由青海省人民政府办公厅发布的《青海省国民经济和社会发展第十三个五年规划纲要》提出"创建绿色矿山发展示范区,持续释放'资源红利'"的要求。上轮规划中提出"以绿色矿山建设为抓手,积极推进矿山转型升级,大力发展绿色矿业""以实施绿色勘查、建设绿色矿山为目标,调整、优化地质勘查和矿产开发布局与结构,加强矿山地质环境保护与治理恢复工作,促进矿产资源勘查开发与生态环境保护协调发展""以矿山企业为主体,通过政府引导、示范引领,积极推动绿色矿山建设,建设一批绿色矿山和绿色矿业发展示范区"等要求,并确定了"十三五"期间青海绿色矿山建设的目标是"构建多部门协同合作,国家、省、市(州)、县四级绿色矿山联建联创的工作机制"。

一是根据原国土资源部、财政部、环保部等六部委《关于加快建设绿色矿山的实施意见》(国土资规〔2017〕4号)精神,2017年青海省原国土资源厅联合12厅局委办印发了《青海省国土资源厅等关于印发青海省绿色矿山建设实施方案的通知》(青国土资〔2017〕416号),研究制定了《青海省级绿色矿山建设标准》(青国土资〔2017〕306号),引导矿山企业按绿色矿山建设标准,开展省级绿色矿山创建。二是加强了矿产资源规划对绿色矿山建设的引领,在第三轮矿产资源规划中,全面部署绿色矿山建设工作,并要求每个市(州)矿产资源规划编制中,规划设立一个市(州)级绿色矿业发展示范区。三是积极开展省、州、县三级绿色矿山联创联建工作,发挥发改委等部门的协同作用,共同推进绿色矿山建设,在标准不降低的前提下制定了市(州)级绿色矿山建设要求,大力开展了省、市、县绿色矿山联创联建活动。四是连续两年在格尔木市召开了"全省矿产资源综合利用示范基地先进技术推广应用和绿色矿山建设现场会"和"绿色矿业发展示范区建设推进会"。五是采取多种方式倡导绿色矿业发展理念,宣传青海省都兰县金辉矿业有限公司、青海盐湖股份有限公司等在绿色矿山建设和矿产资源综合利用等方面的先进技术与经验,营造争创了绿色矿山的良好社会氛围。六是举办了多期绿色矿山建设业务培训,树立了不同类型的绿色矿山典范,分批组织矿山企业观摩、学习,发挥先进典型的示范引领作用,在抓好大中型矿山建设绿色矿山的同时,促进小型矿山企业建设绿色矿山。七是绿色矿山评选结果第一批:2019年第一次全国范围内开展绿色矿山遴选,青海省通过企业自评,县、市(州)级自然资源部门推荐,第三方评估基础上实地核查、社会公示等程序,授予12家矿山企业为2019年度省级绿色矿山。第二批:2020年度通过完整的遴选程序,青海省7家矿山入库国家绿色矿山遴选名录。

三、青海省绿色矿山发展示范区建设现状

格尔木市、都兰县、大柴旦行政区3个绿色矿业发展示范区建设工作稳步推进(图6-1、表6-1),均编制了绿色矿业发展示范区建设实施方案,并通过省专家审查向原国土资源部报备。同时与3个示范区内的探矿权人和采矿权人分别签订了绿色勘查开发合同,督导矿业权人实施绿色勘查开发。按照目前示范区建设情况,到2020年3个示范区内大中型矿山全部达到绿色矿山建设要求能基本实现。

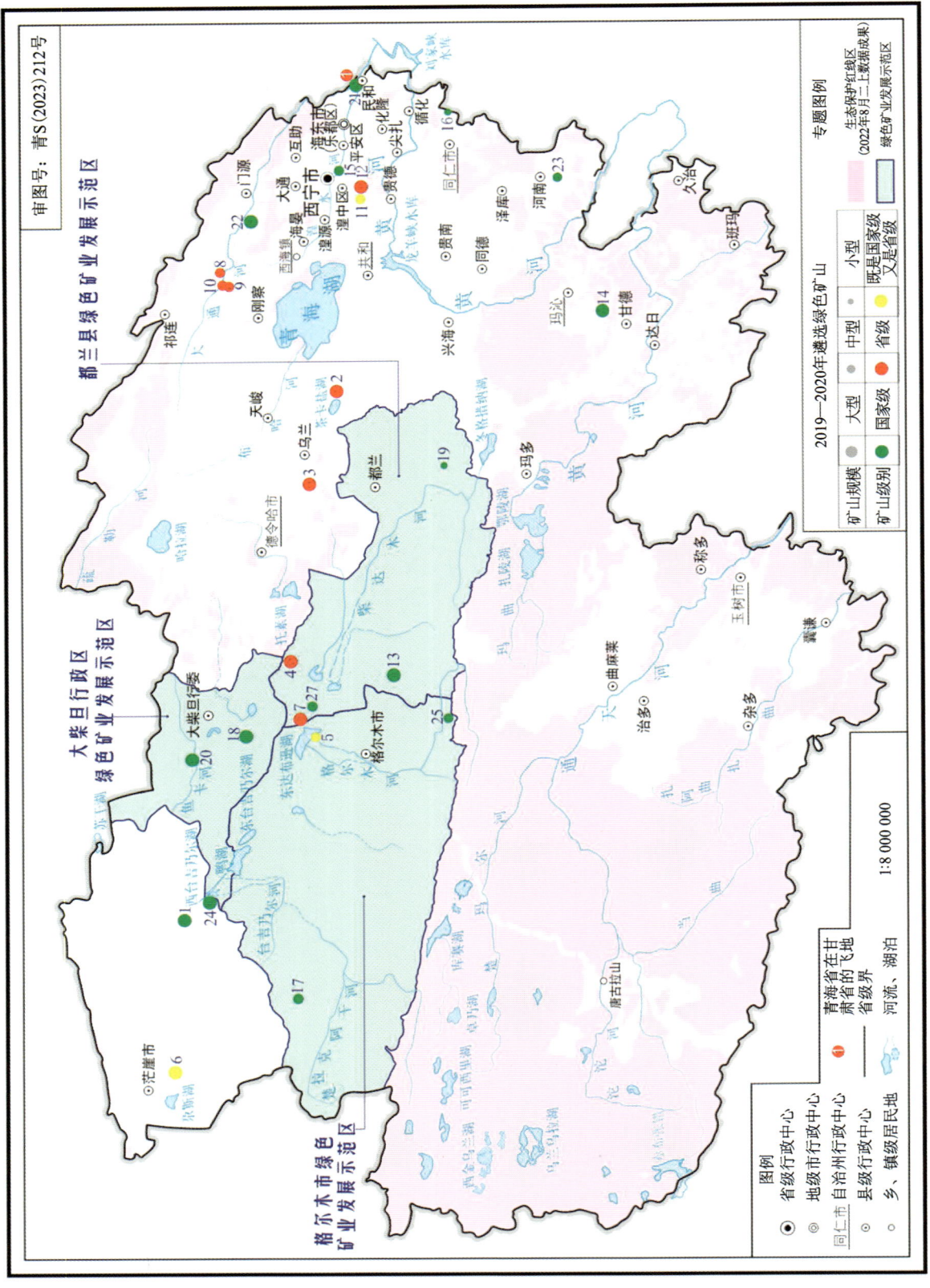

图 6-1　青海省绿色矿业发展示范区示意图

表 6-1 青海省绿色矿业发展示范区主要绿色矿山一览表

示范区	主要矿山
大柴旦行政区绿色矿业发展示范区	锡铁山铅锌矿、鱼卡煤矿、大柴旦湖硼矿、滩间山金矿、大煤沟煤矿等
格尔木市绿色矿业发展示范区	察尔汗盐湖钾镁盐矿、一里坪锂矿、东台吉乃尔湖锂矿、西台吉乃尔湖锂矿、玉珠峰矿泉水等
都兰县绿色矿业发展示范区	红旗沟-深水潭金矿、五龙沟金矿、果洛龙洼金矿、白石崖铁多金属矿等

四、绿色矿业发展形势

（一）全国矿业绿色与高质量发展的总体思路

1. 生态文明思想对矿业发展的要求

十八届五中全会将"绿色发展"确定为生态文明建设的现实途径，指出"绿色是永续发展的必要条件和人民对美好生活追求的重要体现。必须坚持节约资源和保护环境的基本国策，坚持可持续发展，坚定走生产发展、生活富裕、生态良好的文明发展道路，加快建设资源节约型、环境友好型社会，形成人与自然和谐发展现代化建设新格局，推进美丽中国建设，为全球生态安全作出新贡献"。绿色发展是在生态环境容量和资源承载能力的制约下，通过保护自然环境实现可持续科学发展的新型发展模式和生态发展理念（霍艳丽等，2011；王智霖，2018）。

2018年5月18日，全国生态环境保护大会上正式确立了习近平生态文明思想，明确地把生态文明作为继农业、工业文明之后的一个新阶段，指出生态文明建设是关系中华民族永续发展的根本大计，关乎人民主体地位的体现、共产党执政基础的巩固和中华民族伟大复兴的中国梦的实现。这是党的十八大以来形成的一系列新理念新思想新战略的理论总结和经验结晶，为中国推动生态文明建设、加强生态环境保护提供了思想指引和行动指南。

"坚持绿水青山就是金山银山"是习近平生态文明思想的核心内容。"绿水青山就是金山银山"的"两山"理论揭示了经济发展与生态环境保护的辩证统一关系，既是对我国环境与经济发展关系及演变规律的深刻阐释，也是对环境经济学理论的形象概括和发展，体现的是发展理念、发展模式、发展思路的深刻变革，是正确处理经济发展与生态环境保护关系的理论基础。

2. 国家"十四五"规划对矿业发展的要求

2020年11月，十九届五中全会审议通过了《中共中央关于制定国民经济和社会发展第十四个五年规划和二〇三五年远景目标的建议》（以下简称《建议》），《建议》特别强调的两大生态文明理念是"绿水青山就是金山银山"和"绿色"发展理念，还进一步指出了"坚持尊重自然、顺应自然、保护自然""坚持节约优先、保护优先、自然恢复为主""守住自然生态安全边界"等3个观念的重要性。我国"十四五"时期的生态文明建设将会更加自觉地置于"绿水青山就是金山银山"和绿色发展理念的引领之下，进而明确致力于更大力度的自然生态环境修复、更高标准（质量）的生态环境保护治理和更加绿色的经济社会现代化发展。相应地，生态文明建设将会开启一个政策举措落实程度更高、制度体制创新活力更大、人民群众获得感更强烈的新时期。

(二)青海矿业绿色发展面临的形式

1. 生态环境约束趋紧

在生态文明建设大背景和以人民为中心的发展思想指引下,矿产资源开发过程中存在的资源、环境、民生矛盾逐步显化,新的矿山环境问题与历史遗留问题交织并存,民生利益分配与多元主体诉求存在冲突,采矿活动造成土壤污染、地面塌陷、水土流失与沙漠化以及衍生地质灾害等问题均对矿业持续健康发展提出了挑战。多年来青海省矿业开采累计占用、损坏土地面积 11.75 万 hm^2,而累计投入矿山环境治理资金 18.8 亿元,累计恢复治理面积 1.5 万 hm^2。在"筑牢国家生态安全屏障"的大要求下,青海省要"深度融入长江黄河国家战略",矿业开发的环境约束日益加大,亟需矿业转型升级绿色发展(郭冬艳等,2022)。

2. 矿业经济形势严峻

受国内外矿业经济形势、生态环境及疫情等因素影响,青海省矿山数量由 2015 年的 831 家下降到 2019 年的 552 家,矿业从业人员由 4.4 万人下降到 3.7 万人,采矿业增加值增速持续为负,虽然采矿业固定资产投资在下降后于 2018 年增速达到 36.5%,但大部分矿产品价格低位波动、全行业企业利润减少,全省 600 家矿山企业正常生产的不足 300 家,矿业经济形势依然严峻。

3. 民生需求增速加快

随着产业不断升级,城镇脱贫攻坚的实现,给我国经济发展不断注入新的动力和活力,推动经济不断增长,新产业、新行业不断涌现,新旧动能的转换将对整个社会发展方式带来深刻的变化。在此过程中,矿物材料也会不断拓展其应用领域,矿产资源的需求还会保持较高水平,与基础设施建设相关的铁、铜、铝、水泥、砂石等大宗矿产需求仍将保持低速增长,与新能源、战略性产业、高技术产业相关的矿产如钒、钴、镍、锂、萤石、叶蜡石等,需求可能会较大幅度增长。青海省居民消费价格指数持续增长,以"五个示范省"建设为载体,以生态、循环、数字、飞地"四种经济形态"为引领的经济转型发展新格局,更是需要矿产资源作为支撑。

五、青海省矿业绿色发展存在的主要问题

(一)绿色勘查内涵认识偏差,预算依据不足

部分人将地质勘查行为当作对生态环境的破坏行为,忽视其对国家的积极影响,从而阻止地质勘查工作的进行。各个地区运用各种手段设立"保护区",运用"保护区"的政策限制和挤压勘查区域活动,导致很多具有良好前景的勘查区被迫放弃勘查,使得我国经济遭受损失。绿色勘查是一种不对周遭生态环境造成破坏的地质勘查手法。在对生态环境进行破坏之后,采用适当的手段进行修复,让其可以快速恢复生态平衡,这就是绿色勘查预算经费不足的原因。在我国的采矿勘查之中,特别是重大的财政出资的项目,都是按照中国地质调查局的预算标准出资。但是中国地质调查局没有明确的关于绿色勘查的出资标准,目前的预算只包括施工费用,不包含修复费用。如果没有充足的费用支持,后期的修复工作就无法进行。并且绿色勘查工作讲究施工与恢复同步进行,这将影响该项目的展开。

(二)绿色矿山内涵理解偏差,企业创建动力不足

绿色矿山建设包括资源开发利用、节能减排、环境保护、生态修复、矿地和谐等丰富内涵,虽然生态文明和绿色发展已经成为国家发展战略,但部分地方和企业将绿色矿山简单理解为"绿化"矿山,对于绿色矿业内在逻辑及同传统发展模式的本质区别,却大都不甚了解,忽视对技术的升级改造、提高资源利用水平和减少环境扰动的源头管控。有的认为绿色矿山建设就是高投入、高成本、高科技,限制了绿色矿山的推广,有的则关注"形式"多,实质性推动不够。部分企业还没有认识到绿色矿山建设的必要性和紧迫性,还处于"要我建"而非"我要建"的阶段。目前,矿产资源开采的外部成本、隐性成本、长期成本和高机会成本并没有纳入资源产品价格体系中,削弱了绿色矿山企业的资源产品竞争力。对于基础差的矿山,进行绿色矿山建设不可避免地增加企业的投入成本。当前矿业形势整体不景气、矿产品价格波动大或矿山生产年限预期不清,影响了矿山企业建设信心而使其不愿投入。同时,针对绿色矿山建设的国家配套支持政策还不够细化,造成绿色矿山建设的激励机制不完善,绿色矿山企业无法获得比非绿色矿山企业在政策支持上的优势。

(三)建设基础薄弱,综合利用水平低

青海省大型矿山比例为8%,大量矿山为小型矿山及小矿,短期内难以改变的中小型矿山企业技术装备落后、建设水平较低的现状,制约了绿色矿山建设进程。目前,青海省纳入全国名录的仅有16家,占省内全部矿山的2.7%,其中大型矿山7家,中型矿山5家,小型矿山4家。矿山企业必须通过绿色矿山建设,提高矿山生产科技水平,增强综合利用水平,降低企业生产成本,增强矿山企业的生产活力,进而提升市场竞争力,形成矿业绿色发展的良性健康循环。例如,对于共伴生矿,实际生产时整体工艺比较落后,多数矿山以处理易选矿石为主,选矿综合利用率较低,应当加强对选冶试验研究,重视新技术的研发和共伴生元素的综合利用,提高共伴生有用元素的利用水平。

(四)矿山生态修复认识不足,本底不清

青海省境内生态环境丰富,自然保护区众多,是我国重要的生态屏障,生态环境压力巨大。已经建成的11处自然保护区,总面积2 180.54万hm^2,占省域国土面积的30.2%。"十三五"期间矿山生态修复能够按时高效完成既定的各项工作任务目标,可以在不同程度上减轻环境灾害影响,改善人民健康福祉,实现不同层次的生态服务效益,提升生态系统整体功能,筑牢国家生态安全屏障。但是,青海省面临的矿山生态环境问题还比较突出,黄河流域生态保护修复和高质量发展责任重大。当前还存在一些具体问题,如对生态保护修复的认识不足、生态修复知识技术欠缺、废弃矿山的本底不清、资金渠道单一、全面系统的矿山恢复治理统计不够完善等,需要在今后的工作中予以解决。

第二节 绿色勘查

青海省矿业绿色与高质量发展,始终坚持生态优先、突出特色、系统思维和部门联动的原则,将绿色发展理念贯穿于矿产资源规划、勘查、开发利用与保护全过程,全面实施并严格落实矿产资源勘查开发的准入条件,加快推进矿山生态环境修复工程,加强技术创新,促进能源、钾盐、砂石等产业率先转型升

级,构建现代矿业产业体系,推动矿业实现更高质量、更有效率、更加公平、更可持续、更为安全的发展。

一、实施绿色勘查的必要性

绿色勘查是绿色矿业发展的需要,也是地勘单位生存发展的需要。广泛的传播和实践证明绿色勘查是新时代地质找矿突破和保障能源安全的必由之路,绿色勘查是地勘单位自我提升的好机会(赵文博,2020),应健全绿色勘查标准体系,完善配套激励政策体系,构建绿色矿业发展长效机制。

绿色勘查作为生态文明建设的重要组成部分,生态文明建设是发现问题,绿色发展是真正的解决问题(高林,2015)。在矿产资源取得找矿重大成果的同时,在根植绿色勘查理念、推动绿色勘查方面要迈出坚实的步伐。既是国家发展战略需要,也是生态环境保护的客观需要,是统筹协调矿产资源勘查开发与环境保护实现"双赢"的有效途径。

二、绿色勘查工作应遵循的原则

(一)生态优先

矿业绿色发展要求把生态环境保护摆在首要位置,坚持"在保护中开发、在开发中保护",减点控量、适度开发、优化供给、节约集约,促进"金山银山"与"绿水青山"深度融合,通过资源的合理配置与设施的科学调整,协调发展现状与持续发展间的矛盾,有效提高各种资源间的集约与综合效益,以最小的资源消耗和环境代价实现最大的经济社会效益。

(二)突出特色

突出特色是科学性和合理性的重要表现。虽然绿色矿业发展要求按全域、全矿种、全链条建设。但是各地区情况不尽相同:从整体来看,区域发展阶段不同,生态条件和承载能力不同,对矿业的要求不同;从行业来看,资源禀赋、开发利用方式、产业链条亦不尽相同,绿色矿业发展所面临和需解决的问题不能一概而论。在建设过程中,需要立足本地区矿产资源禀赋和矿业发展现状,注重特色区位、特有问题、优势矿种、已有基础,对本地区绿色矿业发展路径进行谋划。

(三)系统思维

以系统思维统筹考虑资源-环境-经济-社会之间的联动。在开采和利用当地矿产资源的同时,对环境造成了破坏,而后根据区域独特的自然特征和生态环境的破坏程度,设计出恢复生态环境的路线,最终使矿区的生态环境得到恢复。依托当地矿产资源,在不影响能源安全的前提下,对矿业进行升级。通过在矿区建成大型的能源基地,推动区域经济社会的稳定发展。对矿区的各项经济活动进行有效的组合交互,形成循环经济发展体。循环经济联动的特点是自然资源消耗减少、污染排放减少、污染物再利用增加,提倡实现矿产资源—矿产资源产品—再生资源的循环利用。当地的矿产资源的开采和环境保护进行统一部署、整体规划,以实现矿产资源有序科学开采、经济发展稳定、生态环境良好、社会和谐进步的多重目标。

（四）部门联动

以地方政府作为行为主体，自然资源管理部门负责推进，财政、生态环境、工业信息化、质量监督等相关部门多部门联动，优势有两个：一是更好促进部门协调、领域协调，形成合力；二是更易管理制度改革创新平台，从而推动矿产资源的技术、管理和制度的创新。建立健全与社会发展相适应的管理体制和机制、管理制度和管理模式，实现现代化、规范化科学管理。

三、绿色勘查总体目标任务

（一）规划目标

要把生态环境保护理念贯穿于勘查项目立项、设计、实施、恢复和验收全过程、各环节，充分考虑"地质、经济、技术、环境"四要素及区域资源环境承载力，对勘查工作可能造成的生态环境影响进行评估，编制符合相关标准的勘查设计，在勘查过程中落实生态环境保护及和谐勘查等方面要求，从勘查理念、管理、工艺、环境恢复治理等角度总结形成可复制、能推广的经验和机制。"十四五"期间，全省加大绿色勘查新理论、新方法、新技术、新设备和新工艺的研究与应用推广，绿色勘查实施率达到100%，建设2个绿色勘查示范区。

（二）主要任务

坚持依法勘查，完善绿色勘查管理制度，强化源头管控，做到科学立项，创新工作理念和方法。以地勘项目为主体，全面贯彻绿色勘查要求，提升绿色勘查实施手段，加强绿色勘查新技术、新方法、新设备的引进与推广，引领全省地质勘查工作，实现资源勘查与生态保护和谐发展，财政项目绿色勘查实施率100%，力争建成沟里-那更康切尔和茶卡北山两个绿色勘查示范区。

四、绿色勘查实施路径研究

（一）坚持依法勘查

探矿权人及项目承担和施工单位在勘查过程中要严格按照矿产资源法、环境保护法等法律法规开展地质勘查工作，按照法规要求依法办理土地、林业、安全、环保等相关手续，不得出现以采代探、无证勘查、越界勘查、圈而不探、破坏生态环境等违法违规行为。探矿权人应履行综合勘查、综合评价的义务，全面查清勘查区范围内有益和有害元素，为合理开发和综合利用提供依据。新出让探矿权在出让合同中原则上应明确要求对新发现矿种进行综合勘查并按规定变更勘查矿种。矿产资源勘查工作要严格按照《青海省绿色勘查管理办法》及《青海高原绿色勘查规范》等技术规范要求，全面开展绿色勘查工作，进一步推进全省矿产资源勘查工作绿色高质量发展。

（二）强化源头管控

加强管理制度创新，通过规划源头管控、项目设计编审把关、项目实施监管等措施，将绿色勘查理念、要求和责任落实到具体工作中,使勘查工作对生态环境的影响处于可控、可恢复的范围。一是符合国家产业政策。地质勘查项目的设置必须符合相关各类规划,不得在各类保护地规定的限制区、禁止区等范围内设置勘查项目(国家公益性战略性项目除外)。二是提高找矿绩效。地质勘查立项区域必须具有相应的成矿地质条件和基础研究工作程度,以"优、急、稀、特"矿种为重点。重点布局重要成矿区(带)和矿集区,大中型矿山外围及深部勘查。三是开展环境影响评估。申请单位在立项前应充分考虑项目区域环境承载力,科学评估项目可能对生态环境、生物多样性、水资源涵养等的影响,从源头上减少对环境的破坏。

(三)创新工作理念和方法

绿色勘查是一种创新的地勘工作方法,在满足地质目的的基础上,在地质勘查过程坚持以人为本,注重生态保护和人身健康安全,需要理念创新、技术创新,更需要设备的创新,通过对地质勘查主要工作手段的"绿化",从而实现各类地质勘查活动的"绿色"。应鼓励对新型勘查工艺与设备的研究与引进,在满足地质勘查目的、遵守相关规范等条件下,探索总结和推广应用绿色勘查的新理论、新技术、新方法、新工艺,鼓励采用"以浅钻代替槽探""一基多孔、一孔多支"定向钻进技术等(武捷,2023),减少对土壤和植被的扰动。选用技术性能先进、可靠、节能、环保,易于搬运、安装和拆卸,占地面积小的设备。坚持以自然恢复为主,结合人工诱导,开展勘查后的生态环境恢复工作。

(四)建设绿色勘查示范区

"十四五"期间,青海省要力争建成"沟里-那更康切尔绿色勘查示范区"和"茶卡北山绿色勘查示范区"。将绿色勘查示范区作为矿产勘查管理制度改革创新平台,着力发挥政府引导作用,推动技术创新、管理创新和制度创新,集中连片,整体推进绿色勘查工作。通过绿色勘查示范区建设,进一步宣传绿色勘查理念,健全完善绿色勘查标准体系,为预算标准提供重要参数,鼓励绿色勘查技术、方法、设备的研发和应用。

建设原则包括:一是秉承健康安全绿色理念,地质勘查全过程坚持以人为本,注重生态保护和人身健康安全;二是科技引领绿色勘查,采用先进的技术、方法、工艺和设备进行地质勘查工作,有效减少对生态环境影响的程度、范围及持续时间;三是坚持综合勘查,依据勘查工作各阶段,多矿种综合评价要求,统筹规划和优化勘查设计,对主矿种外的共、伴生矿种进行综合勘查、综合评价,避免重复勘查对生态环境的二次影响;四是坚持因地制宜,基于勘查区植被覆盖情况、自然修复能力等差异情况,采用适宜的勘查手段、环境保护和恢复措施,分类实施绿色勘查。

建设内容包括:一是优化勘查布局,认真编制和严格实施矿产资源规划,严格准入管理,落实规划分区管理制度,促进整装勘查,指导探矿权合理设置。二是创新技术方法。通过研发推广绿色勘查的新技术、新方法、新设备和新工艺,最大限度地减少对环境的影响或扰动。三是加强环境保护和恢复。加快构建政府、企业、社会共同参与的保护与治理恢复新机制,把环境保护与治理恢复的责任落实到矿产勘查"事前、事中、事后"的全过程。四是注重健康安全管理。健全矿产勘查项目管理体制,指导一线管理者及员工在勘查过程中注重环境保护,保障自身安全与健康。五是探索矿地和谐发展。创新资源惠民利民新机制,充分发挥示范区地方政府的统筹协调作用,立足服务和改善民生,及时妥善解决各类矛盾,促进矿地良性互动。六是建立工作机制。编制实施绿色勘查示范区建设工作方案,明确发展方向和目标任务,研究制定全面推进绿色勘查的具体政策措施,形成在同级人民政府领导下,各部门共同推进、密切协作的工作机制。

五、青海省绿色勘查政策及方向研究

(一)青海省绿色勘查监管政策现状

青海省实施绿色勘查等相关制度,强化勘查工作中的生态保护,出台了《青海省自然资源厅关于印发〈青海省绿色勘查管理办法〉的通知》(青自然资规〔2020〕6号)、《青海省绿色矿山建设实施方案》(青国土资〔2017〕416号)、《青海高原绿色勘查规范》等,对勘查工作提出了进一步的要求。

《青海省绿色勘查管理办法》进一步明确了青海省自然资源厅、各市(州)及县(市、区)自然资源主管部门、青海省地质调查局、地勘事业局、勘查单位和探矿权人、项目组绿色勘查工作职责。从地勘项目立项、设计、实施、报告编写等各阶段,对绿色勘查工作提出了具体要求。明确地勘项目设计(方案)审查时,将"绿色勘查专章"作为审查的重要内容之一,绿色勘查方案不合理的,审查不予通过。强调绿色勘查全过程要形成资料,并与项目成果报告一并汇交。绿色勘查验收不通过的,报告一律不予评审。明确了相关单位、部门在绿色勘查工作方面的监督检查范围及内容。

(二)青海省绿色勘查监管政策方向

持续推进绿色勘查。坚持绿色勘查与地勘工作"同研究、同部署、同设计、同实施、同检查、同考核"的原则,努力实现地质勘查与生态环境保护协调发展。"十四五"期间,全面实施绿色勘查,建设沟里-那更康切尔、茶卡北山等2~3个绿色勘查示范区,加快推动地质勘查工作方式转变,大力发展绿色地质勘查,引领全省绿色勘查高质量发展。

严格绿色勘查要求。严格落实绿色勘查相关制度,在勘查过程中贯彻落实生态环境保护、和谐勘查等要求,将绿色发展理念贯穿于勘查项目立项、设计、实施、恢复和验收全过程。通过项目设计中绿色勘查专章及内容的编审把关、项目实施监管等措施,加强绿色勘查"回头看"巡查力度,充分发挥督导作用,将绿色勘查理念、要求和责任落实到具体工作中,使勘查工作对生态环境的影响处于可控、可恢复的范围。制定绿色勘查生态环境保护、土地复绿等规章制度和保护措施,将绿色勘查管理内容融入日常工作,责任明确、管理措施和投入到位。充分利用高分遥感及无人机技术,对绿色勘查成效进行动态监测,探索建立绿色勘查"天空地"立体动态监管模式。

继续坚定深入推进绿色勘查。高举生态环境保护大旗,深刻理解和高度重视绿色勘查的极端重要性,严格执行绿色勘查规章制度,做好绿色勘查与安全生产、施工质量的"齐步走",加大落实绿色勘查监督检查和考核评价力度,对问题突出的项目采用约谈、通报批评等方式进行问责。

第三节 绿色矿山建设

青海省矿业绿色与高质量发展,始终坚持生态优先、突出特色、系统思维和部门联动的原则,将绿色发展理念贯穿于矿产资源规划、勘查、开发利用与保护全过程,全面实施并严格落实矿产资源勘查开发的准入条件,加快推进矿山生态环境修复工程,加强技术创新,促进能源、钾盐、砂石等产业率先转型升级,构建现代矿业产业体系,推动矿业实现更高质量、更有效率、更加公平、更可持续、更为安全的发展。

一、绿色矿山建设的重要性

一是建设绿色矿山是社会发展的必然选择。2015年4月,《中共中央 国务院关于加快推进生态文明建设的意见》中将"发展绿色矿业,加快推进绿色矿山建设"作为推动矿业领域生态文明建设的一项重要任务。党的十九大报告对绿色发展提出了一系列新要求。当前,环境约束越来越紧,矿产资源开发空间越来越少。建设绿色矿山,加强矿产资源节约集约利用和综合利用,是最佳解决途径(赵克文,2022;邓虎,2022)。

二是大力发展绿色矿业是推进矿业发展的唯一出路。绿色矿山的建设,契合矿业形势,是青海省建设生态文明先行区的必然要求,适应国情、省情和特定发展阶段的需要。同时也是矿业企业自身的要求,建设绿色矿山是促进矿山和谐、实现矿山规范健康可持续发展的重要动力。

三是按《青海省矿产资源总体规划(2021—2025年)》(简称《规划》)的指导,国家将加大对积极参与绿色矿山建设单位的扶植,同时鼓励有实力的企业对行业内的资源进行整合,特别是对于勇于进行技术创新、积极探索可持续发展模式的企业,以带动全面的"绿色矿山"建设。

二、绿色矿山建设的要求和思路

加强矿产资源规划对绿色矿山建设的引领,积极开展省、州、县三级绿色矿山联创联建工作,共同推进绿色矿山建设。绿色矿山建设包括科学规划、规范管理、合理开采、综合利用、科技支撑、智能数字化、良好企业形象等方面,不是单一的矿山地质环境恢复。2017年青海省国土资源厅下发《青海省(省级)绿色矿山建设标准》,将省级绿色矿山建设标准划分为依法办矿、规模管理、绿色开采、综合利用、科技创新、节能减排环境保护和社区和谐。市(州)级、县级绿色矿山建设标准由各市(州)级、县国土资源局制定,并负责本级绿色矿山的审核、认定、发布工作(陆智平,2020)。

三、绿色矿山建设总体目标任务

(一)规划目标

在"十四五"期间,将继续加快建设绿色矿山,推动资源开发方式实现根本性改变。完善绿色矿山建设工作体系,健全绿色矿山建设标准体系,细化配套激励政策,构建绿色矿业发展长效机制。到2025年,全省绿色矿山占比达到25%以上。大型矿山全部建成绿色矿山,中型矿山80%建成绿色矿山,小型矿山及小矿全面按照绿色矿山要求进行生产运营。新建矿山将全部按照绿色矿山标准建设,生产矿山也将按照绿色矿山建设标准加快改造升级。

(二)主要任务

全面推进绿色矿山制度创新,区分地域、规模、矿种,差别化建设绿色矿山。开展绿色矿山建设工程,以生产矿山为主体,通过政府引导和示范引领,全面推进绿色矿山建设,严格矿产资源开发利用和环境保护准入管理,把绿色矿山建设贯穿于矿产资源开发全过程。

(三)四家矿山企业建设实践分析

1. 基本情况

2019年9月23日—26日,赴大柴旦大华化工有限公司大柴旦湖(A区)硼钾矿、青海省能源发展(集团)有限责任公司大柴旦行委鱼卡一井田、青海海鑫矿业有限公司门源县松树南沟金矿西矿区、青海互助金圆水泥有限公司花石山石灰岩矿共四家矿山开展了调研。

2. 矿山概况

4个矿山涉及能源、有色、非金属3类矿产,具有较强的代表性。其中包括2个大型矿山、1个中型矿山和1个小型矿山(表6-2),这些矿山分别分布于海西州、海北州和海东市。

表6-2 青海省绿色矿山调研矿山名单

序号	矿山名称	矿山位置	矿种	矿山规模	开采方式	矿区面积(km²)
1	大柴旦大华化工有限公司大柴旦湖(A区)硼钾矿	海西州大柴旦行委	硼矿、钾矿及湖盐	小型	露天开采	89.75
2	青海省能源发展(集团)有限责任公司大柴旦行委鱼卡一井田	海西州大柴旦行委	煤炭	大型	地下开采	36.50
3	青海海鑫矿业有限公司门源县松树南沟金矿西矿区	海北州门源县	金矿	中型	露天/地下开采	0.21
4	青海互助金圆水泥有限公司花石山石灰岩矿	海东市互助县	石灰岩	大型	露天开采	0.81

3. 绿色矿山建设情况

矿容矿貌。矿山均明确区分了生产区与生活区,生活区员工设施齐全,食堂整洁卫生、厕所干净,有生活垃圾的固定收集地点并集中处理生活污水。各矿区均有相应的操作提示牌、说明牌、线路示意图牌等标识牌。矿石周转、运输、贮存有必要的隔离设施或抑尘措施。

但由于松树南沟金矿西矿区、花石山石灰岩矿处于高寒、缺氧地区,大柴旦湖(A区)硼钾矿和鱼卡一井田位于盐碱地和戈壁地区,总体植被稀少,矿山开采对周边植被的破坏较小。

资源节约与综合利用。4个矿山企业均根据各矿山资源的赋存特点,采取了具备自身特色的资源节约与综合利用方法。如大柴旦湖(A区)硼钾矿形成了钾盐、锂、硼、溴等多元化高附加值资源类产品的生产体系,并使盐田中含镁等硫酸钾废液得到了循环利用;松树南沟金矿西矿区通过技术改造,将边界品位由2g/t降至1g/t,尾矿品位从0.25g/t下降至0.16g/t,通过将原有破碎系统的"两段一闭路"改造为"三段一闭路",提高了对低品位矿石的回收率。废水处置方面,4个矿山均做到了废水全部回收利用,实现了零排放。

节能减排。矿山企业均较为注重新技术和新设备的应用,并逐步淘汰陈旧设备和落后的生产技术,推动节能减排工作,提高资源利用率。大柴旦湖(A区)硼钾矿建立了奖励机制,鼓励职工开展节能降耗技术创新;松树南沟金矿充分利用地形地貌自然坡度,让矿浆自流,节约电能,矿山生产产生的废石、锅炉渣、尾矿用于砌墙、铺路等,采剥废石用于道路建设;花石山石灰岩矿充分将表土和夹缝土用于复绿;

鱼卡一井田从运输、矿井通风到供配电系统和供热系统均使用了节能设备,且井下产生的煤矸石全部用于回填塌陷坑,实现了固废零排放。

科技创新与数字化矿山。矿山企业成立了科技攻关领导小组,与有关科研单位建立了良好的协作关系,共同开展科技研发攻关。矿山企业均构建了矿山自动化集中管控系统,监控设施运转正常,矿山开采区有监控摄像头,露天矿山可在操作间看到采区整体情况。松树南沟金矿采用了3DMine三维矿业软件,建立了矿山数字化资源储量模型与经济模型,实现了矿产资源储量利用的精准化管理,其他3个矿山还未配备资源储量模型或储量管理软件。

企业管理与企业形象。4家矿山均较为注重企业文化建设,鱼卡一井田还编制了《鱼卡公司企业文化建设规划》,把公司企业文化建设融入企业经营管理、思想政治工作和精神文明建设的全过程。同时,建立了相关管理制度,及时进行环境监测和记录,但部分企业管理制度还不太完善;对食堂餐饮、运输车行车路线等内容定期开展职工满意度调查,每年进行职工健康体检和职业卫生体检。企业有组建绿色矿山领导小组,但个别企业还未开展绿色矿山培训。此外,企业积极履行社会责任,注重村企、民族之间的融合,松树南沟金矿西矿区还开展了精准扶贫活动。

4. 第三方评估组织实施情况

青海省自然资源厅委托青海省国土空间规划研究院开展了本省绿色矿山建设第三方评估的工作,评估单位组建了评估专家组,采取全面调查、抽样调查、网络调查、实地调研、舆情跟踪和专家论证等方式方法,依据《关于加快建设绿色矿山的实施意见》(国土资规〔2017〕4号)、《绿色矿山建设评估指导手册》以及化工、黄金、水泥用灰岩、煤炭行业绿色矿山建设规范对矿山企业进行考核评分,完成了第三方评估任务。

5. 矿山典型做法

一是鱼卡一井田的"高海拔倾斜复杂厚煤层综采综掘技术"研究项目,对青海乃至西北地区煤炭资源的规模化开采具有重要价值,被青海省科学技术厅列为"青海省科学技术成果"。2017年项目建设工作取得突破性进展,为煤炭进入西藏提供了较为可行的能源保障,对柴达木循环经济试验区煤炭资源的综合开发利用具有典型示范引领作用。

二是松树南沟金矿区和花石山石灰岩矿探索出适合高海拔地区矿区绿化的植物品种选择与技术方法。由于高海拔地区植物生长缓慢且不易存活,松树南沟金矿区和花石山石灰岩矿通过引进技术加不断试验,同时对开采过程中剥离的表土集中存放用于复垦,基本实现了矿区有效绿化。

此外,松树南沟金矿西矿区采取尾矿干式排放和堆存,尾矿库按要求安装了位移监测装置,有效提升了尾矿排放和堆存安全性。

6. 存在的问题与不足

一是矿山管理制度不够规范,如大柴旦湖(A区)硼钾矿还未建立完善的企业管理制度,且部分地段安全生产标识牌缺失;松树南沟金矿西矿区选厂技术改造缺乏统一规划,管线连接凌乱、存在安全隐患;花石山石灰岩矿部分运输道路压损、维修维护不够及时等。

二是矿山开发的环境问题需要进一步改善,如大柴旦湖(A区)硼钾矿开发对周边湿地影响的动态监测不够;鱼卡一井田还存在废石堆放问题;花石山石灰岩矿存在扬尘污染、无固定洒水降尘装置等问题。

三是数字化矿山建设方面投入不足。如鱼卡一井田、松树南沟金矿西矿区和花石山石灰岩矿,由于矿山资金投入主要用于矿区绿化和矿山地质环境治理恢复,导致用于开采技术创新和数字化矿山建设方面的投入相对不足。

7. 矿山企业需求与建议

矿山企业需求与建议主要围绕国土资规〔2017〕4号文多项政策落实,如保障绿色矿山建设用地、优先向绿色矿山配置周边资源、低品位资源综合利用中相关税费减免优惠等。同时,提出应加大对绿色矿山建设工作的技术指导和财政资金扶持。

四、绿色矿山建设路径研究

(一)差别化建设绿色矿山

全省大中型矿山占比在20%左右。矿石年产量排序前五依次为钾盐、锂矿、煤炭、水泥用灰岩、石油,矿业开发总产值排序前五依次为钾盐、石油、天然气、煤炭、锂矿。同时,区域上矿山分布也不均衡,海西蒙古族藏族自治州有矿山252家,玉树藏族自治州仅有4家矿山。矿种的不同,开发利用方式的难易程度、资源经济效益的高低、矿山建设水平的高低都要求必须开展差别化的绿色矿山建设。在规模上,注重以大中型矿山为主,小型矿山为辅建设绿色矿山;在矿种上,以钾盐、石油、天然气、煤炭、锂矿和砂石矿产为主,推进绿色矿山建设;在区域上,以海西蒙古族藏族自治州为主建设绿色矿山。

(二)全面推进绿色矿山制度创新

"十四五"期间,一要大力宣传绿色矿山典型经验和做法,发挥自然、发改、科技、财政、生态环境、金融等多部门的协同作用,对矿山企业严格执行国家产业政策和安全、环保、技术、节能、节水、节地、准入标准等方面提出明确要求,共同推进绿色矿山建设,开展省、市(州)、县三级绿色矿山联创联建活动。二要编制区域绿色矿山管理办法,明确建设目标设定绿色矿山数量或绿色矿山建成率等指标,建立淘汰机制,完善绿色矿山管理制度。此外,在支持约束政策的细化,将建设标准进一步上升为地方标准等方面进一步加强,加大对矿山企业的引领作用。

五、绿色矿山建设措施建议

(一)加快推进绿色矿山建设

积极营造宣传氛围,大力加强舆论引导。各级自然资源主管部门要加强绿色矿山建设、通过政府和部门门户网站、广播电视、报纸等媒体结合"地球日""土地日"及法律宣传等多渠道多形式的方式积极营造宣传氛围,让各级政府和矿山企业牢固树立绿色发展理念并自觉转化为绿色矿山建设实际行动,切实将各项工作落到实处,努力形成"政府引领和管理,矿山企业主导和实施,全社会参与监督"的绿色矿业发展新机制。

加强绿色矿山建设监管。各级自然资源管理部门切实履行自然资源管理职责,在引导鼓励的同时,充分运用各种监管方式力促辖区内矿山企业自觉参与到绿色矿山建设中。对已纳入绿色矿山名录的矿山要采取明察暗访、突击检查等方式进行实地抽查,原则上每三年对绿色矿山进行一次复查,对不符合绿色矿山建设要求和相关规范的,从名录中除名,公开曝光,不得享受矿产资源、土地、财税等各类支持政策。形成以表扬奖励优秀绿色矿山为主,打击、惩戒绿色矿山建设中工作消极、滞后的矿山企业为辅的奖惩机制,强力推进区域绿色矿山建设进程。

（二）全面实施绿色矿业发展示范区建设

构建绿色矿业发展制度改革创新平台，推动科技创新、管理创新和制度创新，集中连片、整体推动全域绿色矿山建设，逐步形成布局合理、集约高效、环境优良、矿地和谐的绿色矿业发展样板区，为全省绿色矿业发展提供示范。绿色矿业发展示范区所属的州、县级自然资源主管部门要加快推进战略矿山建设进程，积极开展省、市（州）、县三级战略矿山联建联创活动，不同类型的典型绿色矿山，宣传典型绿色矿山发展经验和建设模式，进行推广示范。根据《青海省绿色矿山建设实施方案》，到2025年底，青海省要完成格尔木市、大柴旦、都兰3个国家级绿色矿业发展示范区的创建，资源开发与经济社会发展、生态保护相协调的发展格局基本形成，矿业全面实现转型升级和绿色发展。

（三）总结经验，深化绿色矿山建设

建设绿色矿山是新形势下矿产资源管理与矿业发展的重要方向和工作抓手，需要调动企业、地方政府和社会的积极性，要把发展绿色矿业与企业的切身利益结合起来，与地方的经济发展结合起来，不断总结经验，加强各方面的研究和沟通，形成一套符合实际，较为完善的制度体系。各级自然资源主管部门不断研究探索绿色矿山建设新模式、新举措、新思路，实现绿色矿山建设新突破，努力构建政府多部门联动和全社会共同参与的绿色矿山建设发展体制，为绿色矿山建设提供制度保障。

第四节　矿山生态保护与修复

基于对青海省矿山地质环境现状分析，结合目前在矿山生态修复取得的成效及矿山生态修复制度建设、生态修复取得的成绩、修复中的典型经验，开展了"十四五"期间的矿山生态修复规划，明确了矿山生态修复目标、主要任务、实施路径等，对矿山生态保护发展提出了对策建议，对推进矿山生态保护与修复、矿业绿色发展具有重要的指导意义。

一、矿山地质环境现状及恢复治理情况

（一）现状

青海是一个矿产资源大省，矿业开发在国民经济和社会发展中占有非常重要的地位。然而，在矿山开采中出现了复杂多样的地质环境问题。主要表现：露天矿山开采形成采坑，改造地形地貌景观，增加了滑坡风险，部分采煤区已经出现了地面塌陷及地裂缝；开采形成的固体废弃物堆放压占大量的土地，也影响了植被的生长；盐湖开发中，单一提取氯化钾，大量珍贵的镁、硼、锂等元素被排入老卤，资源综合利用能力不高；盐湖所处地理位置所限，水资源补充受限，过度开发使晶间卤水水位持续下降，降落漏斗扩大，缺水使固体氯化钾无法向液体转化，致使开采规模不宜过大；固体开采产生的粉尘及有害物质，增加空气的污染；选矿废水、废物排泄，造成地表水地下水构成污染等。

据调查统计，截至2019年，青海省各类矿山以非金属矿山为主，使用土地面积347.99万km^2，其中盐湖类占地较大，占用面积345.6万km^2，占比为99.33%；开采区用地52.47万km^2，废石压占1 253.17km^2，尾矿库面积2 081.90km^2。

（二）恢复治理情况

截至2020年底，全省矿山环境恢复治理面积4784hm^2，矿山土地复垦面积1.1万亩。在三江源地区、海西地区、木里地区、祁连山地区、西宁—海东地区实施了21个矿山地质环境治理重点工程，治理恢复面积11.26万亩，其中历史遗留矿山地质环境治理恢复面积9.21万亩。全面完成了自然保护区退出的85宗矿业权和47处废弃矿山地质环境恢复治理。

（三）环境恢复治理成效显著

已完成《青海省矿产资源总体规划（2016—2020）》的废弃矿山恢复治理23个重点工程，与此同时，强力推进完成了自然保护区85宗矿业权和全省47处废弃矿山地质环境恢复治理。全力推进自然保护区矿业权退出工作，精准开展勘查开发现状调查，按照"谁破坏谁治理、先治理后补偿"的原则，重新编制审查恢复治理方案，持续通过探索奖补惩罚机制、强化现场督导检查、召开推进会、向各地政府致函、发《督办通知》、约谈相关负责人、派员蹲点督导等有效措施，推进完成恢复治理工作，并已全面完成恢复治理，通过省级验收。

（四）生态修复的典型经验

近年来，青海通过废弃矿山地质环境恢复治理、木里高寒露天煤矿矿区复绿、三江源草原生态保护修复和综合治理、2017年和2019年两轮中央生态环保督察，为青海矿山生态修复积累了经验做法。特别是在中央环保督察问题整改工作中，由于自然保护区矿业权退出工作涉及面广且无先例可循，国家层面政策依据支撑不足、探索性强、时间紧迫、任务繁重。实际操作中积累了许多宝贵经验，为以国家公园为主体的自然保护地体系示范省建设提供参考。

1. 强化责任担当

将自然保护区退出矿业权和废弃矿山地质环境恢复治理作为重要政治任务。省自然资源厅多次召开专题会议，对工作任务进行部署落实，将中央环保督察整改作为头字号工程，有力保障了全面完成各项恢复治理工作任务。

2. 健全工作机制

建立了专题会、月调度、月例会、周例会、工作专报及联络协调机制等工作制度，联合省生态环境厅等部门成立青海省自然保护区矿业权环境恢复治理及验收工作领导小组。建立健全工作专班督促检查，成立了厅中央环保督察问题整改工作办公室，积极统筹协调，层层压实责任。

3. 制定制度方案

制定发布《三江源祁连山等自然保护区矿业权退出补偿及环境恢复治理实施方案》《青海省自然保护区矿业权退出环境恢复治理与验收工作方案》等，提升恢复治理标准、明确整治目标、责任主体和完成时限，为开展环境恢复治理提供了坚实依据。

4. 采取强力措施

严格按照规定时间节点推进环境恢复治理工作，发现问题及时有效沟通处置，确保抓住黄金施工期完成恢复治理。对不能按时完成恢复治理工作的矿业权人，将其列入矿业权人异常名录或纳入诚信体系黑名单，不得批准其申请新的矿业权和与其相关矿业权的延续、变更、注销，不得批准其申请新的建设用地。对治理工程进展缓慢的地区，通过现场督导检查、召开推进会、向各地政府致函、下发《督办通知》、约谈相关负责人、驻点蹲点督导等有效措施，推进完成各项环境恢复治理工作任务，提升自然保护区生态系统功能。

5. 协同配合推进

环境恢复治理工作涉及省、市（州）、县多个地方政府和部门，涉及自然保护区各个矿业权人，协调配合要求高，需要各方形成合力协同推进。在恢复治理工作中，提前明确了矿山地质环境恢复治理责任体系，省有关部门和相关地方政府及时共享信息，迅速行动，协调一致，全力协调配合完成了恢复治理。

6. 发挥带头作用

将省属地勘单位作为突破口，对承担恢复治理工作的地勘单位，探索实行地勘基金项目奖补和惩罚机制，各地勘单位切实发挥带头作用，保质保量完成恢复治理任务，起到了引领示范作用，打消了其他矿业权人的观望和疑虑，为其他环境恢复治理项目提供了经验和借鉴。

二、生态修复规划布局

（一）指导思想

青海省矿业绿色与高质量发展，应该坚持生态优先、突出特色、系统思维和部门联动的原则，将绿色发展理念贯穿于矿产资源规划、勘查、开发利用与保护全过程，全面实施并严格落实矿产资源勘查开发的准入条件，加快推进矿山生态环境修复工程，加强技术创新，促进能源、钾盐、砂石等产业率先转型升级，构建现代矿业产业体系，推动矿业实现更高质量、更有效率、更加公平、更可持续、更为安全的发展。

（二）矿山生态修复目标

严格落实各级地方政府矿山地质环境与土地复垦的监管和历史遗留矿山综合治理的主体责任，按照宜耕则耕、宜建则建、宜景则景、宜留则留原则，加大矿山地质环境保护和修复力度。对新建矿山，要强化准入条件，明确预防地质环境、土地和生态损毁的要求。生产矿山要着力完善责任机制，按照边开采边修复的原则，严格落实生态保护的责任，强化资金保障等要求，进一步完善矿山地质环境治理恢复基金制度。对于历史遗留废弃矿山，部署矿山生态修复工程，加大矿山生态修复力度。

（三）矿山生态修复主要任务

严格矿山开发准入管理，加强保护与治理恢复方案的实施，加强开发和保护过程监管，加大矿山生态修复力度。持续推进历史遗留废弃工矿地生态修复工程，消除矿山地质灾害隐患，增强生态系统质量和稳定性，提高资源利用效率，达到与周边自然地貌景观相协调，推进生态文明建设。争取实施黄河上游青海湖流域、湟水河流域、三江源段、祁连山段矿山生态保护修复工程。

(四)矿山生态修复实施路径

1. 严格矿山开发准入管理

落实规划分区管理制度。自然保护区内原则上不新设与资源环境保护不相符合的矿业权,已设置的矿业权逐步有序退出。强化源头管理,全面实行矿产资源开发利用方案和矿山地质环境保护与治理恢复方案、土地复垦方案同步编制、同步审查、同步实施的三同时制度和社会公示制度。

严格控制新建露天矿山建设项目。严格贯彻国发〔2018〕22号文件有关要求,重点区域原则上禁止新建露天矿山建设项目,先前环境影响评价文件已经批复的重点区域露天矿山,确需建设的,在严格落实生态环境保护、矿产资源规划和绿色矿山建设行业标准等要求前提下可继续批准建设。其他区域新建露天矿山建设项目,也应严格执行生态环境保护、矿产资源规划和绿色矿山建设行业标准等要求。

2. 加强保护与治理恢复方案的实施

切实加强耕地保护,完善矿山地质环境保护与治理恢复方案和土地复垦方案的编制标准,因矿施策,因地制宜,推进建立矿山地质环境保护和治理恢复方案与土地复垦方案合并编制、简便实用的工作制度。落实方案编制、审查和实施的主体责任,确保方案的科学性、合理性和严肃性。

3. 加强开发和保护过程监管

将矿山地质环境恢复和综合治理的责任与工作落实情况作为矿山企业信息社会公示的重要内容和抽检的重要方面,强化对采矿权人主体责任的社会监督和执法监管。各级地方国土资源主管部门要加大监督执法力度,提高监督执法频率,督促矿山企业严格按照恢复治理方案边开采边治理。对拒不履行恢复治理义务的在建矿山、生产矿山,要将该矿山企业纳入政府管理相关信息向社会公开,列入矿业权人异常名录或严重违法名单。情节严重的,依法依规严肃处理。

4. 加大矿山生态修复力度

依法开展矿山综合整治。依法关闭违反资源环境法律法规、规划,污染环境、破坏生态、乱采滥挖的矿山;对污染治理不规范的矿山,依法责令停产整治,经相关部门组织验收合格后方可恢复生产,对拒不停产或擅自恢复生产的依法强制关闭;对责任主体灭失矿山,因地制宜加强修复绿化,减少和抑制大气扬尘。全面加强矸石山综合治理,消除自燃和冒烟现象。

加强矿山生态修复。按照"谁开采、谁治理,边开采、边治理"原则,引导矿山按照绿色矿山建设行业标准,以环境影响报告书及批复、矿山地质环境保护与土地复垦方案等要求,开展生态修复。对责任主体灭失的露天矿山,按照"谁治理、谁受益"的原则,充分发挥财政资金的引导带动作用,大力探索构建"政府主导、政策扶持、社会参与、开发式治理、市场化运作"的矿山地质环境恢复和综合治理新模式,加快生态修复进度。

5. 开展矿山生态修复工程

1)制定方案,系统修复

首先是核定现状,明晰资源产权。开展矿区土地利用现状、权属、合法性调查,明确历史遗留矿山和正在开采矿山的废弃矿区土地利用现状和开发潜力、土壤环境质量状况、水资源平衡状况、地质环境安全和生态保护修复适宜性等。根据矿山实际和区位特色,"一矿一策"编制具体实施方案。围绕改善区域生态系统环境功能、促进区域经济社会发展等,统筹提出项目实施预期达到的生态、社会和经济方面的总体目标。在此基础上,根据项目实施周期,明确阶段性目标。根据项目预期的产出、效益、满意度等方面的定性和定量指标,明确绩效目标,明确纳入具体的生态修复工程任务。

2) 引入资金,社会参与

鼓励有能力的市县政府整体修复历史遗留矿山废弃国有建设用地;引导集体经济组织自行投入或吸引社会资本参与修复历史遗留矿山废弃土地中的集体建设用地。社会资本参与治理的典型模式有:一是捆绑治理方式,政府以招拍挂方式出让附带矿山废弃地修复治理要求的土地使用权或依附于土地的景观资源经营权;二是企业和农化合作经营模式,对于可以恢复治理为农用地的,采取"公司+合作社+农户"的经营模式,公司是项目经营主体,农民以土地入股分红,通过合作社组织农户合理流转土地,通过规模经营,公司和农户共享治理后的农地经济收益;三是政府引进社会企业参股融资,对矿山废弃地综合治理,发展绿色生态旅游产业,社会企业获得生态旅游项目经营收益,同时推动地方就业率提升。

3) 盘活土地,产业转型

不同修复方向所享受的政策优惠不同,应结合矿山实地、地方区位进行确定。一是以恢复生态系统服务功能为主,矿区生态修复输出的生态产品主要是提供调节气候、涵养水源等生态系统服务,后期可与碳排放权、碳汇交易对接,实现生态产品价值实现。二是以土地恢复利用为主,通过土地资源产权流转交易或补充耕地指标交易。例如,推动正在开采矿山依法取得的存量建设用地和历史遗留矿山废弃建设用地修复为耕地的,腾退的建设用地指标可在省域范围内流转使用。三是以矿业遗迹、地质遗迹、生态景观等资源的综合开发利用为主,通过对资源的综合利用经营实现经济收益。

4) 固废利用,资源回收

推进尾矿和废石综合利用,以尾矿和废石提取有价组分、生产高附加值建筑材料、充填、无害化农用和生态应用为重点,加快先进适用技术装备推广应用,组织实施尾矿和废石综合利用示范工程,不断提高尾矿和废石综合利用比例,扩大综合利用产业规模,减少对生态环境的影响。明确历史遗留露天开采类矿山的修复,新产生的土石料及原地遗留的土石料处置细则,合理利用,推动社会资本参与矿山生态修复。

第五节 矿业绿色发展对策建议

一、加强矿产资源管理,严格监督检查制度

(一) 绿色勘查方面

青海绿色勘查规章制度相对已经较为成熟和完备,但关键在于落实已出台《青海省绿色勘查管理办法(修订)》和《青海高原绿色勘查规范》,今后地勘工作实施各阶段都要严格按照绿色勘查相关制度要求,持之以恒抓好绿色勘查各环节的监督、检查和管理工作。严把绿色勘查质量关,按照绿色勘查工作要求考核地勘项目合同管理和业绩信誉,明确绿色勘查任务目标、违约责任和处罚措施;在项目野外检查和验收中,突出绿色勘查实施质量与成效,切实将绿色勘查各项工作落到实处,取得实效。对绿色勘查执行不力、环境保护措施落实不到位的单位,采取限期整改、约谈、问责,对地勘工作中违反环境保护法律法规的行为,依法移交环保部门予以查处。拒不落实环保措施的地勘单位和社会资金探矿权人,严格按照有关规定进行问责与处罚。

（二）绿色矿山方面

建立绿色矿山工作制度，完善绿色矿山申报、第三方评估、绿色矿山抽查及常态化巡查办法。加强绿色矿山诚信体系建设，推动绿色矿山名录与企业信用信息公示、银行征信等系统有效对接。绿色矿山建设需要发挥土地、财政、环保、发改、经信、安监等多部门的协同作用，在政策、资金、项目安排上给予支持和倾斜，对矿山企业严格执行国家产业政策和安全、环保、技术、节能、节水、节地、准入标准等方面提出明确要求，并提供必要的技术支持。严格要求新设矿山开采规模不得低于规划确定的相应资源储量规模的矿山最低开采规模和最低服务年限，"三率"要达到略优于国家最低要求。地方政府要加强对绿色矿山建设的组织申报和监督检查，积极开展市（州）、县级绿色矿山创建遴选活动，形成四级绿色矿山联创联建的局面。

二、大力推进科技创新，促进矿业绿色发展

（一）绿色勘查方面

加强绿色勘查新设备、新技术的引进与应用。鼓励对新型勘查工艺与设备的研究与引进，在满足地质勘查目的、遵守相关规范等条件下，总结和推广应用绿色勘查的新理论、新技术、新方法、新工艺，鼓励采用"以浅钻代替槽探""一基多孔、一孔多支"定向钻进技术等，减少对土壤和植被的扰动。选用技术性能先进、可靠，节能、环保，易于搬运、安装和拆卸，占地面积小的设备。

（二）绿色矿山方面

构建青海省绿色矿山技术标准体系，自然资源部发布了《非金属行业建设绿色矿山规范》等9项行业标准的公告。九大行业绿色矿山建设规范的编制原则是以促进资源合理利用、节能减排、保护生态环境和矿地和谐为主要目标，为发展绿色矿业、建设绿色矿山提供技术和管理支撑。通过标准的制定，充分调动矿山企业的积极性，使矿山企业将高效利用资源、保护环境、促进矿地和谐的外在要求转化为企业发展的内在动力，自觉承担起节约集约利用资源、节能减排、环境重建带动地方经济发展的企业责任。青海省发布了《青海省（省级）绿色矿山建设标准》，下一步在完善该标准的基础上组织制定覆盖省内主要矿种的绿色矿山建设地方标准体系（含技术要求标准），并由省质量技术监督部门批准发布。

第七章 对策建议

一、进一步完善青海省矿产资源勘查开采准入条件

一是各类法律法规规定的禁勘和禁采区禁止设置勘查区和开采区;二是矿业权人应编制"三合一方案"并完善矿产资源勘查方案、开采方案、矿山环境恢复治理与土地复垦方案等编制要求;三是针对不同开采规模、年限和方式设置不同准入条件;四是符合《青海省绿色勘查管理办法》(青自然资规〔2020〕6号)、《青海高原绿色勘查规范》(DB63/T 1887—2021)、青海省(省级)绿色矿山建设标准等要求;五是积极推进"净矿"出让。

二、进一步加强矿产资源勘查开采事中事后监管

一是健全完善青海省矿产资源勘查开采监督管理制度体系,对青海省矿产资源勘查开采监督管理的制度体系从顶层进行设计和优化;二是完善相应技术标准规范,建立内部开采监管的互联互通信息平台,提高监管的科技支撑;三是加强基层自然资源主管部门的监管力量;四是制定青海省矿产资源勘查开采监管人财物管理规范;五是完善青海省矿业权人勘查开采信息公示制度。

三、不断完善矿业权退出机制

一是采用经济手段调整矿业权占用费,使矿业权人主动退出;二是建立青海省矿业权公告注销管理制度,进一步强化矿产资源勘查开采退出的监管信息公告程序;三是实行严格的勘查开采政策性退出机制,完善资源枯竭矿山正常退出机制,出台扶持政策,支持矿山转产发展其他产业;四是健全自然资源保护地矿业权强制性退出补偿机制。

四、矿山生态保护和绿色矿山建设制度化规范化

一是完善方案编报审查制度;二是健全工程实施与资金使用监管政策;三是构建工程竣工验收机制和规范;四是完善社会监督约束制度。

五、健全盐湖开发利用的长期性和综合性政策

一是编制青海盐湖资源综合开发利用中长期发展规划,将盐湖资源综合开发利用发展规划纳入国

家规划和重大产业布局;二是制定支持盐湖资源综合利用的综合性政策,从投资、技术、人才、项目等方面制定支持盐湖资源综合利用的政策;三是建立并完善鼓励创新盐湖绿色、循环发展模式的相关管理政策和经济政策。

六、科技创新与新理论新技术新方法推广

规划期内,矿产资源勘查开发应实施"科技兴地"战略,加强地质勘查开发保护科技创新与新理论、新技术、新方法推广应用,提高矿产勘查找矿效果、开发利用水平及保护资源能力。

以创新发展为导向,围绕重点成矿区(带)、重要勘查矿种,以成矿规律和新的地质勘查找矿技术方法研究为目标,安排重大地质科研攻关项目。加快勘查信息化工程建设,开发现有地质资料,开拓新领域和新的找矿空间,发现新矿种,增加新资源。

以提升开发利用水平为导向,围绕重要开发矿种,以研究共伴生矿产综合利用、新能源新材料矿产利用和深部矿产利用的新技术、新方法为目标,安排重大矿产开发科研攻关项目。加快开发智能化工程建设,推进矿山开发智能水平,提高开发安全保障水平、资源利用水平。

禁止采用落后的、破坏和浪费资源的开采与选矿淘汰的技术与方法,提倡采用先进、环保和综合利用程度高的开采技术与方法。

七、财税土地政策支持

完善找矿勘查政策措施,保持财政资金适度投资规模,加大各级财政专项资金对基础地质和矿产资源调查、矿产前期普查工作支持力度。基础地质和矿产资源调查评价、战略性、新材料新能源矿产普查是深入开展地质勘查和找矿突破不可或缺的基础性工作,也是充分发挥政府作用,将各级财政资金投放地质勘查工作的重点投放方向。根据国家和省对矿产资源需求,结合省内成矿地质条件,在重点调查评价规划区、重点勘查规划区开展前期地质勘查评价和必要的示范性矿产地质勘查工作。

进一步完善矿产勘查资金和开发基金财税扶持政策。对有新发现或有进一步找矿价值的区域,采用市场竞争方式出让矿业权,所得收入主要用于地质勘查再投入,实现滚动发展,获得更多更新的地质勘查成果。制定勘查开发收益合理分配政策,充分调动矿山企业、社会组织、各级政府勘查开发积极性,保持矿产资源勘查开发健康运行。制定合理的财政税收政策,激励资源综合利用和开发利用水平提升。

进一步完善矿产开发土地扶持政策,对符合规划的矿山应配置必要的土地利用指标,保证矿产开发安全运行。对矿山复垦的土地可按照空间规划要求由本企业自主利用,或将增加的指标作为增减挂钩指标由所在市县政府统一调剂使用,给予矿山企业收益和资源配置支持,促进土地高效利用。

八、加强青海省矿产资源总体规划的实施管理

一是将矿产资源调查评价与勘查、矿产资源开发利用与保护、矿业绿色发展、重大工程建设等规划目标任务的实现情况作为评估指标,健全规划实施目标责任考核制度的落实机制。二是对规划确定的目标和任务具体细化分解到每个年度和每个市(州),并与规划实施目标责任考核制度相衔接。健全和完善规划年度计划制度设计,并大力推进年度计划的落实和实施。三是健全规划实施评估调整机制,建立起在调查、评估、监督基础上的规划调整制度。四是及时调查分析规划实施中遇到的新问题、新情况,对规划进行必要的调整和修订。五是强化规划实施情况的监督检查,明确监管的重点内容、工作部署和具体监管手段。六是加强规划实施的人才保障、资金投入、经费保障。七是建立数据库更新机制,不断完善规划数据库。

主要参考文献

蔡淑霞,张玉杰,周伟杰,等.1994.青海省某铜钴矿的综合利用研究[J].矿产保护与利用(4):29-34.

蔡雄威,2019.宜昌市主要矿产资源保证程度分析及开发利用方向研究[J].中国矿业(6):46-50.

曹兆江,高敏,宁占玉,等,2019.青海盐湖锂资源及提锂技术概述[J].化工设计通讯,45(6):190,207.

陈柏林,2021.2020年中国水泥经济运行及2021年展望[J].中国水泥(3):8-13.

邓虎,2022.环保理念下绿色矿山地区勘查演化发展过程分析研究[J].世界有色金属(19):103-105.

邓小川,朱朝梁,史一飞,等,2018.青海盐湖锂资源开发现状及对提锂产业发展建议[J].盐湖研究,26(4):11-18.

董春艳,2003.东昆仑肯德可克钴铋金多金属矿床特征及可选性试验[D].长春:吉林大学.

段雪,林彦军,项项,等,2022.青海盐湖镁锂资源综合利用的建议与实践[J].青海科技,29(3):4-10.

丰成友,张德全,贾群子,等,2012.柴达木周缘金属矿床成因类型、成矿规律与成矿系列[J].西北地质,45(1):1-8.

冯国伟,聂孟圣,2020.提高铅锌选矿回收率的生产实践探析[J].中国金属通报(2):27-28.

高林,2015.绿色经济发展与生态文明建设的辩证关系研究[D].南昌:江西师范大学.

耿印,2023.浅谈绿色勘查[J].西部探矿工程,35(2):131-134.

谷树忠,李维明,2014.实施资源安全战略确保我国国家安全[N].人民日报,2014-04-29(10).

郭冬艳,杨繁,董煜,2022.青海省矿业绿色发展探讨[J].自然资源情报(1):37-41.

霍艳丽,刘彤,2011.生态经济建设:我国实现绿色发展的路径选择[J].企业经济,30(10):63-66.

康志军,2015.矿产资源新"三率"指标的构成及意义[J].华北国土资源,68(5):95-96.

兰州有色冶金设计研究有限公司,2006.青海省格尔木市肯德可克铁金多金属矿资源开发利用方案[R].兰州:兰州有色冶金设计研究有限公司.

李大新,张德全,崔艳合,等,2003.小赛什腾山斑岩铜(钼)矿床根部带的特征[J].地球学报,24(3):211-218.

李东生,张占玉,苏生顺,等,2010.青海卡而却卡铜钼矿床地质特征及成因探讨[J].西北地质,43(4):239-244.

李积升,魏明,2019.柴达木盐湖化工产业关键技术研究[J].无机盐工业,51(9):7-11.

李元希,陈克龙,冉靖媛,等,2020.黄河青海流域国土空间开发保护格局基本认识[J].青海民族研究,31(4):68-74.

李增荣,唐发满,杨尚洲,等,2016.青海盐湖锂资源开发现状及存在问题和对策分析[J].世界有色金属(8):47-49.

林彦军,李殿卿,李峰,等.一种采用旋转液膜反应器制备层状水滑石PVC热稳定剂的方法.中国,201210105842.4[P].2012-04-11.

林彦军,宁波,夏敏,等.一种用于聚烯烃的水滑石吸酸剂:201510013403.4[P].2015a-04-29.

林彦军,饶治,李凯涛.一种制备高纯度钙基水滑石的方法:201510821395.6[P].2015b-11-23.

刘卓,周云峰,柴登鹏,等,2015.从盐湖卤水中提取锂的技术研究进展与展望[J].材料导报,29(S2):133-137.

马争艳,洪水峰,2009.矿产资源对经济发展的保证程度评价研究:以湖北省为例[J].中国国土资源经济,22(6):32-34.

潘桂棠,肖庆辉,2017.中国大地构造[M].北京:地质出版社.

潘彤,2009.青海省东昆仑钴矿赋存状态及工艺特性研究[J].青海科技(1):61-64.

潘彤,王福德,2021.青海省矿产资源探析[J].青海科技,28(6):6.

潘彤,薛国强,李战业,等,2022.青海省资源地质与地球物理勘查概述与展望[J].地球物理学进展,37(1):238-250.

祁生胜,李五福,等,2024.中国区域地质志·青海志[M].北京:地质出版社.

青海省地质调查局,2022.青海省矿产资源供需形势及保障程度研究报告[R].西宁:青海省地质调查局.

青海省发展和改革委员会,2021.青海省国民经济和社会发展第十四个五年规划和二〇三五年远景目标纲要[R].西宁:青海省发展和改革委员会.

青海省国土空间规划研究院,2020.青海省矿产资源开发综合利用调查评价报告[R].西宁:青海省国土空间规划研究院.

青海省人民政府,2018.青海省矿产资源总体规划(2016—2020年)[M].青海:青海人民出版社.

青海省人民政府,2022.青海省矿产资源总体规划(2021—2025年)[M].青海:青海人民出版社.

青海省人民政府办公厅,2021.青海省"十四五"工业和信息化发展规划[R].西宁:青海省人民政府办公厅.

青海省人民政府办公厅,2022.青海省能源发展"十四五"规划[R].西宁:青海省人民政府办公厅.

青海省统计局,2021.青海省统计年鉴[M].北京:中国统计出版社.

青海省自然资源厅,2020.青海省柴达木盆地盐湖资源利用与保护规划[R].西宁:青海省自然资源厅.

青海省自然资源厅,2021a.2020年度青海省矿产资源年报[R].西宁:青海省自然资源厅.

青海省自然资源厅,2021b.青海省自然资源厅关于2020年度全省矿产资源开发利用情况的通报[R].西宁:青海省自然资源厅.

青海省自然资源厅,青海省地质调查局,2020.青海省重要矿床发现史与经验启示[M].北京:地质出版社.

石海岩,唐彬元,童海奎,等,2022.青海省绿色矿山建设共同体的构建与发展研究[J].中国矿业,31(12):6.

苏轶娜,闻少博,等,2021.主要矿产品供需形势分析报告(2021年)[M].北京:地质出版社.

王安建,王高尚,陈其慎,等,2010.矿产资源需求理论与模型预测[J].地球学报,31(2):137-147.

王春波,甘金莲,2006.肯德可克金钴铋矿石选矿实验[J].盐湖研究,14(4):51-55.

王嫱,苏轶娜,等,2020.主要矿产品供需形势分析报告(2020年)[M].北京:地质出版社.

王岩,王丰翔,陆智平,等,2018.新形势下青海省矿产资源勘查开发可持续发展研究[M].北京:地质出版社.

王振东,时贞,童海奎,等,2022.青海柴达木盆地盐湖资源保障能力分析与对策研究[J].中国矿业,32(2):38-42.

王智纲,李栋,2020.浅析我国地质找矿与矿产资源的综合利用[J].中国资源综合利用,38(7):109-111.

魏小林,童海奎,周堃,等,2023.青海省主要矿产资源节约与综合利用研究[M].武汉:中国地质大学出版社.

吴琪,陈从喜,葛振华,等,2018.我国普通建材用砂石土类矿产开发利用若干问题的探讨[J].矿产勘查,9(5):998-1004.

吴艳华,2022.我国青海锂资源开发情况浅析[J].中国有色金属(18):2.

熊增华,王兴富,王石军,等,2020.青海盐湖锂资源综合利用规模探讨[J].盐湖研究,28(4):125-131.

徐志刚,陈毓川,王登红,等,2008.中国成矿区带划分方案[M].北京:地质出版社.

严维德,2015.共和盆地干热岩特征及利用前景[J].科技导报,33(19):54-57.

袁朱,1998.我国主体功能区划相关基础研究的理论综述[J].开发研究(2):24-29.

赵冬,杜雪敏,王士强,等,2017.高镁锂比盐湖卤水提锂研究[J].盐科学与化工,46(6):40-44.

赵克文,2022.矿产资源勘查的绿色发展探讨[J].甘肃科技,38(16):38-40,48.

赵文博,2020.浅析地勘工作中的绿色勘查[J].建筑技术(11):147.

钟家良,2017.探讨影响矿山开采回采率的相关因素及解决对策[J].工程技术(2):297.

周飞,2010.区域矿产资源开发与生态系统耦合研究——以青海省海西州为例[D].西宁:青海民族大学.

自然资源部,2021.2020年全国矿产资源储量统计表[R].北京:自然资源部.

邹正,2014.固体非能源矿产资源地下开采回采率登记评价探讨[D].南宁:广西大学.

DOU Y B, PAN T, XU S M, et al., 2015. Transparent, ultrahigh-gas barrier films with a brick-mortar-sand structure[J]. Angew. Chem. Int. Ed., 54:9673.

DUAN X, SHI W Y, WEI M, et al. UV-shielding material based on Mg-Al layered double hydroxide and its application in anti-ageing asphalt: US13/402,135[P]. 2012-02-22.

GUO X Y, HU S F, WANG C X, et al., 2018. Highly efficient separation of magnesium and lithium and high-valued utilization of magnesium from salt lake brine by a reaction-coupled separation technology[J]. Ind. Eng. Chem. Res., 57:6618-6626.

LIN Y J, LI K T, NING B, et al. Self-Balanced High Pressure and High-Shear Autoclave and the Application in the Preparation of Layered Double Hydroxides: US14/441,778[P]. 2015-08-24.

REN H Y, QING K L, CHEN Y, et al., 2021. Smoke suppressant in flame retarded thermoplastic polyurethane composites: synergistic effect and mechanism study[J]. Nano Res., 14(11):3926-3934.

WANG B X, ZHANG X Y, LIU Y N, et al., 2022. Basic intensity regulation of layered double oxide for CO_2 adsorption process at medium temperature in coal gasification[J]. Chem. Eng. J., 446:136 842.

YANG Y, LI K T, LIU W D, et al., 2021. Selective intercalation of phenolphthalein quinone dianion in layered hosts against UV-photodegradation of bitumen[J]. Ind. Eng. Chem. Res., 60: 5076-5083.

ZHOU Y S, SUN X M, ZHONG K, et al., 2012. Control of surface defects and agglomeration mechanism of layered double hydroxide nanoparticles[J]. Ind. Eng. Chem. Res., 51(11): 4215-4221.